共同富裕探索与实践系列丛书

本书系 2025 年度浙江省哲学社会科学规划重点课题"数字税影响浙江省共同富裕的理论机制、效应检验与法治路径研究"（编号：25NDJC028Z）研究成果

全球化背景下数字税影响浙江省共同富裕机理与法治路径研究

金鹏伟　著

中国财经出版传媒集团

经济科学出版社
Economic Science Press

·北京·

图书在版编目（CIP）数据

全球化背景下数字税影响浙江省共同富裕机理与法治
路径研究／金鹏伟著．－－北京：经济科学出版社，
2025.3．－－（共同富裕探索与实践系列丛书）．－－ISBN
978－7－5218－6827－2

Ⅰ．F127.55

中国国家版本馆 CIP 数据核字第 20258XT918 号

责任编辑：刘　莎
责任校对：蒋子明
责任印制：邱　天

全球化背景下数字税影响浙江省共同富裕机理与法治路径研究

QUANQIUHUA BEIJING XIA SHUZISHUI YINGXIANG ZHEJIANGSHENG

GONGTONG FUYU JILI YU FAZHI LUJING YANJIU

金鹏伟　著

经济科学出版社出版、发行　新华书店经销
社址：北京市海淀区阜成路甲 28 号　邮编：100142
总编部电话：010 － 88191217　发行部电话：010 － 88191522
网址：www. esp. com. cn
电子邮箱：esp@ esp. com. cn
天猫网店：经济科学出版社旗舰店
网址：http://jjkxcbs. tmall. com
固安华明印业有限公司印装
710 × 1000　16 开　21.75 印张　350000 字
2025 年 3 月第 1 版　2025 年 3 月第 1 次印刷
ISBN 978 － 7 － 5218 － 6827 － 2　定价：112.00 元
（图书出现印装问题，本社负责调换。电话：010 － 88191545）
（版权所有　侵权必究　打击盗版　举报热线：010 － 88191661
QQ：2242791300　营销中心电话：010 － 88191537
电子邮箱：dbts@ esp. com. cn）

前　言

当前，中国正处于由传统经济向数字经济转型的关键阶段，迫切需要转变经济发展模式，积极促进新型经济形态的发展。数字经济的迅猛发展，一方面显著推动了我国数字企业和行业的兴起与繁荣，另一方面也引发了极为复杂的数字税收问题。数字经济这一新兴经济形态对传统税收体系提出了新的挑战，而数字服务税则是应对数字经济时代税收问题的有效工具。我国数字经济总量已跃升至世界第二，且其对国民经济的贡献持续增长，然而现行税收体系已难以适应这一变化。因此，加速税收体系改革成为我国实现税收法治化的一个重要现实课题，构建数字服务税法律体系是与国家税收体系改革相衔接的必然选择。

随着数字经济的持续发展和数字企业的不断壮大，以及税收征管过程中出现的一系列问题，我国建立数字服务税制度的需求日益迫切，其必要性主要体现在以下几个方面：第一，数字企业面临的税基侵蚀和利润转移问题日益严重，亟须解决。尽管经合组织（OECD）提出的"双支柱"方案对解决国内数字税收问题作用有限，且短期内全面实施存在难度，但构建数字服务税体系仍为必要。第二，需要应对数字经济带来的税收挑战。数字经济的发展使得确定课税对象更为困难、企业避税手段更为隐蔽和多样化、税务机关监控应税信息更为困难，同时我国在数字经济领域缺乏针对性的税收政策法规。第三，实现税收公平，促进传统经济与数字经济均衡发展。数字企业的税收负担普遍低于非数字企业，为实现行业均衡发展和公平竞争，构建数字服务税法律体系是必要的。第四，国内数字行业垄断现象频发，为减少数字企业垄断行为，构建数字服务税法律体系是有效手段之一。同时，我国已具备征收数字服务税的良好基础。数字经济的持续发展为数字服务税的征收提供了充足的税基，有利于提升国家税收收入；征税所需的技术条件逐渐成熟，为数字服务税的征管提供了基本保障。

法国、英国等欧洲国家已率先制定了数字服务税法案，并积累了丰富的实践经验。同时，OECD 提出的"双支柱"方案也为我国提供了额外的参考。我国数字服务税法律体系的构建可以在借鉴国外数字服务税法的基础上，结合我国现行税收体系进行。一方面，从短期视角出发，我国应积极参与 OECD 的"双支柱"方案，参与国际税收体系改革，为我国数字企业发展争取外部机遇；另一方面，从长期视角来看，需要从法律层面构建我国数字服务税的具体制度。首先，在立法路径上，将数字服务税纳入增值税的具体税目更符合我国现实国情；其次，需要明确构建数字服务税法律体系的四个目的，财政目的、数字税收法律治理、避免垄断、避免重复征税，以更好地促进数字经济发展；再次，从征税范围、起征点、征税对象、税基、税率、税收征管等方面全面设计数字服务税的具体税制要素；最后，应注重完善税收征管的配套制度，全面构建我国的数字服务税法律体系。

目 录

第一章 绪 论

第一节 研究背景与意义

共同富裕构成了社会主义的核心理念，体现了中国特色现代化道路的关键特征。习近平总书记在 2021 年 8 月对共同富裕的内涵进行了深入阐释，明确指出共同富裕是指全体人民在物质和精神层面的全面富裕，而非仅限于少数人追求的平均主义①。因此，实现共同富裕需同时注重发展质量和公平性。共同富裕的基础在于"富裕"，这要求我们首先致力于经济的高质量发展；而"共同"则强调在做大经济蛋糕后，应公平分配，即优化收入分配结构，实现财富的公平分配。在当前国内主要社会矛盾转变、贫富差距扩大的背景下，推进共同富裕成为实现中国特色现代化的必由之路。党的二十大报告强调，全体人民共同富裕是中国式现代化的显著特征之一，共同富裕成为衡量现代化建设的重要指标，也是我国 2035 年远景目标之一。为扎实推进共同富裕，必须坚持经济发展，提升居民生活水平，同时注重社会公平与正义，缩小贫富差距。当前，收入差距已成为制约共同富裕进程的关键因素，对经济社会高质量发展产生了负面影响。

数字经济作为继农业经济、工业经济之后的新经济形态，已成为影响中国乃至全球经济发展的重要力量，并为解决发展中国家城乡收入差距问题、推动共同富裕提供了新的机遇。2021 年，浙江省成为全国首个高质量

---

① 习近平. 扎实推进共同富裕 [J]. 求是, 2021 (20)：4-8.

发展共同富裕示范区，因此，研究该省数字经济对城乡收入差距的影响及作用机制具有重要的现实意义。浙江省坚持共同富裕的长期发展目标与数字经济的均衡、共享、扁平化特征高度一致，数字经济的发展无疑将促进浙江省共同富裕的实现。实现共同富裕的前提是完善浙江省的分配制度。正如党的二十大报告所指出的，"分配制度是促进共同富裕的基础性制度"，而分配制度中的再分配主要通过财政工具实现调节作用，其中税收扮演着至关重要的角色。

浙江省的数字化综合发展水平居全国首位。数字经济的全球化发展带来了诸多外溢效应，对传统的税收治理规则和秩序造成了冲击，导致市场国税源大量流失，加剧了收入不平等现象。

从理论层面分析，数字税已成为推动共同富裕的可行策略。一方面，实现共同富裕不仅需要通过经济手段促进财富和资源的公平分配，还需在政治、文化、道德等领域推动社会的全面发展与进步。税收作为经济手段之一，对推动共同富裕具有重要影响。未来数字税的改革方向将直接影响共同富裕的进程。只有通过深入研究数字税与共同富裕的关系，找到更精准的制度设计和国家策略，才能更有效地推动共同富裕的进程。另一方面，通过梳理国内外学者的相关研究发现，现有研究多从国民收入分配环节探讨各税种对共同富裕的影响，而从宏观税制结构出发考察其影响的研究相对较少。本研究通过实证分析，探究现行数字税在推进共同富裕方面的不足，明确数字税改革的方向，优化我国数字税制，发挥其促进共同富裕的积极作用，具有重要的理论研究意义。

在实践层面，数字税有助于推动区域数字经济发展均衡，实现用户价值补偿，促进公共福利回流，优化收入分配格局。数字税的实施对促进本土数字企业的成长与壮大具有积极作用。数字税的引入旨在规范成熟型数字企业的无序扩张行为，并遏制其利用税收优惠政策导致的税基侵蚀和利润转移问题。数字税的实施有助于调节税务机关与数字企业之间以及数字企业相互之间的税收矛盾，引导数字经济实现循环可持续的良性发展，从而推动共同富裕的实现。

然而，浙江省推行数字税面临着与现行税收体系衔接、税收规则制定困难、容易导致税负转嫁等问题。对这些问题的解答将有助于为研究浙江省共同富裕提供新的理论视角，为借助数字税推进浙江省共同富裕提供依据，具有重要的理论价值与现实意义。

第二节 国内外研究成果综述

一、数字税起源及法律规制的文献综述

（一）数字税起源及发展历程

在数字经济的冲击下，传统的贸易模式以及商品和服务的供给正经历着新的变革。与此同时，全球各国政府正致力于重构传统税法体系，以应对利润归属的细分化和税收征管模式的更新需求。孙南翔（2019）在其研究中强调，数字经济的深入融合对已运行逾百年的国际税法体系构成了严峻挑战，迫切需要对现行国际税收体系进行重构。数字税又称数字服务税（digital services tax，DST），其概念最早起源于欧洲大陆。2019 年 3 月，法国议会通过了一项决议法案，决定开征数字税。该法案对数字税进行了明确定义，将企业通过提供数字服务所获得的收入纳入征税范围。经过进一步的详细阐释与分析，研究者提出通过设定特定的收入业务，可以明确数字税的征税范围及对象，进而对大型数字企业的相关收入实施征税。荷兰财政部（2019）为使本国税收体系与数字经济的发展相适应，并确保在价值创造地所在国公平合理地获取企业收入与利润，将数字税视为国际税制改革中的关键措施，并积极推进其实施。刘启超等（2018）[1] 指出，随着 21 世纪数字经济的迅猛发展，其增长速度已显著超越现行税制的演进，导致税制与经济发展之间出现显著的不协调现象。博尔曼（Bornman，2020）[2] 指

① 刘启超，罗翔丹，刘思坷，等. 经济数字化的税收规则：理论发展、立法实践与路径前瞻［J］. 国际税收，2018（8）：35 – 42.

② Boman M.，Wassarmann. Tax Knowledge for Digital Economy［J］. Journal of Economic and Financial Sciences，2020，13（2）：1 – 4，a451.

出，新兴经济体在无形资产依赖方面存在过度依赖的局限性，这一点凸显了数字用户在价值创造过程中的重要贡献。依据前面的分析，数字税的制定旨在对用户在数字服务价值创造过程中所贡献的附加价值进行精确核算，并以此作为征税的依据。换言之，互联网企业中用户所创造的价值收入中的增值部分，构成了数字税的征税目标（邓小俊、郑雷，2020）①。斯蒂芬妮·格林格（Stefanie Geringer，2021）② 认为，在 21 世纪，数字化对经济发展所作出的贡献显著超越了其他任何因素。然而，若国际税收法规未能及时适应这一变革，将导致传统企业间税收负担的不均衡现象。目前，部分欧洲国家已经采取并执行了一系列单边措施，旨在保障传统数字企业税收收入的公平分配。张守文（2021）③ 在概念界定上实现了创新性突破。本研究从广义与狭义两个维度对数字税的概念进行了细致划分。狭义上的数字税特指针对数字服务相关业务所获得的收入及利润征收的税种，而广义上的数字税则包括了对数字服务收入所征收的各种税收形式，如印度实施的衡平税。

在学术领域，针对数字经济引发的税收议题及其相关影响，已开展了一系列深入的研究工作。朱青（2021）的研究表明，法国率先颁布了数字税的立法，随后欧盟部分国家亦步亦趋，包括意大利、乌克兰、奥地利、西班牙以及捷克等国，这些国家对税率和税收起征点作出了明确的界定。李锐、李水军（2020）④ 研究揭示了数字经济呈现出虚拟交易和去中介化等特征。克玛尔（Kommer，2020）提出，数字税的倡议已经对传统的实体存在和价值创造规则产生了冲击。若持续沿用基于实体经济构建的现行税收体系，将难以实现税收制度的进一步发展。李香菊、刘硕和姚岑（2020）⑤ 指出，税基侵蚀与利润转移现象的产生，可归咎于现行税收体

---

① 邓小俊，郑雷. 数字经济时代欧盟数字税改革动向及我国应对 [J]. 福建论坛（人文社会科学版），2020（6）：95 – 103.

② Stefanie Geringer. National Digital Taxes Lessons from Europe [J]. South African Journal of Accounting Research，2021，35（1）：1 – 19.

③ 张守文. 数字税立法：原理依循与价值引领 [J]. 税务研究，2021（2）：36 – 38.

④ 李蕊，李水军. 数字经济：中国税收制度何以回应 [J]. 税务研究，2020（4）：92 – 98.

⑤ 李香菊，刘硕，姚岑. 数字经济背景下税收征管体系的国际经验与政策建议 [J]. 经济体制改革，2020（2）：158 – 162.

系中所存在的显著缺陷与漏洞。该问题被大型企业所利用，不仅在理论研究上，而且在税收征管实践中，均对税收体系构成了严峻挑战。此挑战涉及的税种既包括直接税，也涵盖间接税。从企业行为的角度，张泽平（2015）①指出，数字经济促进了跨国公司全球业务价值链体系的迅速更新与迭代进程。张志勇（2020）②研究发现，在传统税收体系框架内，依赖全球价值链的企业进行税务筹划活动，可能导致全球税收总额呈现下降趋势，进而扰乱世界经济的良性发展秩序，并带来不可逆转的损失与代价。欧洲议会（2018）③认为，在审视现行税收体系对数字经济发展的实际影响时，可以观察到其效果并不尽如人意，具体表现为部分数字企业利用税收体系中的漏洞进行不合规的税务筹划。例如，一些欧洲的数字企业采取激进策略对境外收入进行税务规划，导致其在欧洲的税收负担几乎为零，从而显著减轻了税负，引发了税负不公的问题。相较于传统企业，数字企业的税负明显较轻，这种现象可能导致国际金融体系的公信力受损，进而影响公民对国家治理的信任。更进一步地，这可能削弱政府在处理与数字经济相关问题上的治理能力和影响力。奎斯特（Quest，2019）的研究表明，欧洲聚集了众多跨国数字企业的总部，与此同时，恶意税务筹划行为在该地区也极为普遍，导致税基侵蚀和利润转移问题的严重性不容忽视。若不采取及时措施，其潜在危害将显而易见。因此，解决数字经济征税问题已成为一个亟待高度关注的问题。

（二）数字税法律规制的模式

数字税的法律规制方法构成了调整跨国数字服务所得相关国际税收关系的法律规范的集合。在法律渊源层面，国际税法表现为一个由国内法和

---

① 张泽平. 数字经济背景下的国际税收管辖权划分原则 [J]. 学术月刊，2015，47（3）：5 - 91.

② 张志勇. 近期国际税收规则的演化——回顾、分析与展望 [J]. 国际税收，2020（1）：3 - 9.

③ European Parliament. Tax Hiquiry：Digital Firms Not Taxed at Level They Should Be [EB/OL]. (2018 - 06 - 07) http：//www. europarl. europa. eu/news/en/headlines/economy/20180607ST004819/tax - inquiry - digital - firms - not - taxed - at - level - they - should - be.

国际法规范共同构成的综合性法律体系（廖益新，2008）①。相应地，数字税的法律规制手段亦是通过国内税法的渊源与国际税法的渊源相互配合、彼此补充渗透，共同实现对数字税收关系的法律调整。

1. 将数字税并入企业所得税体系

在现代国际税收法律理论体系中，所得税作为典型的直接税种，享有税源稳定性的优势，并较好地符合税收公平与能力支付原则。企业所得税特指对企业营业利润征收的税项。依据传统国际税收理论，来源国以企业所得税为名向外国数字企业征收数字税，其基础在于常设机构的认定，对归属于该常设机构的所得征收企业所得税，并通常可享受避免双重征税的国际税收协定优惠。企业所得税是在经济体主要以有形资产、货物以及有限的国际贸易为特征的背景下确立的税种。然而，对于主要从事数字服务的跨国互联网企业而言，企业所得税是否仍能发挥其应有的功能，值得深思。企业所得税的征收依赖于资产负债表，但随着全球化、数字化进程的加速以及非物质产品在公司交易和资产负债表中所占比重的持续上升，现行企业所得税体系似乎已显现出一定的时代滞后性。

以德恩贝格（Doernberg，1998）为代表的国际税法领域学者主张，针对跨国电子商务所得，应采取来源国课征预提所得税的征税策略②。预提所得税，亦称预提税，属于所得税的一种征收方式，即来源国对跨国企业在其境内所获利润实施的源泉扣缴制度。预提税并非独立税种，而是对源泉扣缴所得税的惯用术语。针对以所得税形式征收数字税的反对意见指出，在数字经济背景下，企业所得税模式存在若干缺陷。首先，数字商业活动所创造的价值具有无形性，税基缺乏固定的产生地点，导致跨国数字企业能够利用全球产业网络轻易地重新分配税基，从而便于进行利润转移和逃避税负；其次，数字技术的快速更新迭代以及数字产品的高频率更新，使得交易的可比性降低，转让定价规则难以适用（白彦锋、岳童，2021）③。

---

① 廖益新．国际税法学［M］．北京：高等教育出版社，2008：5.

② R. L. Doernberg, Electronic Commerce and International Tax Sharing, 16 Tax Notes International 1013, March 30, 1998, LEXIS/NEXIS, Fedtax, Library TNI File, TN 160.

③ 白彦锋，岳童．数字税征管的国际经验、现实挑战与策略选择［J］．改革，2021（2）：69–80.

2. 将数字税纳入增值税制度

以维克多·克马尔（Victor van Kommer, 2020）为代表的国际税法领域研究者提出，针对数字经济所带来的挑战，现行税收体系中，增值税是最为适宜的税种选择（韩霖、高阳和田芸芸，2020）①。增值税作为一种典型的间接税，其征税对象为流通环节，而最终负担者为消费者。在当前全球税收体系中，间接税的范畴涵盖了消费税、销售税、货物税、营业税、增值税、关税等多种形式。增值税因其显著的税收贡献率、非扭曲性特征以及广泛的税基，已成为国际社会普遍认可的税种之一。经济合作与发展组织和二十国集团领导人峰会主导的税基侵蚀和利润转移行动计划中，对数字经济给国际税收制度带来的挑战进行了深入研究，其中特别关注了增值税相关的问题。欧盟针对企业之间和企业与消费者之间等领域发布的一系列报告和指南，对成员国乃至国际社会产生了深远的影响。在数字经济背景下，增值税的征收依赖于反向征收机制、一站式服务、低值服务税收减免政策以及最终消费者增值税自我评估体系等创新措施。针对企业与消费者模式下的增值税征收管理问题，OECD（2014）认为，自我评估纳税方式未能有效解决该问题，因此建议采用代扣代缴机制作为最优解决方案。② 若要求电子商务平台对进行数字服务交易的消费者作注册登记，并据此计算相应的增值税额以及承担代扣代缴的职责，将对该平台带来较为沉重的负担。

二、共同富裕国内外研究现状文献综述

1. 国内共同富裕研究现状

在共同富裕内涵方面，殷晓元、彭静③（2022）认为，共同富裕的内涵不仅涵盖政治、经济、文化、社会及生态等多个维度，更超越了物质层

---

① 韩霖，高阳，田芸芸. 纵览经济数字化背景下国际税收规则的重塑——专访 IBFD 国际税法专家 Victor van Kommer 教授［J］. 国际税收，2020（4）：36 – 39.
② OECD. Addressing the Tax Challenges of the Digital Economy. 2014；45.
③ 殷晓元，彭静. 中国式现代化视域下共同富裕的科学内涵、历史演进和实践方略［J］. 湘潭大学学报（哲学社会科学版），2022，46（5）：114 – 120.

面的单一富裕，其终极目标在于促进人的全面发展与和谐统一。浙江省在《高质量发展建设共同富裕示范区实施方案（2021 年）》中明确指出，需加速推进文化领域的高质量发展，并提出构建国家生态文明示范区的宏伟蓝图，致力于生态文明建设的先行示范。在此过程中，具体实施标准将细化至空气质量、水质状况、碳排放量等关键指标。此外，经济发展作为共同富裕实现的关键组成部分，亦需得到充分重视。崔惠玉①（2022）指出，提升经济水平与改善生态环境被视为共同富裕追求的核心目标，二者均为实现共同富裕的必要条件。因此，政府应构建横向与纵向相结合的生态补偿体系。马丽等②（2023）以乡村振兴、社会主义核心价值观及完善第三次分配体系为切入点，深入解析共同富裕的内涵，并提出相应的实现路径。杨文圣、张玥③（2023）辨析了共同富裕与差别富裕之间的差异，并从主体、目标、要求三个维度对共同富裕的内涵作了深入阐释。

在共同富裕的指标体系构建方面，陈宗胜、杨希雷④（2023）针对中国特定国情，以问题和目标为导向，将统计学原理与之相结合，构建了一个综合指标体系。该体系涵盖了财富丰裕度、生活品质、收入分配公平性以及人的全面发展四个维度。此指标体系不仅能够评估各项指标的实现情况，而且能够全面衡量共同富裕目标的达成程度。研究结果旨在为政府制定相关政策提供科学的决策支持。李金昌、余卫⑤（2022）分别从共同和富裕两个层面分析共同富裕的内涵，并将共同富裕分为过程和结果两类指标体系，构建了包括过程 5 个维度，结果 2 个维度的基于目标值的共同富裕测算体系。佟孟华、褚翠翠和李洋⑥（2022）采用核密度估计（kernel density estimation）和马尔可夫链（Markov chain）方法对测量结果进行实

① 崔惠玉. 共同富裕视阈下生态补偿财政政策研究 [J]. 甘肃社会科学, 2022 (4): 174 - 183.

② 马丽. 基于中国式现代化背景的共同富裕实现路径 [J]. 2023 (5): 19.

③ 杨文圣, 张玥. 中国式现代化视域下共同富裕的四维审思 [J]. 河海大学学报（哲学社会科学版）, 2023, 25 (4): 1 - 9.

④ 陈宗胜, 杨希雷. 构建共同富裕指标体系的原则与思路 [J]. 国家治理, 2023 (1): 18 - 19.

⑤ 李金昌, 余卫. 共同富裕统计监测评价探讨 [J]. 统计研究, 2022, 39 (2): 3 - 17.

⑥ 佟孟华, 褚翠翠, 李洋. 中国经济高质量发展的分布动态、地区差异与收敛性研究 [J]. 数量经济技术经济研究, 2022, 39 (6): 3 - 22.

证分析，验证了经济发展差异的关键区别主要体现在地域层面。傅才武、高为①（2022）对精神生活富裕的内涵及特征进行了全面界定，并对其差异性作了深入分析。在此基础上，构建了一个包含2个维度、4个主要指标和17个次要指标的精神生活共同富裕评价体系。通过对精神生活富裕的内涵及特征进行详尽定义，并对其差异性作细致分析，本研究成功建立了一个涵盖2个维度、4个一级指标和17个二级指标的精神生活共同富裕评价体系。黄鑫权②（2022）基于精神生活共同富裕的理论框架，提出了三个核心价值维度，涵盖了精神共同富裕的内涵解析、其深远意义以及发展轨迹的探讨，深入阐释了精神生活共同富裕价值维度的深刻内涵。席华娟、王晓娥③（2023）采用技术规划和排序综合评价法（TOPSIS），本研究构建了共同富裕指标体系，并对中国2013年至2021年的共同富裕水平进行了监测。通过应用Dagum基尼系数及其分解方法，对中国区域间共同富裕的差异进行了深入分析。分析结果显示，中国在共同富裕领域取得了显著的成就，但同时也面临着发展不平衡和不充分的问题。具体而言，中国的共同富裕基尼系数为0.213，表明东部地区内部的差异性最大，而中部与西部地区之间的差异性最小。综合分析表明，共同富裕的差异性主要由不同地区间的差异所引起。柯艺伟、张振④（2022）表示新时代共同富裕理念赋予了更为具体和深远的内涵。该理念涵盖三个核心要点：生产层面的"发展富裕"、分配层面的"共享富裕"以及过程层面的"循序富裕"。这三个维度共同构成了把握新时代共同富裕理念核心要义的关键要素。解安、侯启缘⑤（2022）从宏观、中观、微观三个维度解析共同富裕的内涵。具体而言，宏观层面涉及我国民众对理想生活状态的追求；中观

---

① 傅才武，高为. 精神生活共同富裕的基本内涵与指标体系［J］. 山东大学学报（哲学社会科学版），2022（6）：11–24.

② 黄鑫权. 习近平关于精神生活共同富裕重要论述的三重价值向度［J］. 学习论坛，2022（5）：114–121.

③ 席华娟，王晓娥. 中国共同富裕的统计监测、区域差距和动态规律［J］. 统计与决策，2023，39（17）：5–10.

④ 柯艺伟，张振. 论新时代共同富裕思想的理论渊源与核心要义［J］. 社会主义研究，2022（4）：86–92.

⑤ 解安，侯启缘. 新发展阶段下的共同富裕探析——理论内涵、指标测度及三大逻辑关系［J］. 河北学刊，2022，42（1）：131–139.

层面关注的是国家经济在政府、企业与民众之间的合理分配，即公平分配经济成果；微观层面则聚焦于民众在精神文化需求上的满足。宋群①（2014）认为，共同富裕具有四个显著特征：制度性、相对性、阶段性和发展性。本研究从三个维度深入探讨了共同富裕的核心特征，并构建了一个包含 15 个基础指标、6 个核心指标和 2 个辅助指标的共同富裕指标体系。李季刚、郝福莱②（2022）运用三阶段 Malmquist 指数模型对 2011～2020 年间 31 个省份在共同富裕与数字普惠金融服务融合方面的效率进行了测算分析。薛宝贵、王玎玲③（2023）依据动态性、共享性、过程与结果统一性以及分布均衡性原则，从六个维度出发，构建了共同富裕评价指标体系。该体系涵盖 6 个一级指标、16 个二级指标以及 46 个三级指标。通过预测分析，预计至 2035 年，各指标数值将呈现向好趋势。

2. 国外共同富裕研究现状

共同富裕理念的核心在于其"共同"属性。国外学者并未形成与社会主义中国共同富裕相对应的理论体系，因此，他们的研究主要集中在将收入分配问题与社会公平正义相联系，探讨如何缩小收入差距并减少贫困人口数量。在此基础上，提出了与之相似的福利社会理论。除此之外，联合国于 1990 年首次提出人类发展指数（HDI）的概念，该指数旨在通过三个主要维度评估国家的发展水平：生活水平（通过平均预期寿命进行衡量）、教育水平（通过成人识字率、综合教育年限和综合入学率进行衡量）以及经济水平（通过人均国民总收入进行调整计算）④。2000 年，联合国进一步提出了千年发展目标，该目标包含 8 个具体目标，为各国的发展水平和努力提供了重要信息，从而有助于制定更有效的政策和采取更有

---

① 宋群. 我国共同富裕的内涵、特征及评价指标初探 [J]. 全球化，2014（1）：35－47，124.

② 李季刚，郝福莱. 数字普惠金融服务共同富裕效率测度 [J]. 统计与决策，2022（17）：140－144.

③ 薛宝贵，王玎玲. 共同富裕评价指标体系的构建 [J]. 郑州大学学报（哲学社会科学版），2023，56（3）：60－66.

④ United Nations. Human Development Report 1990：Concept and Measure ment. （1990）[EB/OL]. https：//hdr. undp. org/data－center/human－－inde X#//indiecies/HDI.

力的行动。玛丽亚多罗斯等（María Dolores et al.，2022）① 回顾了由世界竞争力论坛发布的全球竞争力指数，并运用多元统计分析方法构建了一个与之高度相关的替代性指标，该指标可有效评估各国的发展水平。

在相关指标体系构建方面，桑托斯（Santos，2018）② 基于货币与非货币指标，构建了一项适用于拉丁美洲地区的多维贫困指数，并对区域内 17 个国家进行了该指数的测算。研究结果显示，大多数国家的贫困水平在统计学意义上呈现显著下降趋势。卡克瓦尼（Kakwani，2022）③ 等选取东亚国家作为研究对象，采用了一种分解技术，对劳动力市场绩效及社会政策对共同富裕贡献进行了量化分析。研究将共同富裕的概念拓展至机会不平等的新度量，并构建了一个量化国家共同富裕实现程度的指标体系。康（Kang，1996）④ 基于 56 个国家的数据集，对教育变量与收入分配之间的关系进行了实证检验。研究结果表明，教育水平的提升对收入分配具有显著的均衡作用。相较于以往的研究，本研究发现劳动力市场中教育程度的提高对促进收入平等的影响更为显著。孟（Meng，2020）⑤ 采用穆斯格雷夫指数（Musgrave Index，MT）及总收入来源的基尼系数分解法，揭示了政府转移支付在减少不同收入群体间差距方面的作用。研究结果表明，即便是在转移支付额度较小的情况下，亦能有效降低基尼系数，从而对缓解收入不平等产生显著的正面效应。

三、税收对共同富裕的影响研究文献综述

基于不同的研究方法和视角的多样性，绝大多数学者倾向于从以下两

① María Dolores B，M E S，Isabel C. An Alternative Index to the Global Competitiveness Index ［J］. Plo S one，2022，17（3）.

② Santos E M，Villatoro P. A Multidimensional Poverty Index for Latin America ［J］. Review of Income and Wealth，2018，64（1）.

③ Nanak K，Xiaobing W，Ning X，et al. Growth and Common Prosperity in China ［J］. China & World Economy，2022，30（1）.

④ Kang H P. Educational Expansion and Educational Inequality on Income Distribution ［J］. Economics of Education Review，1996，15（1）：51－58.

⑤ Meng，Cai，Ximing Y. The Redistributive Role of Government Social Security Transfers on Inequality in China ［J］. China Economic Review，2020，62（Prepublish）.

个主要领域作深入探讨和分析。

（一）税收对经济增长的影响

杜轶潋（2021）指出，财政税收在国家整体经济发展中扮演着至关重要的角色，其核心功能之一在于促进市场维持经济发展的稳定性①。具体而言，财政税收在维护市场发展秩序方面发挥着重要作用，它能够规范市场行为，确保市场经济的和谐发展（王加峰，2021）②。税收对经济的作用主要体现在居民消费、政府消费、政府投资以及企业与个人投资这四个领域。基于此理论框架，史代敏（2014）选取 2010 年四川省的投入产出表作为实证研究对象，采用上述四个维度对税收政策对经济增长的影响进行了量化分析。研究结果表明，税收的增加会导致当期及滞后期居民消费的缩减，进而减少最终需求；然而，建筑业的最终需求却因此而得到提升。此外，税收对工业和第一产业的影响尤为显著，并呈现出逐渐增强的趋势③。时春艳（2022）提出，财政税收与市场经济发展之间存在着一种相互依存、相互促进以及相互制约的正向相关性④。董雪（2021）运用时变协整模型对税收政策与经济增长之间的动态协整关系进行了深入研究，研究结果显示，我国经济增长与税收政策之间存在显著的时变协整性以及长期的负向均衡关系⑤。曹润林、陈海林（2021）构建了一个多维度的评价指标体系，并采用系统广义矩估计（system GMM）方法对税收负担与税制结构对经济高质量发展的影响效应进行了实证分析。研究结果显示，税收负担与税制结构之间存在显著的倒"U"形关系。进一步分析表明，增加直接税的比重对促进经济高质量发展具有积极作用⑥。

① 杜轶潋. 研究财政税收对市场经济发展的影响［J］. 经济研究导刊, 2021（22）: 65 – 67.

② 王加峰. 财政税收对市场经济发展的重要影响探析［J］. 纳税, 2021, 15（10）: 9 – 10.

③ 史代敏, 李鹏. 税收影响经济增长的投入产出分析［J］. 经济统计学（季刊）, 2014（1）: 65 – 66.

④ 时春艳. 财政税收对市场经济发展的影响与改进建议［J］. 经济师, 2022（4）: 126 – 127.

⑤ 董雪. 我国税收政策对经济增长的影响效应及其传导机制研究［D］. 长春: 吉林大学, 2021.

⑥ 曹润林, 陈海林. 税收负担、税制结构对经济高质量发展的影响［J］. 税务研究, 2021（1）: 126 – 133.

（二）税收对收入分配的影响

朱明熙（1994）提出，通过税收手段对个人收入进行调节以缩小收入差距，进而实现公平分配和共同富裕，已成为当前主流观点。然而，要实现收入分配的公平性，不仅要在经济层面上实现公平，还需在社会层面上达到公平，这要求税收调节必须覆盖个人收入形成的整个过程[①]。李英伟、李松森（2017）选取税制结构作为研究主题，其分析结果揭示了直接税在再分配过程中发挥的调节功能，同时指出，若税制结构以间接税为主体，则可能导致居民收入分配的不均衡[②]。刘菲（2007）提出，税收作为一种具备经济与法律双重属性的经济杠杆，通过调节收入分配差异，能够有效地推动社会共同富裕目标的实现，进而促进国民经济的和谐发展[③]。马永斌、闫佳（2017）针对税收在调节收入分配方面的作用进行了深入研究。该研究通过分析直接税与间接税税率变动对个人消费行为的影响，揭示了税率调整在税收体系中对收入分配格局产生决定性影响的机制[④]。贾康等（2018）在其研究中探讨了税收分配机制对实现共同富裕目标的作用。研究结果指出，为了优化收入分配结构，应当将共同富裕作为目标导向，并结合问题导向的策略，以充分发挥税收在调节收入分配中的功能[⑤]。李实（2020）在其关于共同富裕的研究中指出，我国从全面小康迈向共同富裕的关键在于解决发展不平衡问题，强调了提升税收在收入分配调节中的作用[⑥]。曾军平（2022）提出，税收在促进共同富裕的过程中，应将建立公正的分配机制作为其核心任务。他指出，若决定分配结果的机制具备公平性，则由此机制所产生的分配结果亦将体现出公平性[⑦]。

① 朱明熙. 税收调节个人收入分配的着力点 [J]. 财经科学，1994（5）：16-17.

② 李英伟，李松森. 调节居民收入分配差距的直接税改革设想 [J]. 改革与战略，2017，33（10）：111-114.

③ 刘菲. 论税收与国民经济的和谐发展 [J]. 社会主义研究，2007（5）：132-133.

④ 马永斌，闫佳. 不同收入分配层次的税收调节机制 [J]. 税务与经济，2017（2）：64-69.

⑤ 贾康，程瑜，于长革. 优化收入分配的认知框架、思路、原则与建议 [J]. 财贸经济，2018，39（2）：5-20.

⑥ 李实. 从全面小康走向共同富裕的着力点 [J]. 中国党政干部论坛，2020（2）：16-19.

⑦ 曾军平. 税收究竟该如何助推共同富裕？ [J]. 税务研究，2022（4）：19-26.

除此之外，税制结构对共同富裕同样具有显著影响。近年来，随着税收制度的持续改革，国内关于税制结构的研究日益丰富。在直接税领域，金鹏伟（2023）基于对我国新三板上市公司数据的实证分析①，揭示了企业所得税税负随着企业类型和性质的差异而变化的现象。研究发现，在资本密集型行业，企业倾向于将税负转嫁给员工，这影响了直接税在收入分配调节中的作用。雷根强、郭玥（2016）运用中国家庭追踪调查（China Family Panel Studies，CFPS）数据对劳动收入总额中的五项主要扣除进行数值模拟分析，研究结果表明，差异化扣除政策更能体现"量能负担"原则②。刘文璋等（2019）对税制结构对经济发展的影响进行了深入研究，他们认为提高直接税比重有助于促进居民储蓄，推动收入分配公平以及人均 GDP 的增长③。李晶、牛雪红（2022）基于对中国居民收入特征的深入分析，提出个人所得税改革能够显著减轻中低收入群体的税收负担，进而缓解收入分配不平等的问题④。

在间接税方面，陈建东等（2019）的研究发现，消费税对城乡收入差距的影响具有异质性。研究指出，在 2011 年之前，消费税能够有效调节我国城乡收入差距，但自 2011 年起，由于城乡居民消费税的税收负担逐步扩大，导致城乡居民收入差距扩大⑤。张敏（2021）通过对我国城镇居民间接税比重的分析，认为在当前的税制结构中，间接税表现出累退性，对低收入人群的影响更为显著，导致居民间税负分配不均，加剧了居民收入分配差异，这在一定程度上影响了税收制度的公平性⑥。

---

① 金鹏伟. 注册制下新三板市场生态变化与转板机制研究［J］. 投资与证券，2023（1）：8-9.

② 雷根强，郭玥. 差别费用扣除与个人所得税制改革——基于微观数据的评估［J］. 财政研究，2016（6）：28-41.

③ 刘文璋，卢洪友，余锦亮. 兼顾分配公平与增长可持续性的税制优化路径——基于跨国数据联立方程的经验分析［J］. 经济体制改革，2019（6）：163-171.

④ 李晶，牛雪红. 基于收入结构的个人所得税收入分配效应研究［J］. 宏观经济研究，2022（2）：16-17.

⑤ 陈建东，伍蔆霖. 消费税对城乡居民收入分配的影响研究［J］. 税务研究，2019（6）：44-48.

⑥ 张敏，李颖，曹青. 间接税税负归宿对城镇居民收入分配的影响研究［J］. 税务研究，2021（9）：112-117.

四、数字经济进程中的收入分配问题文献综述

随着数字技术的产业化、传统产业的数字化转型以及政府治理活动的数字化不断推进，数字经济的活动范围、规模和数量已经广泛渗透至经济社会的各个领域。基于市场化原则、按要素分配以及新分配关系的一般分析框架，进一步从初次分配、再次分配和三次分配的视角，深入探讨数字经济进程中的收入分配问题。

（一）数字经济与初次分配

在初次分配过程中，数字经济的发展有助于推动经济增长，促进中小企业创业，以及吸纳大量就业机会。这不仅能够扩大经济产出的"蛋糕"，而且能够使广大中小企业和应受益人群从中获益。

1. 提升生产效率，促进社会富裕

实现共同富裕的社会基础在于社会整体的富裕程度。在数字经济时代，要实现共同富裕，关键在于确保数字经济的长期健康发展。初次分配不仅要合理分配现有财富，更重要的是，在经济总产值持续增长的过程中，实现增量的优化调整，加速中等收入群体的收入增长。因此，数字经济的初次分配应兼顾效率与公平，通过政策引导，在效率提升的同时促进公平。数字经济提高生产效率已成为社会共识，并得到大量文献的证实。利用物联网、人工智能、云计算等数字技术，企业能够将生产、经营和内部管理各环节产生的数据转化为降低生产成本、提高产品质量和效率的生产要素，从而提升企业整体效率。

严成樑[①]基于 2001～2010 年中国 31 个省份的数据研究发现，互联网使用频率每增加 1%，实际产出可增加 0.074%。赵宸宇等[②]的研究表明，数字化转型显著提升了企业的全要素生产率，成为数字经济时代提升制造

---

① 严成樑. 社会资本、创新与长期经济增长 [J]. 经济研究, 2012 (11): 48 - 50.

② 赵宸宇, 王文春, 李雪松. 数字化转型如何影响企业全要素生产率 [J]. 财贸经济, 2021 (7): 114 - 119.

业企业生产效率的强大动力。江小涓和罗立①认为，数字化不仅能够提高工业生产率，还能促进服务业的高端化发展，服务业效率和增速低于工业的传统观点在数字时代已不再适用。对美国（Basu & Fernald，2007）②、英国（Tranos，2021）③、非洲（Hjort & Poulsen，2019）④ 等不同国家和地区的研究均得出数字经济有助于提高生产率的一致性结论。特别值得注意的是，数字经济领域的反垄断措施也被证明能够提升经济效率。沃辛格（Watzinger，2020）等⑤的研究发现，作为应对美国电话电报公司（American Telephone and Telegraph Company，AT&T）市场垄断问题的重要举措，1956年美国政府强制要求贝尔实验室公开专利技术，随后贝尔专利的后续创新显著增长，IBM、得州仪器、雷神等公司纷纷涌现，这标志着硅谷半导体时代的正式开启。

2. 构建有利于创新与创业的生态环境，以惠及众多中小型企业和个体经营者

数字经济的核心表现形式之一为平台经济。平台经济不仅是数字产业化的主要外在表现形式，也是产业数字化的主要承载平台，更是线上资源高效配置的关键场所。在数字经济的框架下，平台经济成为核心，为入驻企业提供全方位服务，进而构筑了一个创新与创业的数字生态系统。在该系统中，平台经济整合了一整套标准化的技术、数据、支付等基础资源，明显降低了中小型企业和个体经营者参与创新与创业的门槛。企业仅需具备优质的创新与创业构思，便能轻松在平台上设立店铺、启动项目、获取融资等，同时供应商与消费者亦能便捷地与店铺产品和创新项目对接，实

① 江小涓，罗立彬. 网络时代的服务全球化——新引擎、加速度和大国竞争力 [J]. 中国社会科学，2019（2）：68 – 69.

② Basu S，Fernald, J. Information and Communications Technology as a General – Purpose Technology：Evidence from US Industry Data [J]. German Economic Review，2007，8（2）：146 – 173.

③ Tranos E，Kitsos T，Ortega – Argiles R. Digital Economy in the UK：Regional Productivity Effects of Early Adoption [J]. Regional Studies，2021，55（12）：1924 – 1938.

④ Hjort J，Poulsen J. The Arrival of Fast Internet and Employment in Africa [J]. The American Economic Review，2019，109（3）：1032 – 1079.

⑤ Watzinger M，Fackler T A，Nagler M. How Antitrust Enforcement Can Spur Innovation：Bell Labs and the 1956 Consent Decree [J]. American Economic Journal：Economic Policy，2020，12（4）：328 – 359.

现多方共赢。特别值得注意的是，直播电商与二手电商在降低线上交易门槛、促进闲置资源经济化方面发挥了显著作用，它们作为"地摊经济"的网络化形态，有效提升了资源配置的效率。

在产业互联网时代背景下，中小企业在数字生态系统中的获益程度日益增加。随着我国经济发展模式由高速增长向高质量发展转变，数字经济亦实现了从消费互联网向产业互联网的转型。与以往消费互联网中"流量为王、赢者通吃"的竞争格局不同，产业互联网更强调"共建、共赢、共享"的合作理念。工业互联网平台作为连接建设者、开发者、用户、产业链上下游企业、中小企业及其他利益相关者的纽带，促进了企业在供应链中与其他企业共同构建更为高效的价值网络，从而提升了创新与创业的活力。换言之，通过数字技术的应用，中小企业得以与大型企业并肩竞争，更深入地融入全球产业链、创新链和价值链之中。

3. 增加就业岗位和形态，提升劳动力流动性

一方面，数字经济的发展显著提升了就业规模。根据相关测算，至2018年，我国数字经济领域所提供的就业岗位数量已达到 1.910 亿人[①]，预计至 2035 年，该数字将增长至 4.150 亿人[②]。李磊等[③]研究发现，与广泛存在的忧虑相悖，机器人技术的应用实际上促进了就业增长。这一现象主要归因于企业生产效率的提升以及产品市场份额的扩大，进而推动了产出规模的扩张，导致劳动力需求的增加。另一方面，数字经济的发展促进了新型就业机会的涌现及收入水平的提升。具体而言，数字经济的兴起催生了大量新兴职业岗位，例如网络约车司机、外卖配送员、数字化运营专家等，这些岗位的收入普遍高于从事其他行业具有同等或相似技能的劳动力所获得的平均收入。此外，这些新兴职业中相当一部分为劳动者的兼职收入。

相关统计数据显示，截至 2023 年底，我国灵活就业人员总数已达到约 2 亿人，占全国总人口 14.2%。其中，有 7 800 万人的就业模式是依赖

---

① 中国信息通信研究院. 中国数字经济发展与就业白皮书 2019 [R]. 2019.
② 波士顿咨询公司. 迈向 2035：4 亿数字经济就业的未来 [R]. 2017.
③ 李磊，王小霞，包群. 机器人的就业效应：机制与中国经验 [J]. 管理世界，2021（9）：104 – 109.

于互联网的新就业形态①。数字经济在改善收入分配方面的作用，主要体现在数字技术的普及降低了众多职业的就业门槛。随着数字技术的飞速发展，众多行业的生产流程和运营模式经历了根本性的变革，这显著降低了对劳动力技能的需求。以云客服为例，该职业利用互联网技术为客户提供远程咨询服务，突破了传统工作模式对时间和地点的限制，有效降低了残疾人的就业障碍，并促进了他们经济收入的增加。

然而，在初次分配环节，数字经济领域亦暴露出平台企业过度集中数字红利等不合理甚至非法的问题。这些问题的长期潜在风险，亟须学术界和政策制定者进行深入探讨和研究。

（二）数字经济参与再分配

再分配机制旨在强化对分配不均的调节作用，促进勤劳致富。其核心职能在于通过税收和转移支付手段对收入分配差距进行调节，涵盖初次分配产生的收入差异以及既有的财富分配差距。客观分析表明，我国数字经济在再分配方面的贡献尚未显著，税收总额及其增长速度相较于数字经济的产值尚需进一步提升。

确保税收的合法性和完整性是再分配过程中的基本原则和关键限制。尽管逃税和漏税行为在经济活动中属于少数，但在数字经济领域，此类问题相较于传统经济模式更为显著，因此，其在数字经济参与再分配机制中的重要性不容忽视。我国作为数字经济的强国，却在税收方面尚未形成与之相匹配的体系。除了跨境电商领域外，我国对于规模庞大的电商平台、社交平台以及在线广告等数字经济形态尚未制定出专门的税收政策②。

随着新经济形态和商业模式的不断涌现，数字经济所创造的价值在地域、人员、产品和服务归属方面表现出一定的模糊性，导致企业利润分配和个体收益方式发生相应变化。在实际操作中，准确界定征税对象和适用

---

① 孟祺. 数字经济促进就业技能结构调整［N］. 社会科学报，2021 - 04 - 15.
② 冯俏彬，李承健. 数字税的国际实践及其对我国的影响［J］. 经济要参，2021（47）：5 - 10.

税率面临一定挑战。马洪范[1]等学者的研究指出,数字经济的税基评估存在不确定性,纳税主体的界定存在困难,常设机构的认定不明确,以及税收治理手段相对滞后。因此,平台、企业和个人需增强纳税意识,严格遵守法律法规,保持诚信,主动进行税务申报。税务机关则应深化对数字经济运行机制的研究,识别数字经济领域中不合理的高收入来源,并制定针对性的税收政策,加强对网络红人、直播带货等新兴个人收入的税收征管。2021年12月,税务部门对网络名人黄薇(网名"薇娅")进行了追缴税款、滞纳金及罚款共计13.41亿元,并加大了对相关行业的监管力度[2]。除了传统的逃税行为,数字经济领域中不合理的避税现象也较传统经济更为严重。其原因在于数字经济的收入来源更为多元和灵活,易于通过设立公司、工作室及股权激励等手段进行转移,导致某些人实际年收入过亿却适用较低的个人所得税税率。此外,还应特别关注税收再分配的社会导向作用,鼓励人们在数字经济领域通过勤奋和智慧实现财富积累,而非依赖于包装、流量和运气等非劳动因素实现快速致富。

在数字经济领域,针对数据征税的可行性研究是不可或缺的。一方面,数字企业通常被划分为高技术企业,享受税收优惠如减免或返还;另一方面,由于利润形成对物质资产的依赖性较低,这些企业更易于将利润转移到税率较低的国家或地区,从而导致实际税率偏低。这一现象已成为全球数字经济再分配过程中的关键议题。为应对这一问题,英国、法国等国家已开始征收数字税,规定在这些国家开展业务的大型互联网企业,无论是否盈利,也无论其注册地是否位于这些国家,均需按照营业额的2%~3%缴纳税款。OECD的国际税收规则改革方案亦采纳了相似的立场。近年来,我国针对科技和软件行业的税率细化程度逐渐提高,部分企业及其部分业务不再享受高科技企业或重点软件企业等税收优惠,导致互联网企业的总体退税水平持续下降。例如,阿里巴巴集团在2020年的有效税率仅为12%,而到了2021年这一数值增长至18%,2024财年第三财季有

---

① 马洪范,胥玲,刘国平. 数字经济、税收冲击与税收治理变革 [J]. 税务研究,2021 (4): 84 – 91.

② 胡怡建,周静虹. 深化地方税体系改革服务中国式现代化 [J]. 税务研究,2023 (8): 5 – 11.

效税率达到33%①。

鉴于我国数字企业主要聚集于长三角等地区，造成了区域间税收收入的不均衡现象。针对这些理论与现实问题，我国税务机关与若干大型数字企业正致力于结合已实施数字税的国家或地区的实践经验和OECD的税收改革方案，对数据的可税性进行前瞻性研究。在条件成熟的情况下，可能会在特定区域和行业开展数字税的试点工作，旨在持续改善数字经济的再分配效应。

再分配机制亦涵盖转移支付，其主要措施在于增强社会保障体系的财政支持，有效解决养老、医疗、教育等公共服务领域的关键问题。数字经济本身并不直接参与转移支付过程，然而政府能够通过对数字经济活动的征税，获取财政收入，进而用于转移支付。转移支付的实施范围可以跨越不同地区，包括城乡之间，亦可针对特定人群或企业实施政策性倾斜。左（Zuo，2020）② 对美国一项宽带补贴计划对低收入群体就业效应进行了实证分析，研究结果表明，该计划显著提升了受补贴者的劳动市场参与度及求职成功率。

（三）数字经济与三次分配机制的融合

三次分配机制主要涉及慈善捐赠领域。然而，在我国，数字经济的主要受益群体尚未形成积极回馈社会的氛围。由于税收减免制度的不完善以及慈善组织公信力的不足，与欧美国家相比，我国数字经济领域的富裕资本家、企业家、经理人、明星和网红等群体在慈善捐赠方面的积极性和捐赠额度均较低，未能对数字经济的收入分配格局产生实质性的改善作用。未来，应致力于完善税收减免制度，加强公益组织、团体和志愿者队伍的建设，提升慈善组织的公信力，拓展公益资金的投资模式和范围，以制度上的便利性促进参与公益事业的人力、财力和单位的运行，在数字经济领域构建一个规范的慈善捐赠市场。

---

① 阿里巴巴财务分析. http：//basic. 10jqka. com. cn/mobile/BABA/finance. html.

② Zuo G. W. Wired and Hired：Employment Effects of Subsidized Broadband Internet for Low-Income Americans ［J］. American Economic Journal：Economic Policy，2021，13（3）：447 –482.

科技向善的理念，以及数字产品的普惠性，也是数字经济参与三次分配的一种方式。诸如谷歌、腾讯、京东等国内外数字企业积极推进科技向善项目，制定人工智能伦理标准，努力控制数字产品在伦理、道德、社会公平等方面的潜在负面影响，以确保数字服务能够惠及更广泛的人群。例如，为应对数字鸿沟问题，一些数字企业通过产品的适老化设计，增强了对老年人的护理和照料。特别需要指出的是，数字企业在参与公益事业时，应适度获益，但绝不能以公益之名进行过度的商业行为，如某些金融产品以普惠金融的名义收取高额利息；又如，网盘下载速度故意放慢，仅在成为会员后才提供提速服务，这些行为均违背了科技向善的原则。为此，2021 年 11 月，工业和信息化部发布了《关于开展信息通信服务感知提升行动的通知》，明确要求网盘企业提供的上传和下载最低速率应满足用户的基本需求。

数字经济参与救灾、扶贫、基层医疗卫生等社会公益事业，同样是三次分配机制的体现。实际上，在扶贫攻坚、抗击新冠疫情等社会活动中，数字经济对经济增长的韧性、产业链的稳定以及保障民众日常生活等方面作出了积极的贡献。同时，数字企业也可以从这些社会公益事业中获得利益。当前应鼓励数字企业将社会责任议题转化为具体可行的商业目标，通过创新的商业化方式解决社会问题，并将解决过程中产生的大量商业化资源转化为显性或隐性的商业价值。邢小强[1]等通过案例研究发现，平台可以将社会价值创造内置于平台商业生态体系内，通过对社会、商业关系与资源的混合配置与转化利用来创造共享价值，其中，社会价值创造是商业价值创造的前提，两种价值创造相互依赖且多有重叠。

五、数字税收发展困境的文献综述

在数字经济商业模式的背景下，现行税收体系的改革明显滞后于数字经济的迅猛发展，这导致了税基侵蚀和利益转移的税收漏洞日益凸显。国

① 邢小强，汤新慧，王珏等. 数字平台履责与共享价值创造——基于字节跳动扶贫的案例研究 [J]. 管理世界，2021（12）：152 – 176.

内外学者逐渐意识到，在数字经济浪潮中，税收规则与传统税收体系之间存在冲突。目前，关于数字税收困境的研究主要集中在税收公平、税基侵蚀及税收征管三个核心领域。

首先，在税收公平性方面，黄健雄和崔军（2020）提出，在数字经济时代，税收现状已经对税收公平和公众福利造成了冲击。在欧盟，传统经济活动的有效税率约为数字经济的2.5倍，这迫切需要调整现行税制以确保产业间税收的横向公平；欧盟关于数字税收的报告亦显示，欧洲传统企业的有效平均税率为23.2%，而数字企业的有效税率仅为9.5%。岳云嵩和齐彬露（2019）从数据提供方、数字企业和平台用户三个角度分析了现行税收体系在数字经济领域造成的不公平竞争环境；茅孝军（2019）亦强调，缓解数字型企业与传统企业之间的税负不均，确保税收负担符合竞争中立性原则，是数字税收体制改革的关键目标。学界普遍认同数字税收导致的税负不公现象。

在税基侵蚀问题的探讨中，税基侵蚀现象表现为数字服务的跨国界特性，导致税收监管主体难以明确界定。互联网巨头企业利用此特性，通过税收筹划手段将市场国的所得利润转移至低税负地区，从而引发市场国税基的缩减。白彦锋与湛雨潇（2018）提出，在数字经济时代，互联网公司的营业趋势趋向于"去实体化"，征税对象呈现出数字化、虚拟化、隐蔽化的特点，大量交易信息被隐藏，使得企业利润难以精确计量，进而导致税基的流失。励贺林（2019）以苹果公司利用欧盟与爱尔兰、美国在非居民纳税人认定和域外收入征管规定中的差异为例，分析了跨国公司利用不同国家与地区间税收征管与税率差异进行利润转移的主要策略。白彦锋与张琦（2014）针对欧盟地区的研究指出，每年欧盟因跨国公司利润转移避税造成的税收损失高达500亿~700亿欧元。皮埃尔和尼古拉斯（Pierre & Nicolas，2013）认为，尽管数字经济的运行模式基于传统商品与服务规则，但商业模式和技术的创新已使数字经济部分脱离现有税收制度的监管，加剧了税收"线上"与"线下"的失衡。

在税收征管方面，现有研究主要集中在数字税收下的征管难题。邱峰（2020）从数字经济下税源的跨地域性与传统税收管辖的地区特征之间的矛盾出发，论述了销售所得来源地与利润归属地难以确定、常设机构认定规则受到冲击等问题；白彦锋与岳童（2021）讨论了数字经济下的税收归属问题、税负转嫁问题与重复征税问题等数字税收面临的现实挑战；彼得和大卫（Peter & David，2020）尝试论证通过对数字公司按收入总额征税的方法解决价值创造地与税收征管地错配的问题；贺娜与李香菊（2022）重点辨析了数字经济语境下企业价值创造地与显著经济存在这两个影响税收征管的关键概念。

六、数字税实施效果的文献综述

在各国的不懈努力下，数字服务的发展进程持续向前推进，并取得了显著的成效。这一进程为国内外学者提供了大量研究资料，促进了相关领域的学术探讨。近年来，众多学者开始深入研究数字税的实施效果，相关研究成果日益丰富。通过审视现有文献，可以发现，众多国内外学者从不同视角对数字税的利弊进行了广泛讨论。然而，在是否应当征收数字税的问题上，学界存在显著的意见分歧。部分学者支持征收数字税，他们基于当前形势的分析，认为征收数字税具有重要的作用和深远的意义。另一些学者则坚决反对，而还有学者持中立态度，建议应继续观察和研究。此外，有学者对数字税持肯定态度，认为其相较于其他税种具有独特优势，在当前的经济环境下是必要且可行的。

其优势主要包括：岳云嵩（2019）[①] 指出，数字税对于缓解当前欧盟国家面临的公共财政困境具有积极作用，并在数字经济时代背景下，为完善收入分配机制、推动市场公平竞争提供了有效的解决策略。陈凤英（2018）和白明（2018）指出，传统上，头部数字公司对税务规避问题给予高度重视。然而，数字税的实施有望显著降低企业逃税和漏税现象，促使数字企业将关注焦点更多地转移到技术创新与业务能力的增强上。此举将有助于提升企业的盈利能力和利润水平，最大限度地缓解税收萧条的负面影响。此外，数字税的征收将促进数字企业在全球产业链中的布局趋于

---

① 岳云嵩，齐彬露. 欧盟数字税推进现状及对我国的启示 [J]. 税务与经济，2019（5）：95 – 98.

均衡，消除数字经济发展的不对称性，从而支持其进入良性循环的发展轨道。崔（Cui，2019）① 在本研究中，发现并提出了一项创新的研究领域和方法论。研究者提出，数字税可被视为对特定区域经济租金征收的税种。在实际应用中，该税种有助于最大限度地减少税收对商业决策的扭曲效应，维持税收中立性，并实现征税权的自主划分。关于征收数字税的必要性，欧盟委员会（2018）② 提出观点，执行数字税能够实现利润创造方式与税收收入的直接对应，从而规避传统税收规则中所存在的缺陷与问题。尽管数字税目前仍面临若干挑战，但部分学者对其未来发展前景持积极态度。希尔和哈里森（Hill & Harrison，2018）认为，在欧盟层级上，尽管短期内达成统一共识存在较大难度，但并非不可能③。未来在欧盟层面可能形成全球解决方案的共识，但制定此类单边措施仍具有必要性（Robinson et al.，2018）。部分学者对征收数字税持有异议，其论点在于数字税并不完全契合当前数字经济的发展态势，难以有效应对现存问题，反而可能引发负面效应，综合考量下，其弊端似乎大于利益。朱青（2021）提出，数字税的征收与征税原则相矛盾，数字税法案难以达到预期的政策效果。哈特（Harter A，2018）和管彤彤（2019）④ 指出，尽管数字业务具有其独特性，但其尚不足以成为独立征税的依据。若急于实施此类税收政策，将可能抑制数字业务的迅猛发展势头，并对数字经济的整体进步产生消极影响。张志勇（2020）⑤ 将贸易法纳入研究范畴，从税法和贸易两个维度进行深入论述与分析。本书全面指出，当前实施数字税的条件尚未成

① Cui W. The Superiority of the Digital Services Tax over Significant Digital Presence Proposals [J]. National Tax Journal, 2019, 72 (4): 839 – 856, 15.

② European Commission. Impact Assessment: Proposal for a Council Directive Laying down Rules Relating to the Corporate Taxation of a Significant Digital Presence and Proposal for a Council Directive on the Common System of a Digital Services Tax on Revenues Resulting from the Provision of Certain Digital Services [R]. Bmssels: European Commission, 2018.

③ Hill J. & Hawson J. U. K. Digital Services Tax-How Will it Work in Practice? [EB/OL]. (2018 – 12 – OS) https://news. bloombergtax. com/daily tax report international/insight uk digital services tax how will it work in practice.

④ 管彤彤. 数字税：政策源起、理论争议与实践差异 [J]. 国际税收，2019 (10)：58 – 63.

⑤ 张智勇. 数字税：正当的课税抑或服务贸易的壁垒？ [J]. 国际税收，2020 (3)：28 – 35.

熟，其理论基础存在缺陷，实践操作中亦存在诸多漏洞，亟须进一步完善。此外，数字税在执行过程中可能违反非歧视原则，这一做法已引起其他国家和地区的一致反对。米切尔（Mitchell，2019）从国际经济法的视角出发，对特定税种进行了深入的分析，并指出其与国际贸易法规及投资相关条款之间存在潜在的冲突。基于此，美国对该税种采取贸易制裁的可能性极高。同时，学术界亦有观点认为，数字税在短期内可能被用作政治权力斗争的临时策略。加巴伊和罗斯（Gabbai & Ross，2018）①，然而，采取短期措施将导致 OECD 达成全球统一共识方案的时间被无限期推迟，这在一定程度上会削弱 OECD 在国际税收规则制定方面的权力。励贺林（2018）② 提出，此类单边措施将导致国家间缺乏协调一致的行动，破坏国际市场的制度性框架，加剧税收负担分配的不均衡性，进而引发税收恶性竞争的风险增加。此外，沃尔克（Wolk，2021）研究指出，受新冠疫情的冲击，全球经济的复苏进程预计将呈现缓慢态势。在此背景下，数字税作为一种潜在的经济刺激手段，有望在关键时刻发挥关键作用，激活经济发展的动力，进而促进全球经济的复苏。持中立观点的学者则认为，数字税的利与弊尚难作出准确评估，因此主张应保持客观中立的立场，继续观察并审慎分析，以期得出更为科学的结论。此外，数字税的提出对国际社会中各国税权分配问题产生了正面影响（何洋，2020）③，该理念颇具创新性。然而，数字税的引入亦引发了一系列新问题，如破坏国际税收体系的稳定性、增加税收机制的复杂性等。

格兰特·索罗顿（Grant Thoroton，2019）④ 以第三方视角为研究的切入点，深入分析了数字税的相关问题，指出公众对税收持积极态度，然而，该税种是否会对企业的创新动力产生影响，成为更为关注的问题。相

---

① Roth T. Alexander K. & Tan A. OECD's Digital Economy Tax Reform：The Race to Consensus [J/OL]（2019 - 2 - 7）Tax Journal. hops：//www. taxjournal. com/auicles/oecd s digital economy tax reform the race to consensus.

② 励贺林，姚丽. 法国数字税与美国 "301 调查"：经济数字化挑战下国家税收利希的博弈 [J]. 财政科学，2019（8）：154 - 158.

③ 何杨，经济数字化背景下的国际税收变革：理论框架与影响分析 [J]. 国际税收，2020 (6)：49 - 53.

④ 廖益新，宫廷. 英国数字税：规则分析与制度反思 [J]. 税务研究，2019（6）：75 - 80.

较于国外学者的研究，国内学者更多地关注数字税对中国企业可能产生的影响，并将企业应对策略作为研究的核心。国内学者建议，在数字税的征收问题上，我国应采取谨慎的态度，过早地征收数字税可能会带来严重的后果。例如，黄健雄、崔军（2021）① 提出观点时，我们应避免简单模仿国际上已实施的数字税政策，以免与我国在推动开放创新方面的原则和承诺相悖。然而，亦不可轻率地排斥该税种。必须在深入分析和论证其他国家实施数字税的经验教训之后，适时地考虑引入数字税，并应分阶段规划其实施步骤（岳云嵩，2019）②。

七、文献综评

在数字税领域，国外学者的研究起步较早，其研究背景在于数字税最初在国际上实施。通过文献综述，可以发现国外学者在该领域的研究文献数量较多，内容也较为丰富。相比之下，我国学者在数字税研究方面起步较晚，但随着数字税议题的热度上升，国内学者迅速跟进，对数字税进行了深入研究，并取得了显著成果。近 10 年来，关于数字经济的学术文献数量显著增加。经过系统而全面的分析，学者们普遍认为，数字经济的发展促使企业调整了其商业模式，这与现行的税收体系产生了冲突，进而引发了一系列新问题。例如，税基侵蚀和利润转移（base erosion and profit shifting，BEPS）等，这些问题对税收公平构成了挑战。相较于传统企业，数字税引发的税负不公和税收流失问题，对营造公平有序的商业环境造成了更为严重的影响③。因此，应对数字经济引发的税收问题已成为 OECD、欧盟等成员国研究者的主要研究方向。其研究目的在于构建一个更具普遍适用性的税收体系，以应对数字税收带来的挑战与冲击，并更好地适应当前的国际经济环境。

---

① 黄健雄，崔军. 数字税现状与中国应对［J］. 税务与经济，2020（3）：86 - 90.

② 岳云高，齐彬露. 欧盟数字税推进现状及对我国的启示［J］. 税务与经济，2019（5）：95 - 98.

③ 邓小俊，郑雷. 数字经济时代欧盟数字税改革动向及我国应对［J］. 福建论坛（人文社会科学版），2020（6）：95 - 103.

同时，全球范围内越来越多的国家开始对数字经济活动征税，涉及在线广告、互联网社交媒体以及线上数据销售服务等领域。2018年，部分欧盟成员国提出将数字税作为短期计划实施的方案，此方案在国际社会中引发了广泛讨论。关于是否应将数字税作为一项临时性、单边措施的问题，学术界意见不一，众说纷纭。国外研究者更关注税负不公的后果问题，并分析了其在维护国际税收秩序中的作用。国内学者随后也系统地分析了各国为应对数字经济挑战所采取的短期税收措施，并通过比较分析，探讨了不同方案之间的异同，旨在为逐步构建和完善国内数字税收制度提供政策建议。国内关于数字税的研究尚处于起步阶段，具有较大的成长和进步空间，在文献数量和内容深度上还需向国际学者学习，以丰富研究成果。

随着RECP（《区域全面经济伙伴关系协定》）的签署和中欧投资协定谈判的完成，中国的对外开放进入了一个新的发展阶段。这要求我国制定与国际接轨的税收规则，并不断努力实现税收的公平与透明。在全球化经济背景下，我国应坚持多边主义原则，在国际关系中通过多边磋商达成共识，致力于构建一个公平有序的国际税收框架体系①。在全球化的经济体系背景下，我国需依据数字经济的固有属性，对税收管辖权进行重新界定，以保障我国作为收入来源国的合法权益。同时，应积极调整现行税收法规，增强在国际税收谈判中的议价能力，主动参与国际税收规则的修订和完善进程，明确表达我国的立场与政策取向②。在国内，及时对国际税收趋势进行深入分析，积极探讨重大经济存在、用户参与度等国际税收领域新兴概念，系统梳理并分析不同国家及国际组织的立场与观点，紧跟国际税收发展的步伐，适时提出符合中国国情的应对策略。

第三节 研究思路、内容与方法

数字经济的兴起无疑是新时代的关键特征之一。基于此，数字税亦成

---

① 邱峰. 数字税的国际实践及启示 [J]. 西南金融，2020（4）：14-23.
② 韩霖，高阳，田芸芸. 纵览经济数字化背景下国际税收规则的重塑——专访IBFD国际税法专家 Victor van Kommer 教授 [J]. 国际税收，2020（3）：37-39.

为新时代中国经济发展战略定位中不可或缺的关键维度。本研究的思路与内容概述如下：

一、研究思路

本书以共同富裕为背景，以数字税为研究对象，从浙江省数字税法治路径的现实问题出发，遵循"文献与现状研究—研究探索—理论机制—效应检验与实证分析—成果转化"的逻辑思路，探究数字税对共同富裕的影响，以及共同富裕背景下数字税法治路径的实现。

首先，本书从理论层面深入探讨了数字税收的概念，涵盖了数字经济的理论框架以及数字税的理论基础。其次，对数字税如何影响共同富裕进行了现实层面的分析，包括共同富裕的理论层面分析，以及数字税与共同富裕之间的内在联系，数字税对共同富裕影响的理论基础、功能定位和作用机制。再次，对域外主要经济体的数字税立法制度进行了比较分析，并从中提炼经验与借鉴，涉及数字税立法的实践案例，以及相关国际组织关于数字服务税的规划或方案，并对上述实践进行了深入的分析与评价。此外，详细介绍了浙江省共同富裕的发展现状、现实优势、未来目标和主要发展方向，以及数字税在促进浙江省共同富裕中的实践方法与成效。最后，在指出我国现行税收法律制度存在的问题的基础上，分析了完善我国数字经济税收法律制度的紧迫性，并参考数字税的立法经验，提出了构建与当前国情，及浙江省情相适应的数字税法律制度的策略建议。

二、研究内容

本书分七个部分，具体研究内容如下。

第一章，绪论。本章以选题的背景及意义为出发点，依次对国内外关于数字税和共同富裕的文献进行了系统的整理、深入的分析和严谨的研究，从而构建了翔实的文献综述。同时，在明确研究思路、研究目标及研究方法的基础上，从研究结构、核心观点、创新点与局限性等维度构建了本书的研究框架。

第二章，数字经济税收理论研究。本章旨在深入探讨数字经济的内在特征及其发展态势，并从国内互联网交易、跨境互联网交易、企业所得税、个人所得税等多个维度，详尽阐述当前数字经济所涉及的税种。基于此，进一步分析数字经济对税收规则及发展所引发的国际税收领域变革、国际税收格局的新趋势，以及其对中国的影响。深入剖析数字税的内在特征、法律定位、理论基础和立法现状等关键要素，探讨数字税法律制度的构建动因，明确其旨在遏制税基侵蚀、确保税收公平、缓解财政压力、争夺税收管辖权以及培育本土数字产业。同时，本章还将进一步分析数字税制度所具备的双重效应。

第三章，数字经济税影响共同富裕的机理分析。本章旨在从理论基础和内容体系两个维度，深入探讨浙江省共同富裕的理论框架，以及数字经济的发展如何塑造收入分配格局。特别关注数字税在促进用户价值补偿和公共福利回流方面的作用，进而分析数字经济税与共同富裕之间的内在联系。本章将剖析数字税对共同富裕影响的理论基础，揭示其作用机制，并从税系结构、税类结构、主要税种以及税制结构等角度，探讨在不同经济发展水平下，数字经济税对共同富裕的作用机制。此外，本章还将明确数字经济税在促进数量增长、质量增长和共享增长方面对共同富裕的功能定位。

第四章，域外主要经济体数字税立法制度比较、经验、借鉴。本章从数字税理论的孕育期、政策制定期、实践转化期三个阶段，对国际数字税的发展演进脉络进行了深入分析。重点探讨了英国、法国、印度、新加坡等国家在单边数字税领域的立法与实践经验，以及 OECD、欧盟等多边机构在数字税领域的政策出台背景、核心内容、实践效果的评估。基于此，进一步从征收目的、征税范围、起征点与征税对象、税基与税率等多个维度，对不同国家数字税制进行了比较分析，探讨主要经济体数字税立法差异化及其原因，并结合亚马逊公司、谷歌公司数字税的案例研究，旨在为我国数字税体系的构建提供参考与借鉴。

第五章，税制机构与浙江省共同富裕的现状分析。本章首先从税系结构现状和主要税种两方面入手，分析了税制结构。随后，对共同富裕的测度和现状进行了深入分析。重点从三个维度剖析了浙江省共同富裕的整体状况：群体差距缩小的趋势略有放缓、群体差异的可见趋势明显、区域差距缩小的趋势保持稳定。接着，基于浙江省共同富裕的总体状况、发展基础、政策环境、结构水平及指数分析，对共同富裕的实践成效进行了系统总结。

第六章，数字税对浙江省共同富裕影响的效应经验。本章将对研究变量进行选取并描述数据特征，阐述数据的来源。通过实证分析方法，对直接税与间接税进行比较研究，同时对不同税种展开对比分析。在处理模型的内生性问题基础上，对异质性进行分析处理。通过稳健性检验，对个人所得税机制进行深入检验。

第七章，浙江省数字税法治路径的构建。针对数字经济发展的现实状况，以及浙江省的具体发展情况，本研究积极参与国际税制改革进程，并提出一系列政策建议。全面分析浙江省现行数字税收法律体系存在的问题，探讨在推进数字税制实施过程中所面临的困难挑战，以及构建数字税制的迫切需求。在此基础上，评估了浙江省数字税制构建的可行性。通过顶层设计理念，明确数字税设计的价值取向、基本原则、基本立场，从近期的税收制度改革实践，到远期数字税法律体系构建的展望，进而提出了浙江省数字税法律制度构建的实施策略。

三、研究方法

本书将采用多种法学研究方法对数字税影响浙江省共同富裕进行研究。具体包括：

第一，规范分析法。力推数字税的各个国家和国际组织制定的法案及解决方案往往涉及各种正式和非正式的国内立法与国际规范，它们之间的协调与联系将对数字税相关概念的理解和阐释产生较大影响。因此，本书将在国际公法、国际经济法、国际税法及财税法的基础理论上分析研究国际上具有代表性的单边数字税法案、OECD 和欧盟的临时性或长期解决方案及双边税收协定范本内容，分析法律规范背后的原理及规则适用过程中的各种问题。

第二，文献研究。为全面掌握数字经济相关研究现状与成果，通过运用中国知网、IBFD、Heinonline、Kluwer、Westlaw、Lexis 等中外文献数据库，获取相关资料，从而全面、准确、深入了解数字税问题。针对用户参与理论、国际税收管辖理论、地域性特殊租理论作较为全面系统的分析，寻求本书的逻辑起点与理论基础，并形成理论分析框架，为本书的研究奠定理论基础。

第三，系统性分析。在数字化时代背景下，税收立法所涉及的主体关系错综复杂，利益格局多元，涵盖了政府部门、相关纳税人以及众多社会组织。各参与主体均持有其特定的诉求与利益。系统论在解析税收治理的构成要素、要素间的相互联系、内在逻辑及结构方面具有显著的理论价值，为数字税收领域的研究提供了有力的分析工具。本研究运用系统分析法，对数字经济时代税收制度的发展历程进行了全面总结，并深入剖析了其理论基础与制定的动因。同时，本研究对国际上的发展动态和经验进行了提炼与借鉴。此外，本研究还从理念、结构以及效能提升等多个维度，对当前面临的问题与挑战进行了深入分析，并尝试系统性地阐释了构建与国家及省级实际情况相适应的数字税收法律制度所需关注的关键要素。

第四，案例研究。构建影响浙江省共同富裕实现的数字税法治路径问题，本身就是一个现实急需解决的问题，例如区块链技术的应用、平台共享经济的税收征管、税务部门的数字化转型模式以及数字经济的国际税收问题。在共同富裕路径问题上，实际工作中存在诸多可供参考与运用的现实案例。通过案例分析，可以推导出具有参考价值的普遍性知识，为全面分析归纳提供参考依据。

第五，比较分析法。该方法通过运用既定标准与过往经验，对两种存在某种联系的事项进行系统比较，旨在揭示事项间的差异与共性，以深入探究研究对象的内在本质。在具体操作过程中，首先依据个案研究法所搜集的数据，明确比较的事项及评价指标等关键要素；随后进行系统的对比分析，整理并归纳比较结果；最终通过综合分析，得出具有说服力的分析结论。

四、创新与不足

本书深入研究了数字税对浙江省共同富裕的影响，在基本理论分析框架构建、作用机制分析、指标体系度量等多个方面进行了创新。主要体现在以下几个方面：

第一，本书丰富了数字税影响浙江省共同富裕的理论分析框架。本书以马克思主义收入分配理论为基础，结合数字经济税理论、长尾理论和市场失灵理论，构建了数字税影响浙江省共同富裕的基本理论分析框架。该理论分析框架阐明了数字税对经济增长和收入分配的影响效应以及政府干预在数字税影响浙江省共同富裕进程中的重要性，以此推动浙江省共同富裕的理论分析过程，丰富了数字税与共同富裕的相关研究。

第二，本书对数字税影响浙江省共同富裕的作用机制进行了补充。从现有文献来看，虽然关于数字税影响共同富裕作用机制的研究较多，但是鲜有文献基于数字税的内在逻辑出发进行探究。本书的创新之处在于：前人研究多聚焦于从共同富裕中的一个角度即缩小收入差距来分析与税收之间的内在联系，很少有学者从共同富裕整体的角度来研究数字税对其影响效应。本文充分分析数字税对共同富裕的整体产生的影响，丰富了研究的层次。

第三，本书对数字经济税和共同富裕的综合评价指标体系进行了丰富。一是关于数字税发展水平综合评价指标体系的构建。随着数字经济迅速发展对数字人才、数字技术创新等的需求增加以及数据成为关键生产要素，本书将数字经济税发展环境和数据价值化纳入数字经济税综合评价指标体系。二是关于共同富裕水平综合评价指标体系的构建。本书基于习近平总书记关于共同富裕的重要论述以及《“十四五”公共服务规划》，在构建共同富裕综合评价指标体系时充分考虑了公共服务总体发展水平以及基本公共服务均等化水平相关指标，丰富了省级层面共同富裕指标体系的构建。

第四，本书研究视角有一定创新。数字税问题是全球税收热点问题，不仅涉及我国国内税制运行情况，还必须从世界全局的角度分析研究，尤其是需要对以 OECD 为主导的对数字经济征税的双支柱方案进行细致研究。本书提出构建数字税制度以 OECD “双支柱”方案尤其是以支柱一为逻辑起点和前提，分析可能给我国带来的影响并提出我国的应对方案。

本书的研究不足之处主要体现在以下几点：一是数字税发展水平和共

同富裕水平存在较大的区域差距，现有分析只是从宏观角度选取与研究相关的理论作为理论基础，分析数字税影响浙江省共同富裕的机理，理论深度还有进一步挖掘空间。二是由于个人学术水平有限，本书探究数字税正向影响浙江省共同富裕的机制较多，涉及数字税不利于浙江省共同富裕的内容相对较少。数字税作为经济发展的主要引擎具有两面性，在以后的研究中需要继续深入。三是因为数据限制，本书的研究时间范围始于2013年，而非更早的年份，这可能对研究结论造成一定程度的影响。在以后的研究中可以通过改进研究方法，拓展时间维度，展开进一步研究。

第二章 数字税收理论研究

第一节 数字经济概述

一、数字经济的内涵特征

（一）数字经济的内涵

数字经济这一概念最早由美国经济学家唐·塔普斯科特（Don Tap-scott）在其于 1996 年出版的书籍《数字经济》中提出。唐·塔普斯科特将数字经济定义为"基于信息数字化与知识的经济形态"，并进一步阐述了它的特点。随着数字经济逐渐被广泛认可，各界对其概念进行了更为详细的界定。2021 年 12 月，国务院发布的《"十四五"数字经济发展规划》指出，数字经济是继农业经济和工业经济之后的重要经济形态，强调以数据资源为核心要素，依托现代信息网络作为主要载体，并以信息通信技术的综合应用及全面数字化转型作为关键推动力，旨在实现公平与效率之间的更佳平衡①。《中国数字经济发展白皮书（2020 年）》首次提出了"四化"数字经济框架，这一框架涵盖了数字产业化、产业数字化、数字化治

---

① 国务院."十四五"数字经济发展规划［EB/OL］.中华人民共和国中央人民政府，（2021 – 12 – 12）［2022 – 11 – 05］. http：//www. gov. cn/zhengce/content/2022 – 01/12/content_5667817. htm.

理和数据价值四个主要方面。

在"四化"进程中，数字产业化被视为数字经济的先锋，主要依靠数据作为核心生产要素的信息产业，例如电子信息制造业。产业数字化则是将多种先进技术与传统行业相结合，以此提升效率和产量，而增加的部分则是依托于技术驱动的产出，像电子商务和智能制造等领域。数字化治理涉及运用技术手段来推动国家治理体系和治理能力的现代化，像国家智慧城市的建设便是其典型例子。数据价值化意味着数据日益成为数字经济发展的关键生产因素，不断提升数据管理和应用的能力，例子包括数据采集和商业智能处理等。数字经济通过信息技术的应用，深刻影响着传统的经济环境和活动，不仅为传统工业转型指明了方向，也为企业与消费者之间的交易优化创造了条件。

（二）数字经济的特征

1. 数字经济的高度流动性

数字经济之所以具备显著的流动性，主要有两个原因。

一方面，它依赖于无形资产、高度灵活的用户以及迅速发展的技术。这种特性使得数字经济减少了对人力来执行业务的需求，从而使人们能够更加灵活地选择服务器及其他资源的位置。在无形资产的开发与利用上，数字经济注入了大量的资金，数字企业将软件升级视为提升竞争力的重要途径，因此对于研发的投入依赖程度尤为显著。因此，对于数字企业而言，无形资产的提升意味着其营业利润的增长得以保证。尽管市面上确实存在一些主要管理有形资产的企业，但这并不意味着无形资产对它们不具重要性，实际上，它们同样高度依赖于无形资产。例如，当前蓬勃发展的在线零售企业，在明确自身需求的基础上，建设了一个多层次的数字物流体系。

另一方面，在数字经济的推动下，无形资产在企业创造商业价值方面的贡献愈加显著。与有形资产相比，无形资产不受物理属性的局限，能够在企业之间进行灵活的转移使用，这种特点赋予了无形资产独特的优势。对于数字企业的用户而言，高流动性正是其与众不同之处。随着互联网和通信技术的进步，数字企业的用户能够更加便捷地进行商业活动。作为个人用户，在互联网上使用其他国家的应用程序似乎变得轻而易举。同时，智能手机和终端设备的快速发展也大幅提升了用户的使用体验，使得随时随地上网成为现实。这给交易行为的地点识别带来了挑战，因为用户通过匿名上网的方式可以隐藏其交易位置，进而使得交易行为的识别变得更加困难。数字企业通过开发相应的业务模块，推动通信技术和信息管理技术的发展，降低了交易活动的复杂性，从而促进了不同供应商之间的互动。

2. 数字经济对数据的高度依赖性

在数字经济的发展中，数据的重要性日益凸显，成为企业发展的核心资源，改变了资产的形态。传统上，企业主要依赖有形资产，而如今高科技等无形资产的地位逐渐上升。当前，公司对数字资产的依赖愈加明显，数字资产作为一种新型资产形式，是数字企业发展的关键。维克托·迈尔－舍恩伯格（Viktor Mayer-Schonberg）指出，技术始终是企业信息技术发展的核心。当企业的技术水平达到稳定阶段时，其本质也会转变，更多地专注于信息和数据的开发与利用。如今，企业不仅将数据用于广告等基本用途，还用于产品和服务的战略迭代。互联网、制造、加工、金融等传统行业也开始转型，将数据的收集、开发和利用作为发展的重点。

3. 网络效应

网络效应指的是一些特定用户在作出某些决策时，对另一群用户所产生的直接积极影响。当用户获得的价值与相同产品或相关产品相关联时，这种现象表现出外部性特征，并且伴随用户数量的增加而增强。换句话说，当某一产品的网络用户基数较小的时候，运作该网络的成本会非常高，同时能够交换信息的用户数量也比较有限。然而，随着网络用户的增加，运营成本将会持续下降。与此同时，随着成本的降低，单个用户能够影响的范围也会逐渐扩大，个别用户从产品获取的价值将呈现出指数增长。许多企业利用这一关键特性，专注于打造用户社交网络，以增强网络效应。比如，通过在商家与买家之间、买家与买家之间建立评论和交流渠道，帮助其他用户选择感兴趣的产品来购买。因此，在数字经济环境下，企业与用户之间的互动频繁，改变了传统上被动接受产品的模式，对实现产品价值及完善价值创造链具有积极影响。

4. 多层次商业模式

多层次的商业模式涉及多个市场平台。当不同群体在一个共同的平台上进行互动时，各自的决策有可能对其他群体产生正面或负面的影响。换句话说，一个团体的行为能够为另一个团体带来积极的外部效应，从而提升后者的价值。数字化公司借助通信技术在不同国家创造了多样化的商业模式。相比之下，传统商业模式往往难以摆脱其固有限制，比如难以确定商业核心位置。而在数字经济环境下，企业能最大化地提升其使用价值。全面的商业运营模式为数字经济的发展提供了灵活性，使得企业能够借助多个互补应用或垂直平台吸引第三方开发者提供资源，以促进创新。如今，企业通过创造让客户参与项目的机会也已成为一种普遍做法，这不仅推动了创新，也提升了用户体验，同时降低了企业的开发成本。

5. 价值链管理更灵活

复杂价值链是指在项目的运营与规划过程中采用的一种税收管理策略。在这种模式下，税收政策不再处于以往的被动状态，而是成为商业模式的重要组成元素。在数字经济环境中，企业借助大数据不断优化和提升其服务，在评估价值链时，会综合考虑成本、技术优势以及各个国家子公司所提供服务的改善等因素。因此，我们必须依赖于互联网和通信科技的进步，以达到一定的高度，同时这也有助于企业突破地域限制，进而在价值链上进行重组和分割，将企业设置于税率相对较高的国家，反之亦然，这使得位于低税率国家的公司能够获取更多的利润。

（三）数字经济发展现状

1. 全球数字市场的现状

在当前世界百年未有之大变局加速演进的背景下，新冠疫情对全球各国产生了深远影响，全球经济持续面临下行压力。在此背景下，数字科技创新为经济复苏提供了新的契机，数字经济在稳定和加速经济发展方面的作用日益凸显。不仅传统的发达经济体，新兴经济体亦在积极布局数字产业战略。根据 OECD 发布的《数字经济展望 2020》，在对 37 个国家进行的数字经济政策调查中，有 34 个国家制定了国家总体数字战略。中国信息通信研究院 2021 年的测算显示，47 个国家的数字增加值规模达到 38.1 万亿美元，占 GDP 的比重为 45%[①]。在万物互联的数字时代，移动连接正全面渗透至经济、文化、社会等各个领域，移动互联网的普及成为企业数字化转型的必然趋势，为国家经济发展注入了新的活力。

2022 年，移动科技与服务创造了 52 000 亿美元的经济增加值，相当于全球 GDP 的 5%[②]。全球数字经济发展已形成以中国、美国、欧盟为中心的三极格局。2021 年，美国数字经济规模以 15.3 万亿美元位居全球首位，中国以 7.1 万亿美元紧随其后[③]。美国在数字企业竞争力和数字科技研发创新能力方面全球领先，掌握着数字经济领域的关键核心技术。中国则拥有全球最大的数字市场，在某些领域具有先发优势，发展潜力巨大。欧盟则试图掌握全球数字经济治理规则的制定权，尽管缺乏全球领先的数字企业，但其经济基础坚实，数字经济体量庞大。表 2 - 1 展示了 2020 年全球数字企业综合 100 强的地域分布：美国以 56 家数字企业位居第一，日本以 13 家企业位居第二，中国（不统计台湾地区）有 10 家企业上榜，位居第三，欧盟成员国共有 9 家企业上榜。美国、中国（不统计台湾地区）、欧盟的数字企业占据了 100 强中的 75 个席位，美国上榜的数字企业数量远超其他国家。

根据国家工业信息安全发展研究中心的统计，截至 2021 年 1 月，全球前 70 大互联网上市企业中，美国企业共 41 家，占总市值的 75.41%；中国企业 16 家，占总市值的 18.08%[④]。尽管中国是全球数字经济的第二大国家，但美国数字经济规模约为中国的 2.5 倍。全球前 70 大互联网上市企业中，美国企业的市值约为中国的 4.2 倍[⑤]，中美之间仍存在较大差距，中国在短期内超越美国存在一定的难度。

---

①③ 中国信息通信研究院. 全球数字经济白皮书（2022 年）[R/OL]. (2022 - 12 - 07). https://www.digitalelite.cn/h - nd - 5521.html.

② The Mobile Economy 2023, GSMA Intelligence, 2023.

④⑤ 国家工业信息安全发展研究中心. 工业和信息化蓝皮书：2020—2021 数字经济发展报告 [R]. 北京：电子工业出版社，2021：25.

表 2 – 1　　　　　　　　　全球数字企业综合 100 强的地域分布

排名	国家或地区	企业数量	排名	国家或地区	企业数量
1	美国	56	8	意大利	1
2	日本	13	8	以色列	1
3	中国	10	8	沙特阿拉伯	1
4	韩国	5	8	卢森堡	1
5	中国台湾	4	8	荷兰	1
6	西班牙	2	8	法国	1
7	德国	2	8	爱尔兰	1
8	印度	1			

资料来源：全球数字经济国家竞争力发展报告（2021）.

目前，诸如苹果公司（Apple）、元公司（Meta）、字母表公司（Alphabet）、亚马逊公司（Amazon）等跨国互联网科技巨头的总部均设于美国境内。这些企业在社交网络与社交媒体市场、移动操作系统市场、数字广告市场、在线搜索市场以及在线商务市场等领域均占据着主导地位。Apple 以其创新性在全球高科技企业中享有盛誉，品牌忠诚度极高。根据福布斯公司发布的 2022 年《全球最大科技公司榜单》Apple 位居榜首。其市值在 2018 年 8 月首次突破 1 万亿美元大关，2020 年 8 月超过 2 万亿美元，至 2022 年 1 月 3 日，苹果公司更是创下了全球首个市值达到 3 万亿美元的纪录，2023 年 6 月中旬达到 3.23 万亿美元[1]。微软公司在 2021 年 6 月 23 日市值突破 2 万亿美元，成为继苹果之后美国第二家市值达到此规模的企业，2024 年 11 月 8 日市值突破 3.14 万亿美金[2]。自 1985 年推出 Windows 1.0 以来，微软一直是桌面操作系统的领导者。2022 年 12 月 Windows 的市场份额为 75.34%，尽管自 2013 年 12 月以来下降了近 15%，但其市场主导地位依然稳固，其他桌面操作系统尚未构成实质性威胁。[3]

---

① 澎湃. 全球唯一，苹果公司市值超 3 万亿美元 [EB/OL]. (2022 – 01 – 04) [2023 – 04 – 30]. https：//baijiahao. baidu. com/s?id = 182393403431082299wfr = spider&for = pc.

② Windows 操作系统的崛起与挑战：从 1.0 到未来的探索.

③ Windows 系统发展简史：http：//www. cnblogs. com/polin/p/17134775. html.

苹果公司的 OSX 操作系统市场份额位居第二，发展态势良好，但作为闭源系统，仅限于苹果专属 PC 设备使用，追赶微软的市场份额仍需时日。

Meta（原名 Facebook），作为全球最大的社交媒体平台，截至 2023 年 3 月，其旗下包括 Facebook、WhatsApp、Instagram 等应用程序的每日活跃用户数（DAP）达到 30.2 亿，每月活跃用户数（MAP）为 38.1 亿①。广告收入长期以来是 Meta 收入的主要来源，自 2015 年以来，广告收入占总收入的比例一直保持在 95% 以上。然而，自 2012 年上市以来，Meta 的总收入一直在稳步增长，直至 2022 年首次出现 10 余年来的下降。宏观经济的持续低迷导致广告市场需求疲软，新兴互联网企业如 TikTok 在全球数字市场的扩张，以及苹果推出的应用跟踪用户偏好的新隐私政策等因素，均对元公司这样的老牌互联网企业构成了挑战。2022 年 11 月，Meta 宣布裁员 1.1 万人以降低运营成本，2023 年 3 月，多家海外媒体报道 Meta 计划进行第二次大规模裁员②。

字母表公司是全球知名的科技企业，其旗下子公司谷歌被认为是全球最大的搜索引擎公司。根据 2023 年 3 月的数据，谷歌在全球搜索引擎市场的份额为 93.18%③。尽管谷歌自 2018 年起大力投资云服务，导致广告收入占总收入的比例有所下降，但在 2022 年该比例仍保持在 80% 以上。2017 年，谷歌和脸书共同占据了电子广告市场 99% 的份额，它们利用积累的海量数据推送定向广告，使其他竞争者处于不利地位④。

亚马逊（Amazon）是最早开展电子商务业务的公司之一，目前已成为全球最大的电子商务平台。公司拥有成熟的全球跨境物流及仓储服务，遍布全球 140 个电商运营中心，服务范围覆盖 180 多个国家和地区⑤。亚

---

① IT 之家. Meta 宣布全球日活用户超 30 亿，其中脸书日活超 20.4 亿［EB/OL］.（2023 - 04 - 27）. https：//www. ithome. com/0/689/349. htm.

② 澎湃. 首家二次大规模裁员科技公司！Meta 时隔 4 个月拟再裁 1 万人［EB/OL］.（2023 - 03 - 14）. https：//www. thepaper. cn/news Detail_forward_22294785.

③ Statcounter Global Stats. Search Engine Market Share Worldwide-March 2023［DB/ML］. https：//gs. statcounter. com/search - engine - market - share#monthly - 202203 - 202303.

④ 陈永伟. 美国众议院《数字市场竞争状况调查报告》介评［J］. 竞争政策研究，2020（5）：5 - 20.

⑤ Hi Shop. 亚马逊电商平台简介，为你全面解析亚马逊［EB/OL］.（2021 - 04 - 14）. https：//www. hishop. com. cn/kuajing/show_105582. html.

马逊公司在美国电商市场无疑占据主导地位，2023 年每月活跃用户数量达到 48 亿，而排名第二的易贝（eBay）8 月仅有 4.73 亿。亚马逊公司不仅为第三方商户提供销售平台，同时也在经营自营业务，通过平台收益和直接销售收入的双重模式，庞大的消费者和第三方商户基础构成了亚马逊公司的坚固防线，使其具备足够的市场力量应对任何竞争者。除电商业务外，亚马逊公司还提供云计算服务平台（AWS），旨在建立一个安全、高效的云计算环境，已为全球成百上千家企业提供支持。在云计算服务的推动下，亚马逊公司有望实现更远大的发展。

全球范围内，数字经济的发展水平呈现出显著的不均衡性，不同经济体在数字化进程中处于不同的发展阶段。数字经济的发展程度与各国在数字技术领域的积累密切相关，这些技术包括但不限于通信技术、互联网技术以及智能化技术。发达国家在这些领域拥有显著的领先优势。2023 年的数据显示，发达国家的数字经济规模占全球 47 个国家总量的 60%，其数字经济占 GDP 的比重达到 58%。

相比之下，发展中国家的这一比重仅为 29.8%[①]。美国、中国和欧盟构成了数字经济发展的第一梯队，而包括德国、荷兰、日本、韩国、新加坡在内的部分发达国家则构成了第二梯队。例如，韩国在存储芯片领域、德国在智能制造领域、荷兰在高端光刻机领域均处于全球领先地位[②]。与此同时，大多数发展中国家刚刚开始融入数字经济的浪潮，部分国家甚至尚未起步。全球发展差距的严重性因数字经济鸿沟的扩大而加剧。一些国家正在积极推广物联网、大数据、云计算、人工智能等数字技术与实体经济的深度融合，以提高企业的生产效率并显著改善民众生活品质，而其他国家的民众尚未能充分体验到数字经济带来的福祉。

2. 我国数字经济的发展现状

经过 20 余年的演进，我国数字经济已广泛渗透至制造业、金融业、医疗保健、生活服务等多个领域，其规模持续扩张，结构亦逐步趋向优

---

① 中国信息通信研究院. 全球数字经济白皮书（2024 年）[R/OL]. (2024 – 11 – 22) http://www. caict. ac. cn/kxyj/qwfb/bps/202401/P020240326601000238100. pdf.

② 澎湃. 徐康宁：世界数字的发展格局与基本趋势 [EB/OL]. (2023 – 09 – 01). https://www. thepaper. cn/news Detail_forward_22826532

化。互联网科技平台在数字经济的发展过程中扮演着日益重要的枢纽角色，展现出数字经济持续健康发展的积极态势。

首先，数字经济基础设施建设正稳步向前推进。随着经济向数字化转型的加速，数字基础设施作为新型基础设施，已成为数字经济发展的关键生产要素，为产业格局、经济发展和社会生态发展提供了坚实的支持。近年来，我国对基础设施建设的重视程度显著提升，见表2-2。截至2023年，我国长途光缆线路长度已达到114亿公里，移动电话基站数量达到1 162万个，移动电话交换机容量达到27.6亿户。移动通信技术的创新进一步推动了基础设施的持续迭代升级，5G移动通信技术的应用促进了互联网行业的蓬勃发展①。2023年，互联网域名数达到3 024万个，互联网网页数达到3 349.6亿个，IPV4地址数达到39 219万个。通信能力的提升和互联网的快速发展推动数字经济进入智能物联发展的新阶段②。

表2-2　　　　　　　　　　数字经济基础设施建设状况

指标		2016年	2017年	2018年	2019年	2020年	2021年	2022年	2023年
数字经济基础	移动电话交换机容量（亿户）	21.9	24.2	25.9	27.3	27.5	27.6	27.4	27.5
	移动电话基站（万个）	559.4	618.7	667.2	841.0	931.0	996.3	1 083	1 162
	长途光缆线路长度（亿公里）	99.4	104.5	99.4	108.5	111.8	112.1	109	114
	互联网域名数（万个）	4 227.6	3 848	3 792.8	5 094.2	4 197.8	3 593.1	3 440	3 160
	IPV4地址数（万个）	33 810.3	33 870.5	33 892.5	33 909.1	34 066.8	34 388.1	34 320	39 219
	互联网网页数（亿个）	2 360.0	2 604.0	2 816.2	2 978.3	3 155.0	3 349.6	3 588	3 024

资料来源：CNNIC、中商产业研究院整理。

---

　　①②　中国信息通信研究院. 全球数字经济白皮书（2024年）［R/OL］.（2024-11-22）http：//www. caict. ac. cn/kxyj/qwfb/bps/202401/P020240326601000238100. pdf.

第二，数字经济规模实现新的飞跃。我国对数字经济的发展建设给予高度重视，自党的十八大以来，数字经济持续展现出强劲的增长势头。据图 2-1 所示，到 2023 年，我国数字经济的产值已达到 55 万亿元，同比增长率为 7.39%，比 2016 年增长了 2.43 倍。数字经济在 GDP 中的占比已达到 42.8%。基于线性趋势的预测，预计到 2025 年，数字经济在我国GDP 中的比重将超过 50%。与全球其他国家相比，中国数字经济的增长速度持续领先。2016~2023 年，中国数字经济的年均复合增长率达到10.8%，是美国、英国、德国、日本和韩国同期数字经济总体年均复合增速的 1.6 倍。数字经济在推动经济社会发展方面的引领和支撑作用愈发显著，已成为稳定增长和促进转型的关键动力[①]。

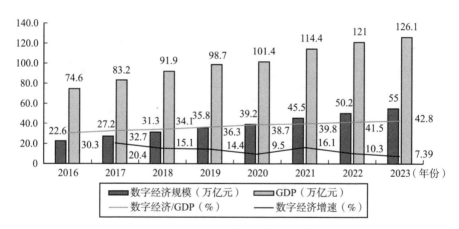

图 2-1 2016~2023 年我国数字经济规模发展情况

资料来源：中国数字经济发展研究报告（2023 年）。

第三，数字经济结构的持续优化与升级。数字产业化与产业数字化构成了数字经济的核心。数字产业主要涵盖软件、电信、电子信息制造以及互联网等产业领域，其中软件业务与电子信息制造业的收入构成了数字产业的主要收益来源。如图 2-2 所示，2016 年数字产业化规模为 5.2 万

---

① 全球数字经济白皮书出炉（2023 年）. http：//www. caict. ac. cn/kxyj/qwfb/bps/202401/P020240326601000238100. pdf.

亿元，至 2023 年已增长至 10.09 万亿元，显示出稳定的增长态势；与此同时，随着数字技术的持续创新与演进，互联网、大数据、人工智能等技术与实体经济的深度融合，产业数字化呈现出迅猛发展的态势，其总体规模在 2023 年已达到 43.84 万亿元。2016 年～2023 年，产业数字化规模占数字经济总规模的比重由 77% 逐步提升至 81.3%，数字产业对传统产业的赋能效应持续显现，从而推动了数字经济结构的持续优化与升级。

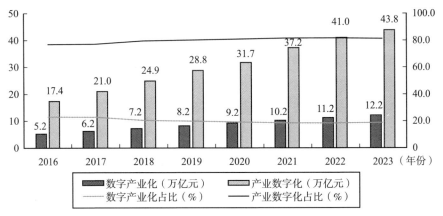

图 2－2 数字经济结构状况分析

资料来源：中国数字经济发展研究报告（2023 年）。

第四，政府数字治理效能展现出逐步增长的趋势。新一代信息技术与实体经济的深度融合，不仅促进了经济的快速增长，而且在政府治理领域得到了广泛应用。地方政府持续利用信息化和数字化手段推动政务变革与创新，通过推进省级及重点城市云平台建设、实现信息共享等策略，显著提升了政府数字治理的效能。依据电子政务中心开展的第三方调查评估报告，2016～2023 年，我国政府互联网政务总体水平呈现出稳步上升的良好态势。2023 年度省级政府一体化政务服务能力总体指数平均值达到 92.5。2021 年的数据显示，在 5 项一级指标指数中，指南准确度指数和事项覆盖度指数相对较高，平均值分别为 93.00 和 91.23，而办理成熟度和服务成效度指数的平均值分别为 85.42 和 84.63。

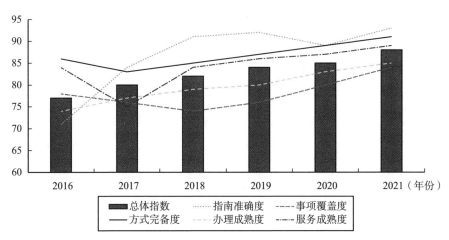

图 2 – 3　政府电子政务服务水平分析

资料来源：中国数字经济发展研究报告（2023 年）。

第五，初步探索构建数据要素市场。作为新型生产要素，数据对土地、劳动力、资本和技术等传统生产要素具有放大、叠加和倍增效应，正推动生产方式、生活方式和治理方式发生深刻变革。根据《数字中国发展报告》，2023 年我国数据产量达到 32.85ZB，同比增长 22.44%，占全球数据总量的 22.44%，然而，真正开放、共享和使用的数据量却相对较小。为促进数据要素的有效利用，国务院颁布了《关于构建数据基础制度更好发挥数据要素作用的意见》，旨在加速构建数据基础制度体系，并从数据产权、流通交易、收益分配、安全治理等方面提出了具体要求。根据《数据要素交易指数研究报告》，截至 2023 年，全国已建成 22 个省级公共数据开放平台，实际运营中的数据交易所共计 26 家，另有 6 家正在筹建中，这表明对数据的确权、交易尚处于探索和尝试阶段。

3. 浙江省数字经济发展现状

2012～2021 年，浙江省数字经济的发展水平持续提升，其平均值由 2012 年的 0.16 增长至 2021 年的 0.40，年均增长率为 10.67%。这一增长趋势与浙江省委于 2017 年启动的数字经济"一号工程"密切相关。同时，随着互联网行业与经济的迅猛发展，数字经济亦实现了快速增长。表 2 – 3 展示了浙江省 11 个地市在 2012～2021 年数字经济发展的具体水平。

表2-3 浙江省各城市数字经济发展水平

年份	杭州	宁波	温州	嘉兴	湖州	绍兴	金华	衢州	舟山	台州	丽水
2012	0.451	0.354	0.241	0.153	0.062	0.143	0.165	0.009	0.009	0.155	0.019
2013	0.517	0.411	0.297	0.193	0.099	0.180	0.203	0.039	0.031	0.185	0.049
2014	0.510	0.417	0.300	0.202	0.109	0.199	0.212	0.047	0.058	0.199	0.051
2015	0.577	0.453	0.340	0.230	0.147	0.246	0.242	0.076	0.066	0.228	0.075
2016	0.633	0.459	0.359	0.248	0.155	0.260	0.252	0.074	0.070	0.244	0.084
2017	0.689	0.490	0.388	0.269	0.173	0.281	0.272	0.093	0.076	0.262	0.094
2018	0.754	0.549	0.443	0.297	0.215	0.308	0.339	0.112	0.085	0.304	0.111
2019	0.815	0.584	0.462	0.315	0.226	0.313	0.340	0.121	0.093	0.330	0.125
2020	0.908	0.621	0.488	0.344	0.244	0.339	0.370	0.129	0.105	0.351	0.137
2021	0.981	0.682	0.533	0.373	0.269	0.360	0.385	0.148	0.115	0.387	0.153

资料来源：浙江省经济和信息化厅。

数据显示，所有城市的数字经济发展水平均表现出上升趋势。尽管部分城市的发展速度较缓，但杭州的发展速度尤为突出，其数字经济水平从2012年的0.451增长至2021年的0.981。至2021年，杭州的数字经济发展水平位居全省之首，远超其他地市，与宁波的差距为0.3。作为省会城市，杭州市经济与互联网行业发达，信息服务业从业人数众多。除此之外，2016年G20杭州峰会期间签署的《G20数字经济发展与合作倡议》以及"十三五"期间数字杭州的建设亦是重要推动力。相比之下，衢州、舟山与丽水的发展速度较慢，2021年这些城市的数字经济发展水平均低于0.2，低于平均水平。丽水与衢州地处浙江西南山区，受限于地理区位等因素，其经济发展水平及数字基础设施相对落后，数字产业与互联网服务业从业人数较少，因此数字经济发展水平亦相对滞后。舟山则因地理位置闭塞、交通不便以及大型企业数量有限，吸引人才能力不足，导致数字经济发展水平较低。

从地理分布来看，浙东北与浙西南地区的数字经济发展水平年度均值分别为0.325与0.22，呈现出"浙东北高于浙西南"的格局，两地区数字经济发展水平的差异为 0.105，显示出明显的区域发展不平衡现象。分析其原因，浙东北地区经济发展迅速、科技要素集中、制造业领先，而浙西南地区则资源相对匮乏，山区较多，经济发展较慢。浙东北与浙西南地区的年均增长速度分别为 14.65% 与 18.57%，浙西南地区的发展速度高于浙东北地区。随着《浙江省数字经济促进条例》的颁布和数字化改革工作的推进，全省正加强区域协调发展，促进资源要素跨区域流动，支持山区和海岛的跨越式发展，全省数字经济的差距正在逐步缩小。

二、数字经济涉及的主要税种分析

近年来，我国数字经济蓬勃发展，数字经济交易所涉及的税收管理问题主要集中在消费和所得两个方面。在国内消费环节，主要征收增值税；在跨境交易中，涉及增值税、关税和消费税的征收；在所得环节，则主要征收企业所得税和个人所得税。

（一）国内互联网交易：增值税

根据《中华人民共和国增值税暂行条例》，在中国境内销售货物、提供加工或修理服务、销售服务、无形资产和不动产，以及进口货物的单位和个人均为增值税纳税人，必须缴纳增值税。根据《关于全面推开营业税改增值税试点的通知》和《关于深化增值税改革有关政策的公告》，实施"营改增"后，所有在我国境内销售货物和提供服务的单位或个人需根据相关法规缴纳增值税。目前，我国的增值税税率分为五档，分别为 0、3%、6%、9% 和 13%。其中，出口货物适用 0 的税率，小规模纳税人适用 3% 的税率，金融服务、信息技术服务、文化创意服务、物流辅助服务、鉴证咨询服务、广播影视服务、文化、体育、医疗、餐饮住宿及无形资产销售适用 6% 的税率，交通运输服务、电信基础服务、不动产销售、粮食、食用油、天然气、图书和报纸等适用 9% 的税率，其他货物销售或进口货物的加工和修理服务适用 13% 的税率。

在我国的互联网交易领域，消费者之间网络零售模式下，大多数商品销售者属于小规模纳税人，适用增值税 3% 的简易征收率；而网上视频直播、音乐下载、外卖、住宿、医疗、无形资产销售以及网约车等现代服务业则适用6%的税率；网上销售食用油和图书等商品适用9%的税率；一般纳税人销售其他货物或进口货物时，适用13%的税率（见表2-4、表2-5）。

表2-4 现有涉及数字经济的税收制度

税种	税率	数字经济的主要适用范围
增值税	13%、9%、6%、3%或5%、零税率	13%——适用于计算机通信以及其他电子设备制造业销售货物或者提供加工、修理修配劳务、进口货物以及提供有形动产租赁服务，销售自行开发生产的软件产品等
		9%——适用于基础电信服务、广播电视和卫星传输服务等
		6%——电信增值服务、研发和技术服务、广播影视服务、信息技术服务等
		零税率——向境外单位提供的完全在境外消费的研发服务、软件服务、转让技术等服务
企业所得税	25%、20%、15%	25%——所有数字企业按调整后的利润缴纳企业所得税
		20%——小型微利数字企业
		5%——国家重点扶持的高新技术企业
印花税	《印花税税目税率表》	书立、领受本条例所列举凭证的数字企业

资料来源：《中国税务年鉴1993—2023》。

表2-5 现有涉及数字经济的增值税优惠政策

税种	优惠政策类型	发文号	主要内容
增值税	免税政策	财税〔2016〕36号	向境外单位提供完全在境外消费的电信服务、知识产权服务、专业技术服务等服务和无形资产
		财税〔2018〕120号	对国家级、省级科技企业孵化器、大学科技园和国家备案众创空间对其向在孵对象提供建立数字化网络平台、提供网上培训、展示、电子商务服务等孵化服务取得的收入
		财税〔2016〕36号	纳税人提供技术转让、技术开发和与之相关的技术咨询、技术服务免征增值税
		财税〔2011〕100号	动漫软件出口免征增值税

续表

税种	优惠政策类型	发文号	主要内容
增值税	即征即退政策	财税〔2011〕100号	符合认定条件的软件企业可以享受如下税收优惠政策：增值税一般纳税人销售其自行开发生产的软件产品，按17%税率征收增值税后，对其增值税实际税负超过3%的部分实行即征即退政策
		财税〔2018〕38号	自2018年1月1日至2023年12月31日，动漫企业增值税一般纳税人销售其自主开发生产的动漫软件，对其增值税实际税负超过3%的部分，实行即征即退政策
	留抵退税政策	财税〔2011〕107号	自2011年11月1日起，对国家批准的集成电路重大项目企业因购进设备形成的增值税期末留抵税额准予退还
		财政部税务总局公告2021年第15号	自2021年4月1日起，符合条件的先进制造业纳税人，可以自2021年5月及以后纳税申报期向主管税务机关申请退还增量留抵税额
企业所得税	减税政策或免税政策	国科发火〔2016〕32号、国科发火〔2016〕195号、国家税务总局公告2017年第24号	对符合条件的高新技术企业减按15%税率征收企业所得税

资料来源：《中国税务年鉴1993—2023》。

（二）跨境互联网交易：关税、增值税与消费税

在跨境互联网交易中，涉及的主要税种包括关税、增值税和消费税。我国的跨境电子商务主要可以分为企业之间和企业与消费者之间两种贸易模式。在企业间模式下，企业的线上活动主要集中在广告宣传和信息发布，交易和通关的环节大多在线下完成，实际上仍然是传统贸易的一部分，并已纳入海关的一般贸易统计之中。而在企业与消费者模式下，中国企业直接面向国际消费者，主要销售个人消费品，物流方式则以航空小包、邮寄和快递为主，报关的主体通常是邮政或快递公司，目前大部分尚未在海关进行登记。网经社的统计数据显示，我国的跨境电商平台以出口为主，占据了大约80%的市场，而跨境进口电商仅占20%。其中，跨境进出口的企业与消费者间业务又占到了整体跨境进出口规模的20%。不

过，近年来跨境企业与消费者间业务的增长速度开始加快。在传统的监管体制下，海淘和代购通常通过快递包裹等方式进出海关，通常会按照个人自用物品征收行邮税，这在"海淘"规模较小时影响不大；然而，随着"海淘"规模的不断扩大，甚至形成了一整套完整的上下游产业链，开始给税务和海关部门带来了一定的挑战，也对正常纳税的传统进口贸易造成了不公平的竞争。

为了规范跨国网络交易行为，推动跨境电子商务的健康发展，并营造一个公平竞争的市场环境，财政部、海关总署和国家税务总局联合发布了《关于电子商务零售进口税收政策的通知》，主要是针对我国跨境电子商务零售进口中的企业与消费者模式进行规范。通知指出，从 2016 年 4 月 8 日起，跨境电子商务零售进口商品需按照货物征收关税以及进口环节的增值税和消费税，将购买这些商品的个人视为纳税义务人，以实际交易价格（包含商品零售价格、运费和保险费用）作为完税价格。同时，电子商务企业、交易平台企业或物流公司可作为代收代缴的义务人。通知还规定，个人跨境进口商品的单笔交易限额为人民币 2 000 元，个人年度交易限制为人民币 20 000 元。在限额内的跨境电子商务零售进口商品，关税税率暂定为 0，进口环节的增值税和消费税免征额取消，按法定应纳税额的 70%进行征收。若单次交易超过限值或年度累计超出个人年度限值，则按照一般贸易方式全额征税。

目前，市场对跨境进口贸易的需求依旧非常强劲。为了促进跨境电子商务新模式的健康发展，确保对外贸易的稳步增长，鼓励国内企业参与国际竞争，提升竞争力，并增加优质外国消费品的进口，以更好地满足人民的生活需求，我国决定继续完善跨境电子商务零售进口政策。《关于完善跨境电子商务零售进口税收政策的通知》明确规定，自 2019 年 1 月 1 日起，跨境电子商务零售进口商品的单次交易限额将从 2 000 元提高至 5 000 元，年度交易限额则从 20 000 元调整至 26 000 元。此外，已购买的电商进口商品只能供消费者个人使用，严禁进入国内市场进行二次销售。

在加强进口监管的同时，我国积极促进跨境电商出口企业的成长，并设立了跨境电子商务综合试验区，以提高跨境电商出口企业的税务管理便利性。财政部、税务总局、商务部与海关总署共同发布了《关于跨境电子商务综合试验区零售出口货物税收政策的通知》，其中提到了跨境电商零售出口的"无票免税"政策。这项政策适用于在跨境电子商务综合试验区内的零售出口企业，凡未取得有效进货凭证且符合相关条件的货物，均可享受免征增值税和消费税的待遇。

（三）企业所得税

根据《中华人民共和国企业所得税法》的相关规定，所有在我国境内获取收入的企业及相关组织均为企业所得税的纳税人，分为居民企业和非居民企业。在税收管理方面，实施地域管辖与居民管辖双重标准，以最大程度保护我国的税收利益。一般情况下，企业适用的税率为25%；符合条件的非居民企业及小微企业则适用20%的企业所得税税率，而国家重点扶持的高新技术企业则按15%征税。

电子商务的迅猛扩展，催生了新的消费需求，引起了投资热潮，创造了新的就业机会，为创新提供了广阔的平台，同时为经济增长注入了新的活力。我国政府对此给予了高度的关注和支持，并推出了一系列政策来鼓励和规范该行业的发展。2015年5月，国务院发布了《国务院关于大力发展电子商务加快培育经济新动力的意见》。该意见明确指出，那些经认定为高新技术企业的电子商务企业，可以依法享受相关的优惠政策，而小微企业也同样享有税收减免的政策保障。

为了促进跨境电子商务的健康发展并推动外贸模式的创新，国家税务总局在2019年10月发布了《关于跨境电子商务综合试验区零售出口企业所得税核定征收有关问题的公告》。该公告规定，位于跨境电子商务综合试验区（综试区）的零售出口企业，其应税所得率按照4%的标准进行核定征收企业所得税。此外，在综试区内，以核定征收方式纳税的跨境电商企业，如符合小型微利企业的优惠政策条件，亦可享受相应的小型微利企业所得税优惠。对于其收入中符合《中华人民共和国企业所得税法》第二十六条规定的免税收入，则能够享受免税收入的优惠政策。

除了中央不断推出促进电子商务企业发展的优惠政策，各地方政府也相继制定了针对本省市的数字经济发展规划，并根据国务院的指示提出更符合当地实际的政策。比如，浙江省始终处于我国电子商务发展的前列，拥有国家第一个跨境电子商务综合试验区（杭州）。该省发布的《浙江省人民政府关于大力发展电子商务加快培育经济新动力的实施意见》指出，要根据电子商务产业的发展实际情况，进一步加大财政支持力度，发挥本省信息产业基金在电子商务领域的引导作用，并鼓励与社会资本合作设立电子商务基金。同时，鼓励电子商务企业申请高新技术企业认定，按照规定享受相关优惠政策，小微企业也可享有规定的税收优惠。将逐步把旅游电子商务、生活服务类电子商务等相关行业纳入"营改增"政策范围，并积极落实电子商务企业职工教育经费的税前扣除等税收政策，优化电子商务企业的税收服务。各地要根据本地实际情况，加大财政对电子商务及电子支付等基础配套服务的支持力度（见表2-6）。

表2-6 现有涉及数字经济的企业所得税优惠政策

税种	优惠政策类型	发文号	主要内容
企业所得税	减税政策或免税政策	财税〔2015〕116号	自2015年10月1日起，全国范围内的居民企业转让5年以上（含5年，下同）非独占许可使用权取得的技术转让所得，纳入享受企业所得税优惠的技术转让所得范围；居民企业的年度技术转让所得超过500万元的部分，减半征收企业所得税，不超过500万元的部分，免征企业所得税
		财政部税务总局公告2020年第29号（2020年第29号）、财政部税务总局发展改革委工业和信息化部公告2020年第45号	自2020年1月1日起，国家鼓励的软件企业，自获利年度起，第一年至第二年免征企业所得税，第三年至第五年按照25%的法定税率减半征收企业所得税
		发改高技〔2021〕413号、财政部税务总局发展改革委工业和信息化部公告2020年第45号	自2020年1月1日起，国家鼓励的重点软件企业，自获利年度起，第一年至第五年免征企业所得税，接续年度减按10%的税率征收企业所得税
	加速折旧	财税〔2012〕27号	企业外购的软件，凡符合固定资产或无形资产确认条件的，可以按照固定资产或无形资产进行核算，其折旧或摊销年限可以适当缩短，最短可为2年（含2年）

续表

税种	优惠政策类型	发文号	主要内容
企业所得税	加计扣除	财政部税务总局科技部公告 2022 年第 16 号	自 2022 年 1 月 1 日起，科技型中小企业开展研发活动中实际发生的研发费用，未形成无形资产计入当期损益的，在按规定据实扣除的基础上，税前加计扣除由原先的 75% 提高至 100%，无形资产成本税前摊销由原先的 175% 提高至 200%

资料来源：《中国税务年鉴 1993—2023》。

（四）个人所得税

个人所得税是对自然人所获得的各种应税收入征收的一种税种，其纳税人包括居民和非居民。我国的互联网交易市场中有很多自然人及个体户存在，例如消费者之间网络零售、网约车以及互联网直播等领域，大多数商品的销售者和服务提供者都是自然人或个体工商户，应按照个人所得税法的要求缴纳相关的个人所得税。可是，由于电商领域的个税缴纳规定长期不清晰，税务机关也很难对这些税源进行全面监管，因此导致了大量税款的流失。

为保障电子商务各方的合法权益，规范其经营行为，维护市场秩序，促进电子商务的持续健康发展，我国第十三届全国人民代表大会常务委员会于 2018 年 8 月 31 日通过了《中华人民共和国电子商务法》。该法明确规定电子商务经营者应依法进行市场主体登记，履行纳税义务，并享受相关税收优惠。自电商法实施以来，我国对电子商务的税收管理逐步规范化，曾经游走于灰色地带的代购和微商也开始受到更加严格的税收监管，以前存在的纳税不公平现象将得到一定程度的改善。然而，从长远来看，税负增加、税收公平性以及商品价格上涨等问题仍需进一步解决。

在数字经济领域，企业的商业活动表现出显著的综合性和复杂性特征。根据我国现行税法规定，数字企业需缴纳多种税种，包括但不限于增值税、企业所得税和印花税。与传统工业经济模式相似，数字经济的税收主要集中在增值税和企业所得税上。依据国家统计局发布的《数字经济及其核心产业统计分类（2021）》，数字经济产业的范畴涵盖了数字产品制造业、数字产品服务业、数字技术应用业、数字要素驱动业以及数字化效率提升等五大类别。其中，经济核心产业包括上述前四类，涵盖了为产业数字化提供数字技术、产品、服务、基础设施和解决方案的各类经济活动，以及那些完全依赖于数字技术和数据要素的经济活动。因此，数字经济的核心产业可视为上述前四类产业的总和。根据这一分类，现行的税收法律体系已覆盖了大部分数字经济产业。

为了在税收层面促进我国数字经济的发展并推动数字企业的成长，我国政府制定了一系列全面的税收优惠政策。这些政策不仅包括增值税、企业所得税、城镇土地使用税等，还涉及减免税、即征即退、加速折旧、加计扣除等多种税收优惠措施[①]。这些针对数字产业的税收优惠措施降低了企业的投资成本，促进了投资结构的优化，推动了产业的升级和转型，创造了就业机会，并引导和推动了数字产业的快速发展。

鉴于我国不同地区数字经济发展的不平衡性，各地基于现行税法体系，出台了具有地方特色的税收优惠政策。在数字经济发展较快的地区，税收优惠政策更为全面。以北京、江苏和广东为例，这些地区扩大了免税减税的范围，并增加了适用优惠政策的情形。例如，在特定技术园区内，符合条件的技术转让可在纳税年度内享受税收减免；对于电子商务出口企业，若出口货物未获得有效进货凭证，但在满足特定条件下，可适用增值税和消费税的免税政策。通过实施这些税收优惠政策，不同地区进一步激发了本地区数字经济产业的投资和发展，推动了产业的升级和创新，形成了科技合力。

三、数字经济税收征管现状及面临的挑战

（一）数字经济商业模式税收征管现状分析

近年来，我国税制改革持续深化，重点在于跨境电子商务的货物税收

---

① Jin, Pengwei, Wang, Ziyue. Digital Budget Supervision Governance and Local Government Fiscal Transparency [J]. International Review of Economics & Finance, 2025: 102.

领域。国内数字企业的监管政策与传统企业保持一致，主要征收增值税、所得税等税种。随着平台类企业规模的扩大，电子商务、社交媒体、第三方平台等在线数字业务的税收规范需求日益凸显。目前，我国数字经济商业模式呈现多样化的发展趋势，不同运营模式下的盈利征税问题成为本研究的核心议题。本部分将重点分析我国电子商务交易模式及网络广告商业模式的税收征管情况。

1. 电子商务交易模式税收征管分析

如前所述，我国电子商务交易模式主要包括企业之间、企业对个人以及消费者之间三种。基于公平与效率原则，税收政策不应因商业模式的差异而有所区别。因此，对电子商务交易征税，无须设立独立税种。现行税收体系中的流转税、所得税、财产行为税等税种，均适用于所有电商交易①。

针对电子商务企业之间交易模式，其本质上属于传统贸易范畴，企业通过互联网发布广告等营销信息，而实际交易和通关流程均在线下完成。该贸易模式已被纳入海关一般贸易统计，相关税收征管措施亦相对完善。在企业之间交易增值税的征收实践中，通常由商品服务的供应商负责征收，商品服务的接收方亦可自行申报，具体操作见表2-7。

表2-7　　　　　　　我国电子商务交易模式具体征税情况

		企业所得税		增值税	
B2B		类似传统贸易，按照25%征收企业所得税		类似传统贸易，按照13%和6%分别对实物商品或数字服务征税	
B2C	国内 B2C	类似传统贸易，按照25%征收企业所得税		类似传统贸易，按照13%和6%分别对实物商品或数字服务征税	
	跨境 B2C	在我国设立机构、场所	未在我国设立机构、场所	实物商品	数字服务
		对非居民企业征收企业所得税，减按10%征收	不征税	非居民在我国设有机构场所，必须缴纳增值税；未设立机构场所，那么商品在入关后再在我国缴纳增值税	非居民应在我国缴纳增值税

资料来源：《中国税务年鉴1993—2023》。

---

① Jin, Pengwei, Wang, Ziyue. Digital Budget Supervision Governance and Local Government Fiscal Transparency [J]. International Review of Economics & Finance, 2025；102.

在电子商务领域，商品生产者与消费者之间的传统中间环节被省略，尤其在企业与消费者电子商务交易中，中间商环节的消失使得间接税的征收无法发挥其在传统商业模式中的作用。针对跨境企业之间交易中的商品或服务供应，需区分实物商品与数字服务两种不同情形。对于实物商品交易，若非居民企业在我国设有机构场所，并向我国消费者或客户供应来自我国仓库的实物商品，则该企业必须在我国缴纳增值税；若商品由境外运输至我国销售（未在我国设立机构场所），则这些商品在出口国通常适用增值税零税率，在进入我国时再缴纳增值税。对于数字服务供应，所有向我国消费者提供的数字产品均应在我国缴纳增值税。然而，在实际税收征管过程中，由于货物或数字服务的提供者并非我国居民纳税人，加之现有税收征管水平的限制，向消费者征收增值税存在较大难度，因此企业对个人交易的增值税征收仍面临挑战。

消费者之间交易由于其灵活便利的经营模式，使得税务机关难以准确确认交易中的纳税主体和纳税地点。因此，该交易模式目前尚未纳入我国税收监管体系，对所得的确认和征税存在困难，我国急需出台相关监管政策以规范其发展。

2. 对网络广告商业模式的具体征税情况

在探讨网络广告商业模式的具体征税情况时，网络广告参与者主要包括网络平台经营者、广告发布者以及广告中介（或广告代理）。第三方平台经营者及广告中介、广告代理商在网络广告经营业务中的所得，税务部门应依据相关税法规定进行征税。对于广告发布者而言，无论是展示类广告还是搜索引擎类广告，均需付费才能将广告呈现于网络并投放给潜在客户或消费者。因此，本书主要针对第三方平台以及广告中介、广告代理商的网络广告业务进行具体征税分析。

对于第三方平台经营者，其通过平台展示网络广告所获得的所得属于营业所得，我国税务部门依据《中华人民共和国增值税暂行条例》及《中华人民共和国企业所得税法实施条例》的相关规定，对网络广告业务中的增值额及最终利润分别征收增值税和企业所得税。具体而言，根据《中华人民共和国增值税暂行条例》第九十二条规定，纳税主体分为一般纳税人和小规模纳税人。若第三方平台经营者为增值税一般纳税人，则需根据网络广告业务的销项税额与进项税额的增值额，按照6%的税率缴纳增值税；若为小规模纳税人，则需按照3%的征收率缴纳增值税。

对于网络广告中介、广告代理商，同样需根据具体情况分别缴纳所得税和增值税。在所得税方面，若为自然人，则获得的所得属于个人所得劳务报酬部分，应按照《中华人民共和国个人所得税法实施条例》的规定，劳务报酬所得按20%的税率缴纳个人所得税；若为企业，则获得的属于企业经营所得，扣除成本、费用等后，对经营网络广告代理业务的利润征收企业所得税。在增值税方面，自然人视同小规模纳税人，按照3%的征收率缴纳增值税；企业则按照经营网络广告业务的销项税额与进项税额的增值额，按照6%的税率缴纳增值税，具体详见表2-8。

表2-8　　　　　　　　我国对网络广告业务所得的具体征税情况

	企业纳税人			自然人纳税人	
	企业所得税	增值税		个人所得税	增值税
		一般纳税人	小规模纳税人		
网络平台经营者	按照25%的税率征税	按照6%的税率征税	按照3%的征收率征税	—	
网络广告中介代理商	按照25%的税率征税	按照6%的税率征税	按照3%的征收率征税	作为劳务报酬按照20%的个人所得税税率征税	视同小规模纳税人按照3%的征收率征税

资料来源：《中国税务年鉴1993—2023》。

在税收征管实践中，鉴于我国网络广告的计费方式及其标准与传统工业经济时代的广告宣传存在差异，网络广告业务的税收地点以及相关收益、成本费用等界定困难，加之当前税收征管能力的局限性，对网络广告商业模式的税收征管存在一定的不足与缺陷。基于此，我国亟须制定更为详尽的网络广告税收政策，明确税收主体、税收对象、税收地点等关键要素，并完善相关税法规定与税收体系。

综上所述，随着数字经济的蓬勃发展，新型商业模式不断涌现，而我国税收征管体系却相对滞后。因此，提升税收征管能力与完善数字经济税收体系已成为我国当前亟待解决的问题。

（二）数字经济税收制度的立法进展

与传统税制相比，数字经济的征税对象更加复杂。目前，我国尚未建立一部针对数字服务的系统性征管法律。为应对数字经济带来的税收挑战，我国立法机构和政府部门根据社会经济发展的实际情况，陆续颁布了一系列规范数字经济发展的税收法律法规和相关政策。以电子商务交易，特别是跨境电子商务税收征管为例，2013 年 12 月 30 日，财政部和国家税务总局联合发布了《关于跨境电子商务零售出口税收政策的通知》，明确了电子商务出口企业出口货物适用增值税、消费税退（免）税政策的适用范围及条件。

2016 年 3 月 24 日，财政部、国家税务总局及海关总署共同发布了《关于跨境电子商务零售进口税收政策的通知》，详细规定了跨境电子商务零售进口商品交易的纳税主体、纳税范围、纳税对象、代收代缴义务人、适用税种及税率；同时规定了零售进口商品的单次交易限值和个人年度交易限值，并将零关税税率的适用范围限定在限值以内，取消了以往免征进口环节增值税、消费税的优惠政策。该政策的出台，为跨境电子商务零售进口业务的税收征管提供了明确的规范，进一步保障了我国电子商务税收征管的规范性。此外，将单次交易限额由 2 000 元提高至 5 000 元，实质上反映了政府通过税收利益的让渡，鼓励国内消费，刺激内需以推动经济增长的经济政策。由此，我国正式确立了以跨境电子商务零售进口商品交易的个人消费者作为纳税义务人，以及电子商务企业、电子商务交易平台企业或物流企业作为代收代缴义务人的税收征管模式。

2018 年 8 月 31 日，我国颁布了《中华人民共和国电子商务法》，首次以法律形式对我国电子商务交易的各类事项进行了规范。该法律明确了电子商务交易的纳税主体及其应履行的义务（如办理市场主体登记、税务登记、申报纳税等），并特别强调了电子商务平台经营者协助税务部门获取平台内经营者纳税信息的义务。《中华人民共和国电子商务法》的颁布与实施，在一定程度上缓解了我国电子商务交易额巨大但征税不足的征管困境，为实体经营和网络在线交易创造了相对公平的竞争环境。

随后，2018 年 9 月 28 日，财政部、国家税务总局、商务部和海关总署联合发布了《关于跨境电子商务综合试验区零售出口货物税收政策的通知》，规定了对跨境电子商务综合试验区内的电子商务出口企业出口未取得有效进货凭证的货物，在符合特定条件的情况下试行增值税、消费税免税政策。2018 年 11 月 28 日，商务部、国家发展改革委、财政部、海关总署、国家税务总局及市场监管总局六部门联合发布了《关于完善跨境电子商务零售进口监管有关工作的通知》，再次强调了消费者作为跨境电商零售进口商品交易的纳税主体地位，以及跨境电商平台、物流企业或报关企业作为代扣代缴义务人的责任。这些规定的出台，有助于营造公平竞争的市场环境，推动我国跨境电子商务零售进口行业的健康发展，详见表 2 - 9。

表 2 - 9　　　　　　　　　　国内针对数字经济税收的立法现状

类型	施行时间	规范性文件	主要内容
法律	2019 - 01 - 01	《中华人民共和国电子商务法》	第二条、第九条、第十一条　电子商务经营者（包括电子商务平台经营者、平台内经营者）通过互联网等信息网络销售商品或者提供服务应当依法履行纳税义务，并依法享受税收优惠
	2021 - 09 - 01	《中华人民共和国数据安全法》	第十四条第二款　省级以上人民政府应当将数字经济发展纳入本级国民经济和社会发展规划，并根据需要制定数字经济发展规划
	2022 - 08 - 01	《中华人民共和国反垄断法》	第九条　经营者不得利用数据和算法、技术，资本优势以及平台规则等从事本法禁止的垄断行为
地方性法规	2021 - 03 - 01	《浙江省数字经济促进条例》	第五十一条　县级以上人民政府及其有关部门应当落实国家和省对高新技术企业研发、信息技术产品制造、软件开发、信息服务以及科技企业孵化器大学科技园和众创空间等线上线下创新创业平台的税费优惠，并为相关单位和个人办理税费优惠提供便利
	2021 - 09 - 01	《广东省数字经济促进条例》	第六十一条第二款　县级以上人民政府应当依法落实数字经济的税收优惠政策
部门规章	2015 - 05 - 05	《国家税务总局关于坚持依法治税更好地服务经济发展的意见》	第四条第二款　深入分析电子商务、互联网＋等新兴业态、新型商业模式的特点，积极探索支持其发展的税收政策措施，严格落实税收扶持政策
	2016 - 06 - 29	《国家税务总局关于完善关联申报和同期资料管理有关事项的公告》	第十四条第三款　地域特殊因素对企业创造价值贡献的计量及其归属

续表

类型	施行时间	规范性文件	主要内容
部门规章	2018-10-01	《关于跨境电子商务综合试验区零售出口货物税收政策的通知》	第一条 对综试区电子商务出口企业出口未取得有效进货凭证的货物，同时符合下列条件的，试行增值税、消费税免税政策
	2020-01-01	《国家税务总局关于跨境电子商务综合试验区零售出口企业所得税核定征收有关问题的公告》	第二条 综试区内核定征收的跨境电商企业应准确核算收入总额，并采用应税所得率方式核定征收企业所得税。应税所得率统一按照4%确定

资料来源：《中国税务年鉴1993—2023》。

　　此外，在进一步规范电子商务发展、保护消费者合法权益方面，国家发展和改革委员会、中央网信办、工业和信息化部等八部门联合发布了《关于加强对电子商务领域失信问题专项治理工作的通知》，明确提出了逐步加大对电子商务失信主体的惩戒力度，并制定地方电子商务失信主体认定标准，以切实保护消费者合法权益，促进我国电子商务领域的整体有序发展，确保其作为我国数字经济发展中最具活力的领域持续发展。

　　与此同时，相比国内数字税立法，国外则进程明显更快。根据最新的全球数字税收法律法规发展报告，目前已经有131个国家对数字经济进行立法监管，其中46个国家正在考虑征收或已经开始征收直接数字税（见表2-10）

表2-10　　　　　　　国际针对数字经济税收的立法现状　　　　　单位：个

税制类别	已立法	拒绝公开公告/提案	立法草案/公众咨询	等待全球解决方案	宣布/意图实施
直接税	31	10	3	7	6（包含我国）
间接税	100	—	11	—	—
合计	131	10	14	7	6

资料来源：董小君，郭晓婧.数字税征收的国际实践及我国应对方案［J］.江苏行政学院报，2022（5）：41-47. OECD报告。

　　针对我国当前参与的国际经济组织及关系协定，追踪并分析相关国家在数字税领域的立法动态显得尤为必要。本书拟从亚太经济合作组织（APEC）、二十国集团（G20）、区域全面经济伙伴关系协定（RCEP）、数字经济伙伴关系协定（DEPA）的视角，深入探讨数字税立法的广度与发展趋势（见图2-4）。本书以经济全球化为宏观背景，旨在为数字税构建的协调性原则提供坚实的理论支撑。基于政治互信、经济融合、文化包容的原则，本书尝试构建一套与我国国情相契合的数字税制度框架。

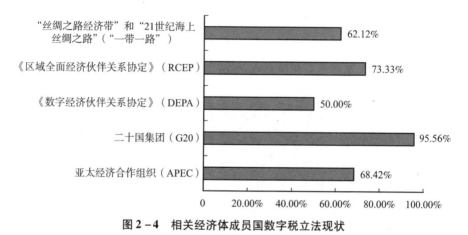

图2-4　相关经济体成员国数字税立法现状

资料来源：蔡昌等. 数字经济的税收治理问题研究. 北京：经济科学出版社，2023.

　　目前，各国纷纷开始征收数字税。尽管 OECD 推出了"双支柱"方案以应对这一趋势，但该协议的实际执行情况依然不明朗。此外，国际法的落实也需要有相应的国内法律进行支持和贯彻。"支柱一"方案的实施对我国当前数字企业发展不会产生显著影响。有学者指出，OECD 的多边方案在落实上尚需进一步协商，直到各国能够达成共识前，应在包容性的框架下探索数字税制度的构建路径，同时参与国际规则的制定和讨论，以此增强我国的国际话语权。在反思我国现行税制的基础上，作为一个数字经济大国，建构数字税制度能更有效地推动我国由数字经济大国向数字经济强国的转型升级。本书将主要探讨建立我国数字税制度的必要性和可行性，并在此基础上进行深入分析实施路径。在国际实践中，无论是将数字税纳入现有税收体系进行改革，还是设立新税种，大体上有 3 种应对模式：首先，联合国提出的双边数字税方案。其次，以 OECD 为核心的多边数字税方案。最后，各国所采取的单边数字税征收措施。本书将对这 3 种典型的数字税国际实践作深入比较与论述，重点分析征税范围、征税对象、税率以及相关的税收优惠制度，旨在从中寻找对于我国数字税制度建设的有价值经验。

（三）数字经济给税收制度带来的挑战

1. 数字经济给国际税收领域带来的挑战

第一，在数字经济的背景下，传统的常设机构认定标准需要进一步完善。随着互联网技术的迅猛发展，跨国公司在向全球客户提供商品和服务时，无须在当地设立常设机构，比如在线广告和在线中介服务等，都能实现无实体的跨境数字交易。目前，许多国家之间已签订税收协议，通常通过常设机构来确定来源国的征税权。即便在没有税收协议的国家间，国内法依然会依据跨国公司在来源国的机构设置进行征税。然而，越来越频繁的跨境数字交易打破了这一传统模式，使得来源国难以行使其征税权，从而使得数字经济的输入国失去了本应具备的征税权，传统的常设机构认定标准逐渐无法适应数字化的商业模式。值得注意的是，关于传统的准备性和辅助性活动场所，在跨境数字交易中是否能构成常设机构的问题，从国际实践来看，在经济数字化的背景下，仓储等准备性和辅助性活动确实可能形成常设机构。

第二，在数字经济的背景下，某些国际贸易所得类型的准确判别变得越来越困难。在传统经济体系中，各国签署的税收协议参考了 OECD 和联合国的提议，强调税收利益的分配方式。它们通过对不同收入类型进行划分，确定各自的税收利益分配原则。由于不同收入在来源国和居民国的经济资源占用及各国经济重要性存在差异，因此对收入类别的细分进行税收分配的做法赢得了大多数国家的认可。然而，随着互联网大数据的飞速发展，相关收入的定性分类标准已难以适应数字经济时代的需求，尤其是商品和服务之间的界限愈加模糊，这让跨国纳税人拥有了更大的灵活性。例如，许多有形商品，如书籍和报刊，可以通过数据传输进入其他国家，而某些咨询和技术服务则可以在云端直接完成。那么，这些数字化的有形商品和服务在营业利润、特许权使用费及劳务收入中又该如何区分呢？目前，许多提供云存储服务的 App，所获收入应视为营业利润还是视同租赁收入？新兴的 3D 打印技术能根据消费者需求在远程输入数据进行打印，那么收益应归属于商品销售还是技术服务提供？数据网络的快速发展丰富了经济运作的形式，同时也促使国际税收制度在所得类型的判定上进行必要的改革。

第三，数字经济环境下，预提所得税的征收体系亟须进一步改进。作为一种国际收入支付方式，预提所得税因其操作方便而在全球多个国家得到广泛应用。然而，在数字经济背景下，预提税的征收面临一个挑战，即若一家进行跨境数字交易的跨国公司未在来源国建立常设机构或营业场所，其通过线上交易获得的收益会依据其产品和服务的总交易额缴纳预提税。而若该企业在来源国设有常设机构或营业场所，则这笔交易将被视作常设机构的收入，从而需缴纳以净利润为依据的企业所得税，这可能会对市场行为产生一定的影响。

第四，在数字经济的背景下，直接税如所得税的征管工作遇到了挑战。一方面，居民管辖权受到了严峻考验。在数字经济的影响下，个人能够在没有与市场产生实际联系的情况下，向市场国家提供各类服务，这打破了以往居民管辖权的联系制度规则。个人的交易活动愈加隐蔽，收入来源日益多样化，与个人的家庭、社会关系、职业及文化等相关的评判标准也变得更加复杂。因此，税务部门在判断纳税人税收居民身份时，面临着越来越多的不确定因素。另一方面，来源地的税收管辖权正遭遇严峻挑战。无论是远程提供的劳务和咨询，还是网络上卖出的商品，越来越多的交易并不需要在市场所在国设立固定的业务场所。然而，传统的国际税收征管法规仍然基于有形的营业地，导致市场国在征税时缺乏明确的依据，从而造成了大量税收的流失。

如今，跨国公司利用转让定价进行避税的现象日益严重，尤其是通过无形资产转让定价来达到避税目的。数字巨头谷歌曾运用"爱尔兰－荷兰三明治"这一避税模式，苹果公司也曾利用数字税收工具（iTax）国际避税架构，致使英国、意大利等欧盟国家遭受大量税收流失。在转让定价中，无形资产的地位越发重要，成为跨国企业转让定价的核心内容并非无的放矢。一方面，跨国数字企业向去实体化转型的趋势越发明显；另一方面，近年来技术进步加速、高层次人才的引入以及缩短研发投入周期，都进一步增强了企业进行技术投资的动力。因此，企业通过无形资产进行定价，从而转移利润并进行避税的动机会更加明显。

若税务机关能对无形资产进行彻底的评估，跨国数字企业便会面临更多困难，无法利用无形资产实现利润转移。然而，各国在无形资产的定义上却缺乏统一的标准。例如，在美国，法院需要进行具体事实判断才能确认无形资产，而 OECD 主要通过转让定价的价值导向来完成无形资产的认定。此外，数字经济的迅速发展使得无形资产的价值变化加速，其种类也愈加复杂。税务部门很难跟上信息技术的进步，无法从第三方获取有效的可比信息，因此也无法依据独立交易原则对无形资产的真实价值进行评估。这种情况同样适用于在一方向另一方的交易中，存在着数字经济所带来的税收挑战。

支付特许权使用费时，由于企业之间特定情况的差异，税务部门很难按照独立交易原则对双方的特许权使用费进行调整。随着数字经济的推进，无形资产的研发速度和价值变化幅度都在加快，这使得基于无形资产进行转让定价，从而转移利润的避税现象日益严重。

第五，增值税等间接税的征收管理面临一些困境。有研究指出，国际税收管理在间接税方面存在两方面主要问题：一方面，跨国纳税人对低价值货物免税额政策进行滥用，通过拆分订单的方式来逃避税负；另一方面，在国际层面上，数字税收存在立法不足的问题，尤其是在涉及在线广告服务这一数字经济领域时表现得尤为明显。

随着数字商品和服务的跨境交易不断增加，订单拆分所导致的税收损失也在不断扩大。由于数字商品和服务通常依赖于非实体的网络交易方式，企业不需要在市场国家设立专门的营业点，这种虚拟的交易形式使得税务机关在征收税款时难以找到有效的证据来对跨境交易进行征税。而数字经济的快速发展正是降低了市场准入门槛，低价值的商品和服务因此大量涌入市场。然而，传统的税收管理体系通常采取对大型企业严格，而对小型商品相对宽松的政策，这使得低价值商品常常享有免税进口的待遇。

因此，跨国交易的双方为了规避税收，往往会选择拆分订单，这严重损害了市场国家的税收权益。

此外，各国在针对跨境数字服务的立法方面还有待深入研究。在"双支柱"政策出台之前，针对在线广告费用、在线咨询服务等交易的税收管理缺乏明确的法律依据，各国对这些服务的归类，如将其视为"技术服务费""特许权使用费"或"劳务与销售所得"，存在不统一的情况，这使得在线服务交易中出现了避税的可能性。根据价值创造与税收一致的原则，市场国在理论上具备对境外提供在线广告服务征税的权力，可以从该项服务产生的利润中征收相应的税款。然而，实际上，税务机关通常面临难以界定利润来源和在线广告具体受益者的问题，因此在税收管理过程中存在较大的自主裁量空间。

截至目前，发展中国家在间接税方面尚未形成统一的数字化征税原则和方法。以增值税为主的间接税中，通常会涉及原产地课税和目的地课税两种原则。然而，由于各国在数字交易的征税方面未能达成一致，导致了严重的重复征税问题，以及非故意产生的双重不征税的情况①。具体而言，如果提供数字产品服务的国家采纳原产地课税原则，而接受这些服务的地方则实行目的地课税原则，就会引发数字产品的重复征税问题。相对而言，若服务接收国采纳原产地课税原则，而提供国则实行目的地课税原则，则更可能出现双重不征税的情况。

第六，当前国际税收协调机制面临挑战，改革的速度正在加快。目前，各国之间的税收管理主要依靠一系列税收协定来进行协调，这些协定旨在解决国际重复征税和跨国纳税人逃税的问题。然而，在数字经济的背景下，跨国公司的全球价值链发生了显著变化，这些税收协定无法完全应对国际税收的复杂问题，跨国税务数据变成了跨境税收管理的关键因素。新型商业模式的出现以及大量涉税信息的集中存储在云平台上，使得国际税收管理的重点从传统的防止重复征税转向防范双重不征税②，这迫使各

① 何杨，陈琍. 经济数字化的税收挑战 [J]. 中国财政，2019 (18)：17 – 19.
② 彭敏娇，袁娇，王敏. 数字经济下跨境税收征管问题及路径选择 [J]. 国际税收，2021 (6)：75 – 81.

国必须改革现有的税收协调机制。在这样的背景下，"双支柱"方案得到了许多国家的认可。

2. 数字经济下国际税收格局的新变化

目前，在 OECD 及各国的共同努力下，针对经济数字化所带来的税收挑战，国际社会达成的共识解决方案逐渐形成。早在 2015 年 10 月的 BEPS 首项行动计划结果报告中，就开始探讨数字经济对税基侵蚀及利润转移所引发的问题和风险，但当时并未提出相应的解决措施。近年来，个别国家已开始对美国的数字巨头实施单方面的数字税，尽管税额不算高，但这对国际传统的税收利益分配格局造成了显著冲击。2020 年 10 月，在各国的谈判与沟通之下，OECD 最终推出了"双支柱"方案的初步框架，联合国也提出了基于双边的解决方案。到 2021 年 10 月，参与 BEPS 包容性框架的 140 个国家和地区中，有 136 个已同意"双支柱"方案共识声明，旨在应对数字经济时代各国税收利益分配不均以及跨国企业避税的问题。总体来看，数字经济背景下国际税收格局正经历新的变革。

第一，从单边行为转向多边合作，从竞争走向协同。在新冠疫情暴发之前，欧盟就已经开始研究数字税的征收问题，但由于各成员国之间对这一税收态度的分歧，数字税一直未能实施。新冠疫情对全球经济造成重大冲击，很多国家的财政面临严重挑战，一些大力支持数字税征收的国家率先采取单边征税的措施。法国、英国、奥地利等国已实际上实施了数字税，西班牙和肯尼亚等国也立法确定了数字税的征收。英国和法国的数字税主要针对数字广告、数据使用及数据中介服务，税收门槛较高，主要由中美的大型跨国数字公司承担。针对单边征税的做法，美国表示坚决反对，并立即开展报复行动，对实施单边数字税的国家展开调查，进一步加剧了国际的税收利益分配矛盾。为应对数字经济带来的税基侵蚀及利润转移问题，同时缓解国际税权分配的争议，创造公正的国际贸易环境，以 OECD 和欧盟为代表的一些国际区域性经济组织积极推动数字税收多边规则的制定，在多边包容性框架的基础上提出了"双支柱"方案，得到了大多数成员国的认可。各国逐渐以合作的精神接受数字税的实施，国际的税收竞争得以缓解，税收协调和分配关系进一步得到改善。可以说，"双支柱"方案为构建一个稳定与公正的全球税收治理体系奠定了坚实的基础，将有助于全球商业环境向更好的方向发展①。

第二，市场国的税收利益受到越来越多的关注。传统的经济合作与发展组织和联合国的标准都强调应以常设机构作为税收分配的基本依据。他们认为，非居民企业是否在市场国设有常设机构（或视同常设机构）以及是否实质参与了市场国的经济活动，是分配营业利润的标准。然而，跨国公司可以通过不在所得来源国建立常设机构来逃避市场国的纳税责任，从而损害来源国的税收利益。特别是在数字经济的背景下，随着虚拟网络交易逐渐替代传统的实体交易，常设机构的认定变得愈加复杂，市场国的税收损失问题也愈加突出。而"双支柱"方案在某种程度上摒弃了常设机构这一概念，不再将非居民企业在市场国的"物理存在"视作唯一的征税依据。

"支柱一"提出了一项全新的联结度规则，摒弃了传统国际税收领域中的独立实体原则和独立交易原则，开始采用比例分配的模式来赋予市场国一定的征税权。"支柱一"的金额 A 直接将跨国数字企业的部分利润分配给市场国，而金额 B 则认为，跨国数字企业应以固定回报形式向市场国纳税，针对其在市场国开展的基础营销和分销活动所获得的收入。同样，"支柱二"实施全球征税，以抑制跨国企业的逃税行为，这也反映了对市场国税收利益的保护。在"支柱二"中，低税支付规则（UTPR）和应予征税规则（STTR）在一定程度上缓解了市场国的税基侵蚀问题。当关联方收取的利润在居民国的实际缴纳税款低于该国的最低税额，或者有效税率低于全球最低税率时，低税支付规则赋予了来源国对该项款项进行源泉扣缴的权利。

应予征税规则使市场国家能够直接对居民国家未充分征税的款项征收预提所得税，这在很大程度上减少了跨国数字企业通过税收差异获得各国优惠的机会。由此可见，OECD 推出的"双支柱"方案不再仅仅依赖于常设机构的界定，而是赋予市场国在税收分配方面的一定权利，至少从法律文本的角度来看，市场国的税收利益得到了更为明显的关注。

第三，跨国避税手段已经进一步受到限制。"双支柱"方案的设计使

---

① 孙红梅. 关于数字经济时代全球税收治理的几点认识——基于"双支柱"方案达成共识的视角［J］. 财政科学，2021（11）：26－34.

得国际税收体系的反避税机制变得更加完善。"支柱二"的核心理念是确保跨国企业在各国的整体有效税率不低于15%，从而减少了跨国纳税人将高税率国家的利润转移到低税率国家避税的机会。如果跨国企业在境外的有效税率低于全球有效税率，母公司所在国就能够对未达到有效税率的利润征收补税。以前，各国税率差距过大，且各国之间的信息交流也十分有限，"避税天堂"的存在为纳税人提供了许多全球税收筹划和逃避税款的途径。然而，"双支柱"方案的实施，有望提高各国之间的税收信息共享，携手加大对跨国纳税人逃税行为的打击力度。

第四，发展中国家在税收利益方面可能面临更大的不确定性。一些学者指出，"双支柱"方案规定的市场国纳税权表面上符合法律上的公平性，实际上却对发展中国家，特别是弱势国家不利。在"支柱一"中，市场国参与分配金额A的规定实际上显示出对"供需利润观"的重视，即跨国公司所获得的利润包含了市场客户所创造的价值，因此市场国家理应有权对企业的跨境销售利润征税。在以往的国际税收规则中，特别是以经合组织模型为代表的居民国纳税权，剥夺了许多发展中国家市场国的征税权，这在当时对众多欧盟国家的税收利益是有利的。然而，随着数字经济的发展，一些长期位于产业链上游的欧盟国家则逐渐向数字经济的下游转型，变成跨国数字企业的市场国。因此，以居民国为主的国际税收规则已不再适应欧盟国家的税收利益。在尚未达成广泛共识的情况下，OECD强调市场国的地位，其实是为了维护发达国家在产业链和价值链中的固有利益，同时掩盖了数字经济时代对跨境税收权平衡化需求的迫切性，导致广大发展中国家在国际税收格局中依然处于边缘化状态。

从"支柱二"的角度来看，其强调的"全球最低税率"似乎能够保护市场国家应享有的税收利益，并且减少跨国企业的避税机会，但这种方案过于理想化，忽视了各国的实际发展状况。对于许多发展水平较低的国家而言，最严重的问题并非税基侵蚀和利润转移，而是税基狭窄和税源匮乏。在以往的框架下，发达国家往往被要求在税收协议中主动给予发展中国家一些税收减免的特权，这使得发展中国家能够利用这些税收优惠来吸引外资，促进经济增长。如果"支柱二"将这种情况排除在外，可能会导致发展中国家丧失财政自主权，压制这些国家加速发展的能力，最终使得发展中国家的税收利益更加难以得到保障。

3. 国际税收规则及协调机制变化对中国的影响

随着各国在"双支柱"方案上达成一致，国际税收协调机制正逐步由传统的双边税收协议主导的方式，向以"双支柱"为核心的协调机制转型。

已有研究关注"双支柱"方案对我国的影响。一些研究指出，"双支柱"尤其是"支柱二"，可能会削弱我国吸引外资的能力以及鼓励对外投资的动机，同时造成引进和走出口径公司的税收负担加重[①]。大部分学者认为，虽然目前"双支柱"方案对中国的影响相对有限，但未来可能产生深远的影响[②]。中国企业需要对其全球收入进行纳税，此外海外利润补税的最低税率高于"支柱二"中建议的最低有效税率，因此，收入纳入规则（IIR规则）目前对中国企业的影响并不大[③]。关于"双支柱"方案对企业的影响，可以从两个方面进行分析[④]。一个方面是影响"走出去"的企业，另一个方面是影响"引进来"的企业。总体来看，"双支柱"方案对我国的影响较小。"走出去"与"引进来"的企业分别代表资本的流出与流入，通过对这两类企业的分析，可以更全面地理解"双支柱"方案对中国的影响。

（1）对"走出去"企业的影响。近年来，中国的数字经济发展势头强劲，涌现出阿里巴巴、腾讯、字节跳动等一批领先的数字企业，尤其是跨境电商在海外市场的拓展速度尤为显著。随着越来越多的数字企业加快国际化步伐，我国已然成为全球电子商务和数字服务的领军者。"双支柱"方案对我国数字企业的影响正在不断扩大，因此，密切关注国际税收规则的变化对我国企业在海外经营所承受的实际税负的影响，已成为一个极为重要的课题。然而，从现状来看，"双支柱"方案对我国"走出去"企业的实质税收影响可能相对有限。

---

① 艾华，王佳琳，庄佳强. 支柱二规则对我国的影响及企业所得税应对措施 [J]. 税务研究，2022（4）：42-47.

② 吴小强，王芳. 税收新政下基础设施 REITs 架构搭建的税收分析与操作建议 [J]. 注册税务师，2022（5）：52-55.

③ 朱青. OECD 第二支柱中的 IIR 规则与美国 GILTI 税制的差异 [J]. 税务研究，2021（2）：85-88.

④ 刘丽，陈高桦. OECD "双支柱"改革方案研究及其对中国的影响分析 [J]. 国际税收，2020（8）：14-23.

首先，我国"走出去"的企业大部分未能符合"支柱一"的标准。《2018年对外直接投资统计公报》的数据显示，在中国的对外直接投资中，制造业、租赁和商务、金融、批发零售等行业的企业占比达到了70%。由此可见，至少从过去几年来看，我国"走出去"的企业大多属于传统制造业领域，数字化企业则相对较少。此外，这些企业所选择的海外市场多集中于"一带一路"共建的发展中国家，这些国家的市场消费水平普遍较低，导致"走出去"的企业在海外的营收规模有限，难以达到"支柱一"规定的200亿欧元的营收标准，受到"双支柱"政策的影响也相对较小。

其次，我国的数字企业在拓展海外市场时，通常会在目标国家设立分支机构，这些机构已经受到相关税收管辖的约束，因此新规的影响相对较小。近年来，互联网企业在海外市场积极进行投资，这些企业往往选择在当地建立经营实体，以期更迅速地将产品推广到国际市场。因此，"支柱一"的新连接度规则对我国的海外数字企业影响不大。相比之下，我国的数字税收企业所面临的挑战主要来自西方国家的对立态度，许多数字企业在东道国因所谓的国家安全风险而受到严密监管和限制，导致部分市场无法进入，极大地阻碍了我国数字税收企业的国际化进程。例如，美国政府以泄露本国数据为借口，强迫 TikTok 这一短视频社交平台在应用商店下架，这反映了对中国数字企业的敌意，也体现了"走出去"的企业常常面临的是目标国家的包容性问题。总体来看，尽管目前"双支柱"对我国"走出去"的企业影响有限，但"支柱一"将可能提高我国数字税收企业的管理和税收遵从成本，未来一段时间内，国内数字企业的实际税负将逐步显现。

最后，中国的"走出去"企业主要集中在共建"一带一路"的国家，而这些国家的企业所得税税率通常高于我国。同时，"支柱二"对我国企业"走出去"的影响也相对有限。由于我国的"走出去"企业大多选择西方以及"一带一路"共建国家作为目标市场，这些国家的税收普遍高于中国，因此这些企业目前大多数在本国缴税，中国并没有明显的税基侵蚀现象。不过，对于一些与我国未签订税收协定的国家，低税支付原则可能会引发双重征税，使企业面临额外的税收成本。此外，国内一些适用15%税率的企业，可能由于各种额外的税收优惠，使得其实际税率低于全球最低15%。这些企业在海外投资时需要综合考虑海外的架构和成本。因为在

"支柱二"框架下，如果企业在海外获得的利润的实际税率低于15%，就可能需要在中国补缴税款。

当然，也有部分学者认为"双支柱"方案会给中国的对外企业带来一定的挑战。有研究指出，目前中国的对外开放格局主要围绕"一带一路"共建国家的投资、中国海南自由贸易港以及粤港澳大湾区的一体化建设进行，根本目标在于促进境内资本"走出去"，同时吸引外资进入中国。然而，OECD的"双支柱"方案会对跨国资本流入中国产生阻碍，导致许多税收协议和税收优惠政策无法发挥预期作用，同时也加重了跨国企业投资时的所得税负担，从而妨碍了吸引跨国资本的目标实现①。

（2）引进企业的影响分析。总体而言，"双支柱"政策对"引进来"企业的影响相对有限，但未来可能存在扩大风险。尽管我国是全球最大的消费市场，但对外资数字企业实施了严格的监管和限制，导致许多美国数字巨头在我国未能占据垄断地位，甚至部分企业曾短暂撤离中国市场。例如，亚马逊已经停止了在中国的零售业务，谷歌也退出了中国市场，其他一些数字巨头如脸书和甲骨文的发展速度亦显得较为缓慢。从这个角度来看，"双支柱"政策的实施对在我国进行数字服务的企业影响不是很明显。

需要注意的是，国际数字巨头在我国的运营模式正在逐步从"有形"向"无形"转变。例如，美国的软件公司甲骨文决定关闭其在中国的研发中心，转而通过远程网络提供服务。此外，亚马逊也开始不再专注于中国的零售市场，转向跨境电商。尽管谷歌已退出中国市场，但它仍然为中国企业在海外提供在线广告等数字化服务。这些无形业务大多通过云平台进行交易，且交易金额庞大，在缺乏对方国家的税收信息交换的情况下，税务机关难以精准监控这些在线交易，因而面临潜在的税基侵蚀风险。引入的"支柱一"新联结度规则，将有效解决"显著经济存在"企业的征税问题，并整体上对我国有利。同时，"支柱二"中的相关规定也为我国进一步征税提供了依据。若跨国企业在市场国的税负低于全球最低税率，我国的税务机关有权对这些利润进行额外征税，从而增强我国税基的安全性。

考虑到我国数字企业在海外的拓展模式以及重点关注发展中国家的情

---

① 崔晓静，刘渊. OECD支柱二方案：挑战与应对［J］. 国际税收，2021（9）：51 - 64.

况，"双支柱"政策对"走出去"的企业的税负影响并不显著。而对于进入我国市场的外资企业，"双支柱"政策赋予了市场国家一定的征税权，尽管从短期角度来看对我国的影响较小，但未来可能带来深远的影响。

第二节　数字税概述

一、数字税的内涵性质和主要类型

（一）数字税的内涵性质

1. 数字税的内涵

数字税是针对数字经济背景下出现的一种新型税制，主要针对通过用户参与和信息内容生产创造的"数字服务"所带来的收益进行征税。纳税主体一般是符合收入门槛的大型跨国数字企业。某些国家将其称为"数字服务税"（digital service tax）或"均衡税"（equalisation levy）。本书讨论的税制主要针对虚拟数字服务的收益，同时为保持与国家宏观战略层面一致，本书统称其为数字税。根据国际实践，其征税对象主要包括但不限于以下几类数字活动所得：（1）提供在线广告服务；（2）提供在线市场和中介平台服务；（3）销售通过数字接口获得的用户数据；（4）通过社交媒体平台和互联网搜索引擎提供的其他服务。

2. 数字税的性质

从税负转移的角度看，数字税可以分为直接税和间接税，这一分类方法在全球范围内被广泛采用，并成为国际税收学界的热议话题。对数字税法律属性的研究不仅需要从理论上进行探讨，还需结合实践，从数字税制度的顶层设计到征收管理的具体流程进行深入分析。基于此，本书将围绕这一分类对数字税制度的法律性质展开讨论。

在间接数字税的实践中，电子商务领域的数字税主要以纳税企业在商品生产、流通和销售等环节的流转额为征税对象，其法律属性类似于"流

"转税"，如"增值税"。在这一基础上，数字税作为国内税收法律制度确定的征收手段，享有关于是否征收、何时征收以及如何征收等方面的自主决定权。

进入21世纪后，为了促进数字经济的发展，许多国家并未对电子商务进行征税。然而，随着数字经济的逐步稳定，欧盟开始在全球范围内推动国际接数字税的改革，例如欧盟增值税。在2015年，OECD对"税基侵蚀与利润转移"（BEPS）计划下不同税收管辖区的征税权力进行了调整，从"价值创造"的角度确保征税地与企业实际收益地一致，以提升全球税收规则的公平性和协调性。如图2-5所示。

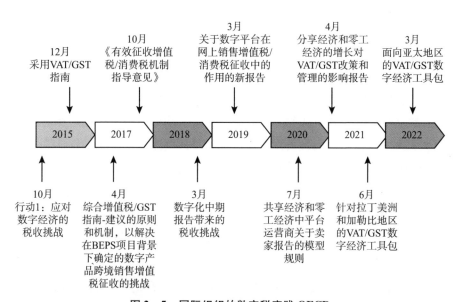

图2-5　国际组织的数字税实践 OECD

资料来源：OECD报告。

此后，OECD于2022年前陆续发布了一系列报告和规则，旨在应对数字经济所带来的税收挑战。

在OECD发布应对数字税收解决方案的同一年，欧盟明确了增值税的征税范围，包括电信服务、广播及电子提供服务，并始终遵循消费地原则，规定企业和消费者均应承担纳税义务。这几种服务类型的共同特征在于它们完全依赖互联网或电子网络，几乎不需要人工干预，完全借助于信息技术。对于跨国企业而言，当为任意一位欧盟成员国的用户提供服务时，若该用户不是增值税纳税人，并且所提供的服务未通过市场销售，则企业将有责任向欧盟缴纳增值税。在这种情况下，纳税人可选择两种方案，以履行其纳税义务：一是向其注册地的成员国进行注册，并通过增值税一站式系统进行缴纳；二是在用户所在的各个成员国进行注册并缴纳增值税。

2017年，澳大利亚加入了税制改革的行列，将数字贸易纳入商品与服务税的范畴，主要考虑扩大商品与服务税的征收范围，以适应数字化时代对其税收制度的挑战。因此，其应纳税额的计算方法参照了原有的商品与服务税。2020年，新加坡出台政策，规定当全球销售额超过100万新元，且在新加坡的应税销售额在12个月内超过10万新元时，需要注册并缴纳增值税。从2023年1月1日起，新加坡将服务范畴扩大至所有远程提供的用户①。

直接数字税的实践：通过对不同国家推出的单边数字税法案进行综合分析，可以发现数字税的法律性质更接近于直接税。从税收负担的角度来看，数字税是对企业营业收入征税的，这是一种典型的直接税。在征收方式上，数字税以企业的收入作为征税基础，并按照固定税率进行计算，这与预提所得税方式相似，然而两者的不同之处在于，数字税作为一种新兴税制，而预提所得税则是在现有税种基础上所作的特殊规定。欧盟提出的税制方案同样未能达成一致：从理论上来看，当前税收利益分配机制存在不够完善的问题。在实际应用中，由于行业业务和地域等方面的发展差异，想通过技术手段实现税收的公平分配是非常困难的。因此，OECD发布了一系列报告和协定，旨在通过修订和完善现有国际规则，加强各国之间的多边沟通，以解决现行常设机构机制无法适应数字经济发展所引发的国际税收管辖权争议及新的利润分配原则的问题。最终，OECD倡导的"双支柱"改革方案在实施过程中遭遇了诸多挑战，共同行动的暂时搁置催生了单边数字税的兴起。

法国是全球首个实施数字税的国家。2017年9月，法国通过立法设立了一项名为数字税的新税种，对数字界面服务和定向广告服务征收3%的

---

① 张奇源. 数字税的争议分析与中国进路［J］. 海南金融，2023（1）：38－40.

税。该税的纳税主体由全球收入和国内收入的双重门槛来界定，并明确于2019 年 1 月 1 日生效①。在此之前，英国早在 2017 年便将数字税列入征收计划，发布了《公司税与数字经济：立场文件》，文件中指出在 OECD 全球性方案达成一致之前，英国会探索对数字服务的征税途径。2018 年，英国政府在预算报告中表明将于 2020 年正式开始征收数字税②。在英法两国成功推行数字税并取得显著税收效果的背景下，意大利也决定加入直接征税数字经济的行列，于 2020 年正式实施，其数字税的设计方案与英法相似。随着数字经济的发展，各国陆续开始征收相应税费，在多年的实践与调整后，印度开始实施均衡税，并采取预提所得税方式进行纳税申报③。

本书认为，数字税作为一种新兴的税种，其法律性质更趋向于直接税。然而，无论是采用间接税还是直接税的分类方式，建立一个符合国际规则并符合我国基本国情的数字税制度已成为一种必然趋势。面对数字经济对传统税制的冲击，必须对传统的税收理论进行创新，以适应时代的发展，同时在数字税的设计方面要突出简化。首先，为了确保税制的稳定，尽管各国在实际操作中各自为政，但其根本目的在于明确税收制度，从而将不确定性降到最低，以避免对国家公信力造成负面影响。其次，在实际执行中，制度设计需要承接与创新原有税制，同时确保纳税人的合规性，以提升税收的行政效率和经济效益，顺利完成税款的征收与入库工作的"最后一公里"。

（二）数字税主要类型

目前，全球范围内数字税的征收模式主要可归纳为三类：首先，部分国家实施了境外供应商注册制度，该制度要求非居民企业进行纳税人注册，并对其向本国消费者提供的数字服务征收商品与服务税、消费税或增值税。新加坡、澳大利亚等国家已采用此模式进行税收征收。其次，另一些国家采取了反向征税机制或代扣代缴机制，即规定供应方向购买方收取

---

① 王拓. 数字服务贸易及相关政策比较研究 [J]. 国际贸易, 2019 (9)：80 – 81.
② 马晓鸣. 部分国家跨境服务增值税政策研究 [J]. 国际税收, 2018 (5)：58.
③ 马晓鸣. 部分国家跨境服务增值税政策研究 [J]. 国际税收, 2018 (5)：63.

增值税，并向购买方所在国缴纳相应税款，或由境内服务购买方代为进行税务申报。欧盟、日本等国家采纳了此类税收策略。最后，部分国家设置了双重纳税门槛，即以全球总营业收入和特定于境内的数字服务收入作为征税门槛，对满足条件的纳税人征收数字服务税。法国、英国、意大利等国家已实施了此税收政策。

二、数字税制度的法律特征

从税收法律体系的角度来看，数字税展现出其特有的属性。数字税的特征可概括为以下三点[①]：

首先，针对特定对象的适用性。数字税的征收目标是针对数字企业的特定收益，这些企业通常需要满足一定的收入阈值或用户规模条件。在一定程度上，该税种有助于实现传统企业与数字企业之间的税负平衡，为传统商业模式的企业创造一个更为公平和优良的竞争环境，确保不同种类和规模的企业能够承担更为公正的纳税责任。

其次，规范构成上体现系统性。数字税制度并非仅由单一规则条款构成，而是从立法目的、基本原则、构成要件、税收征管程序四个维度进行系统设计。这些规范条文之间存在内在的逻辑联系，相互关联、补充和协调，共同构成一个相对完善的制度体系。

最后，实施过程中的可操作性。国际上的数字税制度具有明确的纳税主体、征税对象和征税范围，形成了完整的规则链条，因此具有较高的可操作性。鉴于我国数字经济的快速发展态势，明确的课税对象和完备的征管手段为税款的征收提供了可能性。税收法律制度越完善的国家，其数字税的执行就越容易，立法成效也越好。另一方面，就制度本身的具体规则层面而言，数字税作为一种新兴税种，我国现行税收制度尚未对其作出明确规定。因此，本书旨在通过比较国际实践中的数字税与现行传统税种，总结数字税制度的核心特征，并尝试为构建符合我国国情的数字税制度提供思路，具体制度比较详见表 2 – 11。

---

① 侯立新，白庆辉. 数字税的特征及征管建议 [J]. 财务与会计，2020（15）：79 – 80.

表2-11

各种税种的制度比较

税种	纳税主体	征税客体	征税范围	税率	税收优惠	应纳税额计算
数字税	针对提供数字产品及服务的各国大型数字企业	数字服务收入	提供数字接口服务、在线广告服务、数据销售等	2%～7%，多为3%	"安全港规则"可抵扣所得税	—
增值税	针对征税范围内的境内单位和个人	增值额	销售货物、劳务、服务、无形资产、不动产、进口货物等	税率13%、9%、6%；征收率3%、5%	免税：小微企业减免税。特殊用途	当期销项税额减去当期进项税额，当销项税额不足抵扣时，可以结转下期继续抵扣
消费税	针对进口收货人、出口发货人、进出境物品所有人	全部价款和价外费用	正面清单：5类15种消费品	大多用比例税率1%～56%不等	针对部分节能材料免税、冬奥会有关收入免税	从价定率、从量定额、复合计税、滑准税
关税	针对进口收货人、出口收货人、进出境物品所有人	完税价格	准予进出口的货物和物品	从价定率出口20%～40%	针对特定受惠国给予优惠待遇（互惠、特惠、最惠国待遇、普惠、减税减让）	从价定率、从量定额、复合计税、滑准税
资源税	针对我国领域及管辖的其他海域开发应税资源的单位和个人	销售额	正面清单：5类164种	大多用比例税率1%～20%不等	免税：开采原油、煤炭开采企业为安全生产需要抽采的煤层气；减税：节能环保类，并报全国人大常委会备案	从价定率从量定额
企业所得税	针对在我国境内取得收入的企业（合伙企业除外）	生产经营所得、其他所得	居民企业、非居民企业	25%、20%	免税、减税、加计扣除、加速折旧、减计收入、税额抵免	居民企业：收入总额减除不征税收入、免税收入、各项扣除；非居民企业：核定征收、源泉扣缴
个人所得税	针对中国公民、在华有所得的外籍人员、港澳台同胞、个体户、个人独资、合伙企业的投资者	个人应税所得	居民、非居民正面清单：9项	超额累进税率；10%、20%的比例税率	减免税范围：鼓励科学发展、社会福利、慈善事业以及对纳税人的实际困难	不同应税项目分项计算
房地产税（以重庆试点为例）	针对拥有在房超过标准的主体，原则上是拥有建筑物的汉和土地使用权的单位和个人	建筑面积、评估价格	土地、不可移动地固定在土地上的建筑物和附属物	定额税率、累进税率、比例税率	普惠型：起征点有免额；特惠型：对优惠群体进行划分	不同计税依据分项计算
"营改增"转型	建筑业、金融业、房地产业、生活服务类业	建筑类企业：完善会计核算制度、健全预收账款增值税计算方式、加强发票管理、规范经营模式；房地产类企业：相关部门下发过渡政策，规定了部分优惠条款；金融类企业：适用税率层面，小规模纳税人3%，一般纳税人6%，税负降低				

资料来源：《中国税务年鉴1993—2023》。

三、数字税制度的理论基础

(一)用户参与理论

用户参与理论表明,用户所在国家的居民通过特定的数字商业模式提供数据,从而参与到价值创造中。然而,这部分价值创造并不在当前的税收体系之内,因此应赋予用户所在国对其创造的价值征税的权利。欧盟界定用户参与为在特定数字平台上生成数据,并将这些数据用于向相关用户推送特定广告,或以有偿方式提供给第三方。用户通过多边数字界面,持续地参与到价值创造的过程中[1]。英国则认为,用户参与能够通过4种主要渠道创造价值:通过数字界面提供数字内容;深入参与数字平台的构建;通过数据推广来进行品牌宣传[2];通过互联网效应及外部性来产生价值。OECD 提出的"支柱一"方案吸纳了英国的用户参与理论,认为用户所在国有权对通过数字企业提供的数字平台上,用户以数据形式创造的经济价值征税。

国际现行税收规则是根据传统经济发展模式制定的,规定了联结度规则,即价值创造地与利润分配地被视为同一联结,以确定利润的分配方式。然而,随着数字经济的快速发展,价值创造地与利润分配地之间出现了分离现象。数字企业通过用户参与的数据创造价值,但并未在市场所在国设立常设机构,因此,价值创造地的利润被转移至利润分配地。原有的联结度规则与利润分配规则对这些被转移的利润无权征税,这导致价值创造地国面临税基侵蚀和利润转移的税收风险。

"用户参与理论"倡导国际组织(包括 OECD 和欧盟等)应当修改联结度规则与利润分配规则,以赋予市场所在国对因用户提供数据等新型商业模式而创造的价值征税的权力。

---

① European Commission, Proposal for a COUNCIL DIRECTIVE on the common system of a digital services tax on revenues resulting from the provision of certain digital services, Brussels, 21. 3. 2018, p7.

② HM Treasury, Digital Services Tax: Consultation (November, 2018) [EB/OL]. www. gov. uk/government/Publications, last visited on 9th February, 2022.

（二）国际税收管辖权理论

现行的国际税收规则源于《关于双重征税的报告》。该报告提出了经济关联原则，主张不同国家应根据所得类型与经济关系的紧密程度来划分税收管辖权①。同时，报告强调来源国和居民国享有共同的征税权。在国际税收的实际操作中，常设机构规则成为协调来源国与居民国税收管辖权的集中体现。而数字经济所创造的数字价值并不依赖于常设机构的存在，这对基于常设机构制度的国际税收规则构成了挑战②。为了协调数字经济的快速发展与传统国际税收管辖权之间的矛盾，OECD、欧盟等国际组织提出了"价值创造原则"和"实际经济活动原则"。前者强调价值创造地在数据使用中所产生的数字价值应享有征税权，而后者则强调须对实际创造数字价值的经济活动进行征税。根据"价值创造"原则，市场所在国有权对因用户参与而形成的数字价值征税，这意味着用户的参与通过数据提供等方式创造了数字价值，使得市场所在国获得了国际税收的管辖权。

（三）地域性特殊租理论

地域性特殊租金（location-specific rent，LSR）理论由哥伦比亚大学的崔威教授提出。该理论认为，数字税类似于资源开采税（royalty），是一种地域性特殊租金③。本理论将市场地国用户参与创造的价值视作一种地域性特殊租金（local specific rent，LSR），认为人类数据本质上属于一种自然资源，而地域性特殊租金则可被理解为用户数据货币化过程中的外在表现形式④。在数字经济时代，数字企业通过提供平台中介服务和在线广

① 张泽平. 数字经济背景下的国际税收管辖权划分原则 [J]. 学术月刊，2015，47（2）：84 - 92.

② 张巍，郭晓霏. 数字经济下常设机构规则面临的挑战及应对 [J]. 税务研究，2016（7）：85 - 88.

③ 黄明林，周敏. 数字税的理论依据及归宿探析 [J]. 经济研究参考，2021（21）：98 - 112.

④ 崔威，刘奇超，沈涛. 数字税：一种概念上的辩护 [J]. 经济研究参考，2020（19）：30 - 55.

告服务等手段，在市场所在地国挖掘用户数据所产生的"市场溢价"（LSR），该溢价可被视为一种特殊的可开采资源。基于此，市场所在地国对于此类数据资源的开采活动拥有相应的征税权力①。根据地域性特殊租金理论，数字企业通过数字税所获得的地域性特殊租金应归产生该租金的国家所有。此外，地域性特殊租金的形成并不仅限于市场所在国。深入分析地域性特殊租金理论，可以得出以下理解：

首先，在用户所在国，数字平台通过提供数字服务所获得的超额利润，可被视为基于特定地域使用而产生的平台租金。即便该平台在该国未设立实体性质的常设机构，上述超额利润仍可视为源自特定地域的租金，具备征税的合法性。其次，数字企业通过挖掘市场所在国用户数据所获得的"市场溢价"，可视为企业以特殊方式开采市场所在国的数据资源，因此，对这些数字资源征收特定的"资源税"是合理的。

（四）显著经济存在理论

OECD 提出的税收改革方案中，建议对现行的常设机构定义进行修订，引入"显著经济存在"（significant economic presence）的概念。该概念扩展了常设机构的范畴，主张若非居民数字企业通过互联网等技术手段，在某国维持有目的性和持续性的互动关系，则应认定该企业在该国有显著经济存在，从而赋予该国对其征税的管辖权。这一理论观点强调，税收的征收不应仅依赖于企业的实体存在，而应基于商业价值创造的地点。与传统常设机构概念相比，显著经济存在理论更能适应数字经济时代商业模式的演变，有助于防止用户市场国税基的侵蚀。在实际操作中，通过考量数字服务企业在用户来源国的用户数量、营业收入以及签订的商业合同数量等因素，来判断其是否在该国具有显著经济存在。然而，在认定过程中，追踪用户 IP 地址的需求可能会导致较高的合规成本，并可能引发用户数据安全和隐私泄露的风险。税务机关在税收核算过程中，面对某些匿名用户的真实位置难以追踪，无疑会增加税收征管的复杂性。

---

① 刘启超，曹明星. 地域性特殊优势之"市场溢价"理论透视：由来、定位、实践与未来趋向 [J]. 中央财经大学学报，2016（3）：22 – 32.

（五）税收公平理论

20世纪80年代，著名的英国古典经济学家亚当·斯密在其著作《国富论》中，首次提出了税收的四条原则①。他认为，所有公民应当在税收上享有平等的权利，缴纳与其社会财富分配状况相对应的税款，这为日后税收公平理论的形成奠定了基础。税收公平的内涵在于，在国家征税的过程中，所有纳税人承担的税负应符合其经济承受能力，即根据其能力来征税，同时确保各类纳税人的税负尽量保持平衡。税收公平的概念包含两个方面：横向公平和纵向公平。横向公平指的是具备相同受益能力的纳税人应该缴纳相同数额的税款，也就是相似情况享受相同待遇，倡导统一征税并消除特权。纵向公平则意味着受益能力不同的纳税人需根据其能力的差异缴纳不同数额的税款，也就是说，情况不同待遇也应不同。在我国，追求税收公平的目标是实现税款的普遍性与平等性征收。因此，税收公平理论已经成为我国现行税收体系制度建设的重要考量标准，也是现行税法制度的核心组成部分，并且成为现代税收的基本原则之一。

随着理论的不断演进，税收公平的理论再次强调一个国家在进行税制的设计和实施时，应将税收公平作为基本原则，综合考虑所有的商业活动、商业模式和企业类型，确保所有纳税人在税收负担能力和实际经济实力之间实现平衡。在传统经济交易模式下，商业活动中的每一笔交易都可以做到依法纳税且有据可循。然而，随着数字经济的发展以及其特有的性质，当前的税收制度面临适应问题，这不仅使许多大型跨国互联网数字企业得以迅速成长，也催生了多种新型商业模式，推动了数字经济的繁荣。但社会财富的分配依然遵循帕累托法则，在数字经济中获得的巨额收益往往集中在少数几个企业中，缺乏与经济发展状况相符的国际税收秩序规则，导致当前税负不公平的现象更加严重。

另外，欧盟2018年的报告指出，数字企业通过激进的税务筹划，利用税基侵蚀和利润转移，成功将其平均税率降低至9.5%。与之相比，传

---

① 亚当·斯密. 国富论 [M]. 南京：译林出版社，2011.

统商业模式企业的实际税率为 23.2%[①]，显然显示出税负的不公正。数字税的引入在一定程度上补救了这一不公平现象，它并不对传统商业模式企业征税，自其产生之初就肩负起实现税收公平的使命。尽管如此，对应的税额仍应受到限制，以避免对市场机制的过度干扰，维护数字企业与传统企业之间的良性竞争，促进国内与国际税法的良好互动。这样既可以推动数字经济的发展，又能够实现合适的税收制度，优化营商环境。

四、数字税法律制度的制定动因

（一）填补税基侵蚀

从税收征管的视角审视数字税，该法律制度在数字经济时代有效应对了相关国家税基侵蚀的问题。数字税的出现，实为对美国大型跨国数字企业行为的回应。自 2010 年起，跨国企业如谷歌、脸书、亚马逊和苹果从美国境外获得的收入，在市场国享受低税率甚至零税率待遇，同时在居民国亦未被征税，导致这部分收入趋向于无归属国收入，税基侵蚀现象初现。此现象的成因在于，这些跨国企业长期利用互联网服务的特性以及各经济体税收法律制度的差异，通过在低税率国家如爱尔兰设立财务机构以规避纳税义务。同时，由于跨国数字企业营业所得难以明确界定，相关收入往往被认定为无归属国收入。欧盟各国普遍认为，跨国数字企业并未公平承担税收份额，而是通过积极制定税收规划战略来减轻税收负担。2019年 11 月，法国经济分析理事会（French Council of Economic Analysis）估计，法国政府因利润转移导致的税收损失每年高达 46 亿至 100 亿欧元。值得注意的是，英国和德国每年在避税天堂的损失均达到 120 亿欧元，而奥地利、瑞典、西班牙和意大利每年的损失也达数十亿欧元。欧洲议会（European Parliament）的一项研究也估计，欧盟因利润转移而损失的公司税收每年高达 500 亿至 700 亿欧元。

---

① 管治华，陈燕萍，李靖. 国际视域下数字经济国际税收竞争挑战的应对 [J]. 江淮论坛，2019（5）：85.

随着数字经济的深入发展，税收侵蚀现象的普遍性以及全球领先大型跨国数字企业极少甚至不缴纳税费的不良行为，引发了欧洲多国的强烈抗议。面对这种冲击，欧共体认为，这种不公平的竞争环境会降低经济效率，损害创新和经济增长，同时在纳税人负担过重的情况下，税基也面临被侵蚀的风险。因此，为填补税基漏洞，防止人为转移利润，确保从大型互联网企业获取应征税收，各国立法机关积极推动税收征管法治建设，制定数字税法律制度，以法律手段确保数字企业巨头履行纳税义务。

　　（二）保障税收公平

　　从税收公平性的视角审视，构建数字税法律体系成为各国确保企业间公平竞争、实现税收利益均衡分配的重要手段。随着数字经济的迅猛发展，企业间竞争的不平等风险日益增加。相较于传统企业，数字企业所承担的税负相对较小。现行的税收规范在一定程度上为数字商业模式提供了优势，网络效应导致数字企业容易形成垄断，而本土的初创企业则更易受到挤压。如前所述，欧盟内科技企业和传统企业在税负上存在显著的不平衡现象，科技企业的税负通常不足传统企业的一半。加之税收规范的漏洞，数字企业的税负可能进一步降低，部分企业的税率甚至接近于零。统计数据显示，在过去 7 年中，跨国数字企业的年均收入增长率达到 14%，而其他类型企业的增长仅为 0.2%～3%。

　　显然，由于跨国数字企业业务范围的跨区域特性、盈利模式的数字化以及实体约束的脱离，现行税制下数字企业独占了数字消费所创造的价值，而利润来源国未能获得相应的税收分配，来源国公众亦未能享受到相应的社会福利。因此，迫切需要对现行税收法律规范进行调整，改革国际税收框架，以确保产业间税收的横向公平。数字税法律体系能够通过税收手段监管数字活动，消除因税率差异导致的企业间竞争扭曲，从而营造健康的竞争环境，确保税收的公平性。基于此，数字税成为维护税收公平的理想选择路径。

　　（三）缓解财政压力

　　随着全球化的深入发展，跨国数字企业利用数字通信技术，通过全球网络和区域税制差异实施避税行为变得更加便捷。与此同时，众多国家在税收征管方面面对数字经济的挑战时，其能力显得相对滞后，难以应对跨国数字企业所采用的复杂且隐蔽的避税策略。这导致国家在跨国避税的浪潮中不可避免地遭受巨额税款的流失。此外，美国实施的减税政策以及英法等国为了保持竞争力而降低企业税率，进一步扩大了财政缺口，加剧了财政困境，限制了这些国家的发展。①

近年来，法国政府面临沉重的福利负担，政府债务累积制高点已成为常态。为应对 2018 年"黄马甲"抗议活动，法国政府决定在当年 12 月发放 100 亿欧元的财政福利，这使得法国财政陷入困境，并导致财政赤字率的下降趋势出现反弹。随后，在 2019 年的全国大辩论中，法国政府决定取消加班税和燃油税等税种，财政压力再次面临严峻挑战。2019 年数字税已为法国带来 4 亿欧元的财政收入，此后的三年每年增加 6.5 亿欧元，这在短期内缓解了政府的财政压力。同时，欧盟的财政状况也承受着巨大压力，欧盟委员会在 2019 年公布的"地平线欧洲"计划预计将导致欧盟每年新增约 100 亿欧元的资金缺口。新冠疫情的暴发进一步加剧了这些国家的财政预算支出压力，因此，开辟新的税源，征收数字税已成为各国政府缓解财政压力的有效策略。②

（四）争夺税收管辖权

税收管辖权，即国家在税收领域所行使的管辖权力，构成国家主权的关键要素。自工业经济时代肇始，国际税收管辖权的冲突便已显现。数字经济时代的到来，伴随着企业跨区域的扩张，各国为了维护自身的税收利益，有潜在趋势扩大其税收管辖权的范围。自 20 世纪下半叶以来，中国、印度等国家的迅猛发展，推动了国际政治经济格局的转变，其中最为显著的特征是发展中国家经济的崛起以及世界多极化趋势的加强。新兴力量的崛起促进了国际权力结构的转型与变革，对发达国家所主导的国际规则主

---

① Jin, Pengwei, Wang, Ziyue. Digital Budget Supervision Governance and Local Government Fiscal Transparency [J]. International Review of Economics & Finance, 2025：102.

② 张奇源. 数字税的争议分析与中国进路 [J]. 海南金融, 2023 (1)：38 - 47.

导权构成了巨大挑战，尤其在国际税收领域表现得尤为明显。

一方面，在国际税收秩序的话语权争夺中，发达国家与发展中国家之间存在激烈的竞争。在实际操作中，发达国家通常扮演居住地国的角色，而发展中国家则多为来源地国。因此，在税基的划分过程中，双方不可避免地成为对立面，导致矛盾和冲突的产生。传统国际税收规则主要由发达国家制定，倾向于保护居住地国的利益，而对来源地国的保护则相对不足。为了改变这一现状，在应对数字经济带来的税收挑战时，一些发展中国家采取了主动措施，例如印度作为数字经济服务的主要市场国，自 2016 年起对提供在线广告服务的数字企业征收衡平税，旨在改变发达国家对国际税收秩序话语权的主导地位，并期望在未来的国际税收规则制定中为发展中国家争取更多的话语权。另一方面，发达国家也在积极参与围绕数字经济制定国际税收规则的进程，尤其是那些在数字经济发展上相对落后于美国的其他发达国家，它们纷纷提出各自的解决方案。正如本书之前所述，欧盟因利润转移而损失的公司税收每年大约在 500 亿至 700 亿欧元，因此，欧盟各国率先制定了数字税，以期在未来的国际税收规则制定中能够维护其作为资本输入国的利益[①]。

（五）培育本土数字产业

在数字经济的多年发展历程中，美国的技术创新能力始终处于全球领先地位，其数字经济规模位居世界之首，2023 年已达到 15.3 万亿美元。然而，相较于美国，欧洲国家在数字经济领域的规模相对较小，2023 年德国的数字经济规模仅超过 2 万亿美元，英国和法国的规模也仅超过 1 万亿美元。在 2023 年全球百强数字经济企业中，美国占据了最高的份额；在全球前 20 名的榜单中，美国占据了 11 个席位，中国占据了 9 个席位，而欧洲尚未有一席之地。显然，在数字经济的竞争中，欧盟并未展现出绝对的优势。面对此种情形，欧盟积极探寻促进本区域数字经济发展的策略，并通过征收数字税的方式，限制跨国互联网企业的发展，这一主观动机应

① Jin, Pengwei, Wang, Ziyue. Digital Budget Supervision Governance and Local Government Fiscal Transparency [J]. International Review of Economics & Finance, 2025: 102.

运而生。

近年来，依托于美欧之间的战略伙伴关系以及美国在信息技术领域的优势，美国的互联网巨头已在欧盟市场中占据了搜索引擎、社交媒体等关键领域的主导地位，并从中获得了高额收益。与此同时，美国互联网巨头的税基转移行为，导致本土数字企业在同等竞争条件下缺乏发展优势。为此，欧洲各国纷纷出台数字税政策，通过设定双起点额的标准，有效地将欧盟本土数字企业排除在征税范围之外，而将征税对象集中在占据欧洲市场的美国数字企业，如谷歌、苹果等。此举旨在遏制跨国数字企业避税行为的再次发生，同时支持本土数字企业的发展，最终增强本土企业与美国互联网巨头之间的竞争力。

五、数字税的法律争议辨析

当前国际税收体系与经济数字化趋势之间存在不适应性，导致某些跨国企业得以规避特定国家的税收征管，进而引发税收流失问题，这成为数字税制度产生的动因之一。鉴于此，诸多国家基于各自的税收利益考量，纷纷采取征收数字税的措施以应对税收领域的挑战。然而，这一做法遭到了以美国为首的国家的强烈反对，并因此触发了美国的贸易制裁行动，使得数字税成为国际税收博弈的工具。自数字税提出以来，其合法性一直受到法律界争议，国际社会尚未就如何应对经济数字化带来的税收挑战达成共识。本研究旨在从法律视角出发，对数字税在国际实践中的法律争议进行梳理，并从税基合法性、税收管辖权合理性以及税收公平性三个维度，探讨数字税的合理性问题。

（一）数字税税基的合法性

1. 数字税基的合法性争议

税收基础是税收征管的依据，亦是征税客体的具体化。全球范围内，多数国家通过立法手段征收数字税，税收基础的合法性直接关系到数字税的顺利征收。因此，必须审慎考虑税收协定中关于税收基础的相关条款，其合法性存在三个方面的争议。

第一，关于将数字税视为所得税的合法性争议。依据 OECD 范本和联合国（UN）范本中"协定签订之日后征收的属于新增加的或者代替现行税种（所得税）相同或者实质相似的税收"的规定，协议适用范围为所得税，即直接税。然而，为了规避与税收协定的潜在冲突，大多数实施数字税的国家将营业收入作为征税对象，通常将其视为间接税。但是，对企业提供的数字服务收入征税时，税负并不会发生转嫁，纳税人与负税人均为企业本身，其性质更接近直接税。从税收负担的角度分析，数字税采用对企业数字服务产生的收入征税的形式，若将数字税视作所得税，则依据现行国际税收规则，数字税可能违反双边税收协定，从而失去合法性。

第二，关于对营业收入征税的合法性问题。在多数国家，数字税的征收门槛通常设定为特定服务的营业额，依据税收分类原则，以营业额作为征税基础应归类为营业税范畴。该税种通过商品流通与交换环节，最终可将税负转嫁给消费者，属于间接税性质。鉴于国际税收协定主要涉及所得税类别，此类征税方法导致数字税未被纳入税收协定的调整范围，但可能与欧盟法律的相关条款相抵触。依据欧盟《增值税指令》的规定，在不违背欧盟其他法律规定的条件下，成员国征收非营业税性质的税种并不被禁止。由此可见，欧盟对营业税的征收持有一定的限制态度。因此，除非在欧盟层面上统一征收数字税，否则若欧盟成员国单独实施数字税，作为营业税的一种，该做法可能与欧盟法律相冲突。

第三，关于非所得税性质的特殊公司直接税的合法性问题。首先，可以明确的是，该做法既不违背国际税收协定，亦不会因归类为营业税而与欧盟法律相冲突。然而，美国方面认为，此做法将违反国际法中关于公司应以利润而非收入为征税对象的原则。依据由 OECD 范本与联合国范本所构成的国际税收规则体系，多数国家已废除以营业额作为税基的做法，并已形成以所得而非收入作为税基的国际惯例，此惯例具有国际习惯法的普遍约束力。其次，应避免产生国际双重征税的问题。依据 OECD 范本的规定，居民企业在境外已缴纳的所得税可享受税收抵免优惠，该规定有效防止了对企业同一项收入的重复征税。但是，根据现行多国的数字税制度，该税种通常被定性为间接税，导致跨国企业在作为非居民企业向市场国缴纳数字税后，无法向居民国依据所得税主张税收抵免，从而导致跨国企业相较于传统企业承担更高的税负，产生不公平现象。美国方面认为，数字税制度违反了国际税收应遵循的避免双重征税的原则。

2. 数字税税基合法性争议解决

尽管数字税的课税基础为企业提供的特定数字服务所取得的收入，但在本质上，其征税对象并非针对数字服务消费或净所得，因此并不具备营业税或所得税的法律属性，而应被视为针对企业特定数字服务收入的一种特殊直接税。国际法无法限制一国对企业直接征税税基的选择，数字税不受现有国际税收规则的约束。此外，避免双重征税并不能作为国际法原则影响一国的税基选择。

第一，数字税作为一种特殊的直接税，其性质与营业税存在本质区别。尽管数字税在形式上看似营业税，但其实际内涵与营业税迥异。营业税本质上属于间接税，其设计初衷在于将税负转嫁给消费者。然而，各国在制定数字税相关立法时，并未采取将税负转嫁给消费者的策略。立法者为数字税设定了明确的征税门槛，仅当企业年度营业收入达到特定标准时，方对其进行征税。与之相对，营业税则对每笔交易均征税，不论交易金额大小，企业对营业税的缴纳具有较高的可预测性，并可通过提高产品或服务价格的方式将税收负担转嫁给消费者。然而，数字税的征收标准是基于企业的年度营业收入，企业必须通过年度核算才能确定是否满足征税条件，进而明确其纳税义务。因此，在无法准确预知纳税义务的情况下，企业通常不会急于提高产品或服务价格以预先包含税负，以免削弱市场竞争力。基于立法者的初衷，数字税并非旨在由消费者承担税负，因此，从税法性质上分析，数字税应被归类为直接税。

第二，尽管数字税归类于直接税范畴，其性质却与所得税存在显著差异，表现为一种特定形式的直接税。所得税的计税基础是净所得，即企业的净利润，仅当企业实现盈利时方可对其征税，税收额度依据利润数额而定。若企业未产生利润，则无须承担纳税义务。相对而言，数字税的计税基础则为企业的总营业收入。其立法宗旨明确指出，企业是否具备盈利性并非征税考量因素，只要用户在服务过程中创造了价值，无论该价值是否转化为企业利润，税法关注的核心在于企业提供的数字服务所实现的总收入是否满足法定征税标准。基于此，数字税与所得税在本质上具有不同属性。

第三，以收入作为数字税的课税基础，并不违背国际法原则。现行国际税收规则主要源自各国国内所得税法，以及基于互惠互利原则所签订的双边税收协定，这些协定仅对缔约国双方具有法律约束力。因此，现行国际税收体系并非基于国际公约构建，国际层面上缺乏规范国家税收主权行使的国际法条约。尽管 OECD 范本和联合国范本为税收协定的制定提供了框架体系，但它们仅具有参考价值，具体内容因谈判双方的约定而异，不具备法律效力。在立法实践中，各国基于自身利益的考量，通常不会完全采纳税收协定范本，而是根据本国实际情况对协议内容进行保留。因此，各国对税收协定范本并无法律遵循义务。换言之，除非国家主动限制税基，否则并无义务遵循国际法对税基确定的要求。

此外，关于数字税可能引发的双重征税问题，不能认定其违背了国际法的基本原则。各国的国内税法本身并未违反国际法，仅由于各国税法的差异导致的税收管辖冲突，并不构成对国际法的违背。避免双重征税应被视为各国对企业税收优惠的一种建议，而非国际法义务。因此，鉴于在国际层面上尚未形成对各国具有普遍约束力的国际公约，任何国家均无权以违反国际法为由干预他国的税基选择。

（二）数字税税收管辖权的正当性

1. 数字税税收管辖权正当性争议

关于数字税管辖权的正当性争议，核心问题在于是否违背了"常设机构"原则。在现行的国际税收规则体系中，常设机构原则规定，缔约国对于在其领土内设有物理存在（常设机构）的企业，有权对其来源于该国境内的营业所得进行征税。然而，随着数字技术的飞速发展，这一原则遭遇了前所未有的挑战。从经济忠诚的角度分析，非居民企业在一国境内设立的物理存在，若从事跨国经济活动并获得收入，理应向该国缴纳相应的税款。然而，在数字时代，跨国企业对常设机构的实体存在依赖性有所减弱，传统的以实体存在来判断税收联结度的方法已难以适应新的经济形态，从而对常设机构原则构成了挑战。

从主观角度分析，现行税收联结度规则的滞后性为非居民企业实施利润转移和国际避税提供了可乘之机。在传统经济模式下，由于常设机构的限制，非居民企业无须向市场国缴纳所得税。然而，随着数字技术的飞速发展，非居民企业能够通过数字技术提供服务，而无须在市场国建立实体机构，进而人为地将利润转移到税率较低的国家。这种做法基于现行国际税收联结度规则的漏洞，导致市场国出现税收流失的问题。因此，美国认为，数字税的立法旨在对那些在市场国未设立常设机构的企业征税，针对其提供的特定数字服务收入，这被视为一种不合理的治外法权行为。

此外，常设机构原则的失效亦导致了国家间利润创造地与利润归属地的价值错配现象。在实施税收管辖权的过程中，数字企业借助数字经济超越空间的特性，规避了经济实体存在的建立，致使跨国关联企业集团通过转让定价等手段转移其巨额利润，从而使得常设机构原则无法适用。依据传统常设机构原则，市场国将无法行使税收管辖权。因此，数字企业利用虚拟平台打破了传统企业对实体存在的依赖，轻而易举地占领更广阔的市场，实现全球化经营策略。数字企业利用国际税收规则的滞后性规定进行逃税，由此造成的利润创造地与归属地价值错配问题，已成为一项法律争议的焦点。

2. 数字税税收管辖权正当性

首先，纳税人的经济忠诚构成了税收管辖权合法性的根基。国家税收主权在国际层面体现为税收管辖权，在国内层面则体现为征税权。依据主流的控制理论，国家因具备强制力而拥有税收主权，据此理论，国家的征税权对象涵盖个人、财产及各类活动。传统上，国家的征税权被视为建立在纳税人对国家政治忠诚的基础之上，国家依据纳税人的国籍身份实施税收管辖。然而，随着经济全球化的深入发展，跨国经营行为日益频繁，纳税主体的跨境流动性增强，早期基于政治忠诚的理论已难以有效控制境外纳税主体。因此，目前认为，纳税人对国家的经济忠诚是国家税收管辖权的基石。

在国家层面，国家的强制力赋予其对境内自然人、法人及社会组织从事经济活动所产生财产的控制权，并据此征税。然而，对于纳税人而言，国家的征税权可能产生重叠效应，除了受居民国的管辖外，还可能受到其经营所在地国家的管控。当多个主权国家对同一项收入主张征税权时，国际双重征税现象便随之产生。尽管主权国家行使税收管辖权具有正当性，但此现象对纳税人而言，无疑加重了其税收负担。因此，国家间可通过签订双边税收协定，合理界定各自的税收管辖权，以避免双重征税的法律后果。以"常设机构"作为判定税收管辖权联结度的标准，这一原则与经济忠诚理论相契合，强调了国家对其境内经济实体的税收管辖权，同时亦认可国家对在其境内从事经济活动的企业拥有税收管辖权。

其次，企业对市场所在地的经济忠诚度是数字税管辖权正当性的核心构成要素。常设机构原则作为经济忠诚理念的具体体现，确立了国家对在其境内设立的经济实体的税收管辖权。然而，国家与纳税人之间仅存在实体联系，并不必然意味着经济联系的存在。随着经济数字化的演进，实体联系已不再完全依赖于常设机构的设立来体现。审视全球范围内数字税的立法实践，多数国家采纳了"用户参与"理论，要求本国用户参与特定数字服务产生的营业收入之间存在关联，并设定了相关营业收入的征税门槛。这一做法在本质上反映了征税国与纳税人之间的经济联系。将"用户参与"作为新的税收联结度的核心，其目的在于将"用户"这一要素纳入征税国境内的实体联系之中。

数字税的提出，旨在解决价值创造与利润归属之间的不匹配问题。依据现行国际税收规则，企业营业活动所在地被视为利润产生的源泉地。鉴于传统企业通常在用户所在地开展经营活动，利润产生地与用户所在地通常重合，因此在对传统经营模式下的企业行使税收管辖权时，用户产生的价值创造亦被纳入考量。然而，随着经济数字化的推进，跨国企业的交易支付地与用户所在地往往不一致，导致企业利用用户参与创造的价值部分与营业收入的税收利润归属发生分离，从而规避了用户所在国的税收管辖权。依据经济忠诚理论，企业在一国境内从事经济活动时，与该国存在经济联系，理应遵守该国的税收管辖。尽管企业交易的支付行为未发生在用户所在国境内，征税国对所得无控制力，但用户参与对价值创造的贡献不容忽视。因此，只要数字企业通过在某国境内的用户参与产生价值并获得收入，就应保持对该国的经济忠诚，遵守征税国的数字税法，履行相应的纳税义务。相应地，数字税征税国对其境内用户参与的价值创造部分享有合法的税收管辖权。因此，数字税的税收管辖权具有正当性，属于合理的治外法权。

（三）数字税税收的公平性

1. 数字税税收公平性争议

以谷歌、亚马逊、脸书、苹果以及微软为代表的跨国企业，被统称为"GAFAM"（Google、Apple、Facebook、Amazon、Microsoft 的缩写），它们均为美国企业。因此，作为众多跨国数字巨头企业的发源地，美国强烈反对数字税的实施，认为该税种违反了国际税收公平性原则，具有歧视性。以法国数字税法案引发的"301"调查为例，美国认为数字税缺乏公平性，表现出以下歧视性特征。

首先，征税范围的歧视。法国数字税的征税范围涵盖了在线服务和数字界面相关的数据服务。数据显示，美国的大型数字互联网企业在世界在线广告收入中占据领先地位，因此，征税范围所涉及的两个领域正是美国企业的优势所在，与规模较小的法国数字企业形成鲜明对比。据统计，在需要在法国境内缴纳在线广告数字税的 9 家企业中，有 8 家为美国企业；在需要缴纳数字界面数字税的 21 家企业中，有 12 家为美国企业。此外，法国数字税明确排除了从事货物在线交易的企业，仅包括提供数字界面的企业，而不包括直接提供产品与服务的企业。这一做法使得大量法国企业被排除在征税范围之外。然而，美国提供在线服务的大型互联网企业，如亚马逊公司，却难以避免成为征税对象。

其次，起征点的歧视。法国数字税的征税门槛之一是全球营业额达到7.5 亿欧元，通常只有美国的跨国互联网公司能够满足这一条件。作为征税对象的数字企业，其范围明显小于从事电子商务的企业，进一步限缩在大型数字企业，尤其是由美国领导的大型互联网跨国企业。尽管法国官方声称，此制度的设计初衷是为了促进中小型数字企业的发展，但美国认为，这导致了企业间税收的不公平性，阻碍了大型数字企业的发展。

最后，抵免规则的歧视性。数字税的征税对象为营业收入，与对净所得征税的所得税不同。法国将数字税视为一种特殊的增值税，并允许法国纳税人从所得税税基中扣除数字税。然而，如果其他国家没有类似规定，那么企业在缴纳数字税后将无法在居民国主张所得税抵免，这导致其与法国企业承担了不公平的税收负担。

2. 数字税税收公平性争议解决

税收体系的公平性原则要求税收政策必须具备非歧视性特征，公平的税收体系包含税法公平与税收公平两个核心要素。税法公平强调所有纳税主体在法律面前享有平等地位，确保纳税人在税法框架内享有同等权利并履行相应的纳税义务。税收公平则要求税收负担的分配应当公正合理，确保纳税人承担与其经济能力相匹配的税负。税法的公平性要求对纳税人一视同仁，防止税收歧视现象的产生。相对而言，税收公平在一定程度上允许对不同纳税人实施差别待遇，以反映其不同的支付能力。鉴于不同纳税人的经济状况存在差异，税收政策应考虑其财务状况，正如相同税额对富裕者与贫困者的影响截然不同，若对两者征收同等税额，则违背了社会公平正义的价值追求。因此，数字税制是否考虑了纳税人的财务状况及居民国身份，是判断其是否具有歧视性的关键。

（1）数字税的征税范围体现了非歧视性原则。尽管法国立法者曾明确指出，征收数字税的目的之一是让 GAFAM 等大型科技公司缴税，但其税法并未将征税对象限定于 GAFAM，亦未排除本国居民企业的适用。只要征税国境内的居民企业达到数字税的征税门槛，同样需承担纳税义务。GAFAM 之所以承担数字税，是因为其较强的财务与负税能力，而非其作为美国居民企业的身份，这恰恰体现了税收的公平性。显然，各国并未根据数字企业的居民身份差异征收数字税，因此纳税人在法律地位上保持平等，规则设计上不存在对 GAFAM 等大型数字企业的歧视性待遇。

（2）数字税的起征点亦展现了非歧视性。数字税的营业额起征点不应作为区分纳税人居民身份的标准。在自由竞争的市场环境中，企业的营业收入取决于其经营策略和企业实力等竞争力因素，而非其作为某国居民企业的身份。美国认为，以营业额而非净所得作为征税门槛，不能真实反映企业的财务能力，可能导致低利润率的数字企业承担较重税负。然而，在全球及征税国范围内，达到营业额起征点的数字企业通常拥有远超中小型数字企业的财务能力。因此，GAFAM 等数字巨头企业因其在国际数字服务市场中的垄断地位和强大的财务能力，成为数字税的主要征税对象。基于此，以营业额作为起征点反映了企业的财务能力，实现了量能课税，体现了数字税的公平性。

（3）税收抵免的非歧视性亦需考量。现行国际税收规则中的税收抵免主要适用于所得税，在将数字税视为一种特殊直接税的前提下，数字企业无法适用所得税的抵免规则，导致其承担较设有常设机构的企业更多的税收负担。然而，这一现象的成因并非税收抵免优惠的禁止，而是由于被征税的数字企业未在征税国缴纳所得税。因此，征收数字税与所得税税收优惠抵免规则之间不存在冲突。

综上所述，尽管数字税设定了特定的征税门槛，并且无法适用所得税税收抵免优惠，导致征税对象主要集中在以 GAFAM 为主的美国数字企业，但数字税在形式上未根据企业居民国身份进行区别对待，在内容上以营业额作为起征点标准，符合量能课税原则。因此，数字税制度并未违反公平性原则。

六、数字税制度的双重效应分析

（一）正向效应与负面效应

1. 正向效应

（1）基于税收收入视角，提高财政筹集资金能力。税收是财政收入中最关键的组成部分之一，其主要功能是筹集财政资金并拓宽收入渠道。随着数字经济的快速发展，数字税也将为国家财政收入带来积极影响。现行税制在对互联网企业利润征税时，尤其是个人通过电商平台获得的丰厚利润，面临较大困难，这导致我国税收流失严重。数据显示，到了 2023 年，我国数字经济规模达到了 53.9 万亿元，占 GDP 的比重为 42.8%，数字经济的增长对 GDP 的贡献率高达 66.45%。在 2023 年，中国互联网综合实力前一百名的企业，收入与利润均实现了双增长，互联网业务的整体收入规模为 3.53 万亿元，同比增长 9.8%，增速比上半年提升了 13.6 个百分点。[1]

---

[1] 中华人民共和国中央人民政府，https://www.gov.cn/yaowen/riebiao/202409/content_6976033.htm.

如果按全球经济体普遍采用的 3% 税率进行征税，预计将为政府带来超过 1 059 亿元的税收收入。而排名前百名的互联网企业收入仅占数字经济的 6. 54% 。因此，这在一定程度上显示出随着数字经济的持续发展，未来的税基将不会窄小。此外，互联网及 5G 技术的发展将促进越来越多的传统企业升级转型，优化产业结构，这些企业将依赖消费者数据的方式融入数字经济。这样一来，数字税的征收范围将不断扩大，从而增强财政收入的筹集能力，并显著拓宽我国的税基，为国家带来可观的收入，这些资金将直接应用于民生和基础设施建设。另外，作为一个数字消费大国，我国用户基数庞大，许多跨国互联网企业在未在国内设立常驻机构的情况下，借助这个庞大的数字消费市场获取了巨大利润，但却未缴纳相应的税款。推行数字税意味着符合征收标准的大型跨国公司也需纳税，这将为我国带来额外的税收收入。随着我国对外商投资负面清单的不断缩减，外资投资者将能够在国内开展网络服务等业务，未来在通信等领域的逐步放开，也将持续增加我国的跨国企业和投资者数量，从而扩展数字税的税源。

（2）基于经济调节视角，营造公平的营商环境，助力经济发展。税收在调节经济活动中起着重要作用，合理的减税政策能够激发经济效应，促进经济的整体增长，从而扩大税基。根据"拉弗曲线"的理论，在税率未进入"禁区"之前，增加税率会导致税收收入的提升。因此，在新兴的数字经济领域，实施数字税能够有效为数字企业创造良好的商业环境，从而推动数字经济及相关行业的进一步发展。

当前，我国数字经济在传统行业和新兴行业中均展现出强劲的发展势头，互联网数据已经深入渗透到各个领域，企业因此获得了丰厚的收益。然而，由于数字经济的发展速度相对较快，其配套的监管机制和经济调节措施显得不足，这导致了在传统与数字经济之间以及数字经济内部出现了资源配置不当的情况。这使得企业之间可能出现不正当竞争，尤其是传统行业的企业相较于数字企业，承受着更高的税收负担，从而在一定程度上破坏了公平的竞争环境。推行数字税的征收将有助于加强对数字经济企业的监管，从而提高资源在数字经济及传统行业之间的配置效率。此外，针对不同的行业设定不同的税率，可以更好地分配数字企业相关主体的利益，有助于营造一个公平的商业环境。

从另一个角度来看，积极履行纳税义务有助于数字企业树立积极的社会形象。由于数字企业的虚拟特性，公众往往对其产生怀疑，这对其直接面对消费者提供服务和拓展业务都是不利的。对数字服务征税并要求数字企业积极纳税，可以向公众传达出企业经营良好和诚实守信的信息，增强公众对这些数字服务企业的信任，从而在一定程度上提升其社会形象，提高知名度和影响力，扩大业务领域和客户来源，进而提升运营的质效。

此外，我国的数字企业在"走出去"的进程中加快步伐，但国内外税收环境的差异对其发展动力造成了影响。在 2019 年全球市值前十名的企业中，苹果、微软、亚马逊、字母表、脸书、阿里巴巴、腾讯这 7 家均为互联网科技企业，而阿里巴巴和腾讯是我国的数字企业。《世界互联网发展报告 2023》对美、中、韩、英、法等五大洲中 48 个具有代表性的互联网快速发展国家进行了比较，结果显示，中国的互联网发展指数位列第二，仅次于美国。然而，欧盟等经济体对大型美国互联网企业实施的数字税则具有一定的针对性，预计将会有更多我国的数字企业在"走出去"的过程中面临数字税的征收，这将提升其境外投资与出口成本。因此，我国应在国际社会上积极对此数字税问题发声。数字税的建立不仅关系到我国整体税制结构，也在一定程度上影响到数字企业"走出去"的热情和动力。同时，若在国际普遍征收数字税的背景下，我国是否实施数字税将直接关系到国内数字企业在本土市场的竞争力。如果不征收数字税，将导致数字企业在国内外运营面临明显的税负差异，这会吸引更多跨国企业进入中国市场，进一步加大国内数字企业的竞争压力，甚至可能面临被挤出的风险。因此，推行数字税将有助于维持并提升本国数字企业的竞争力。

（3）基于税制公平视角，弥补传统税制结构在数字经济方面的漏洞。近几年来，伴随着国家的大力支持，数字企业迎来了快速发展的黄金期，数字经济在提升效率和质量方面发挥了重要作用，为我国经济从快速增长向高质量发展转型提供了强大动力。此外，移动支付和电子商务等新兴产业的蓬勃发展也带来了无尽的机遇。然而，国家对传统税制存在的问题和漏洞的关注也在不断增强。

我国的传统税制主要针对传统经济，重点在于向企业征收税款。目前的税制尚未针对个人在网络和平台上进行的交易进行征收管理，从而无法充分实现税收在调节收入分配和维护税收公平方面的功能。此外，缺乏相应的法律法规对数字经济下的交易进行有效监督和管理，导致一些交易信息被隐匿，进而使国家税源减少，造成本该获得的大量税收收入流失。

随着互联网的快速发展，我国的商业模式发生了显著的变革，电子商务产业迅猛发展，企业对个人、消费者之间等多种电商模式层出不穷，个体间的线上交易联系方式日益普遍，催生了虚拟货币，成为新型支付方式甚至价值增值的工具，利润创造逐渐转向高度依赖线上交易。同时，数字企业对知识产权等无形资产的依赖日增，传统税制能够有效约束实体经济行为，但无法涵盖数字企业的所有经济活动。此外，数据传播跨越时空的特性使得同一笔经济活动可能受到多个不同税收主体的监管，或者完全不受监管，存在显著的监管漏洞。

此外，不少跨国企业通过利用我国用户的数据获取巨额利润，但由于各经济体之间的传统税收规则存在差异，跨国企业往往基于自身的利益最大化，借助税收规则的漏洞，将利润转移到低税率地区缴纳税款，从而损害了我国公民的公共利益。因此，推行数字税可以在一定程度上弥补传统税制在征管方面的缺陷，进一步推动我国税制改革的进程。

2. 负面效应

长期的理论研究与实践探索表明，我们不能一概而论地认为国家制定的法律总是合乎理性。众多案例已证实国家制定的法律存在不合理性，法律经济学亦通过分析案例，指出即便立法程序遵循民主原则，立法动机出于善意，这并不等同于法律的合理性。当前，数字税法律制度似乎能够有效防止税基侵蚀，并在短期内提升政府财政收入。然而，对该法律制度合理性的全面评估尚需数年时间。在实践中，任何法律制度的实施，在解决特定问题的同时，往往也会引发新的问题。因此，该法律制度的不合理性逐渐显现，这种针对性极强的新税种自然会引发多种潜在风险。具体而言，这些风险主要体现在以下几个方面。

（1）数字税本质上是一种营业税，阻碍了税制改革的推进。税制改革是保障财政可持续发展的关键因素之一。在我国间接税改革的背景下，参照国际普遍采用的数字税进行征收，将与我国税制改革的目标相违背，并且会影响我国税制改革的进展。这样的情况出现主要有以下三个原因。

首先，欧盟的数字税法案将总体收入作为税收对象，从本质上看，这是一种营业税。在税收的历史上，营业税常常导致不公平现象，并且阻碍经济发展，因此在我国税制改革的过程中，这种税种逐渐被淘汰。其次，作为一种营业税，数字税可能造成多重征税的问题，国际上主要是针对互动价值的收益进行征税，而此类税种会忽视交易的经济价值。在生产的每一个环节都会实施营业税，这就产生了级联效应，可能导致相同的活动遭受双重或三重的征税。最后，营业税容易被转嫁，数字企业可能会选择复杂化其股权结构，以逃避纳税义务，实际的税负或经济影响将转嫁给使用数字服务平台进行广告投放的用户及企业，或向在线市场出售产品的公司，尤其是因为消费进口的数字服务并未被纳入数字税的整体考量之中，企业和个人消费者可能面临需要支付更高价格来获取数字服务的情况。

针对上述不利影响，并不意味着数字税就是一种不合适的税种。对数字服务征收税款这一重要的税制改革方向不应被否定，关键在于征税的方法尚需进一步探讨。目前，普遍推行的数字税方案仅仅是一种临时措施，最终如何征税需要更多地深入讨论，直到建立一个国际统一的征税方案为止。

（2）数字税对企业的税收制度环境造成影响，打破了税收的稳定性秩序。经过分税制改革，我国的税收秩序基本趋于稳定。在信息化发展的推动下，企业和各部门的纳税工作有序开展。然而，数字税的实施对我国企业的税制环境及税务征管部门的日常运作产生了一定的影响，可能会扰乱已建立的税收稳定状态。

从一个角度来看，数字企业面临着必须重新配置资源以避税的压力，这无疑会提升其运营成本。首先，数字税仅对那些在全球及欧盟达到收入标准的企业适用，而这些企业大多处于成长阶段，承担新的税负势必会对其成长潜力造成一定影响。其次，征收3%的收入税会让一些利润微薄的企业的实际边际税率超过50%，这意味着随着业务规模的拓展，从事数字服务的公司将承受更大的税收负担。在这种背景下，某些企业为了规避税务负担，可能会选择重新配置资源和业务流程，因此对成长中的企业征收数字税既不具备实际益处，也显得低效。

从另一个角度看，税务部门面临全新的挑战。首先，数字服务的特点是虚拟与现实相结合，这使得纳税地点的界定变得复杂，因此准确识别纳税地点对征税过程造成了巨大的困难。其次，数字税的实施要求对在纯数字领域以及传统行业中多家公司的商业模式和业务范围的比例作细致评估，此外还需考量可以在多大程度上对其服务收入征收数字税。此外，这些公司可能会在短时间内迅速调整其服务组合和收入结构，这就要求税务部门在专业知识和信息更新速度上加快，进而增加了行政负担和征税成本。最后，逃税和避税的难度加大，"去实体化"成为数字经济中的一种趋势，缺乏实体媒介使得逃税和避税行为变得更加容易，难以进行有效的监管，这给税务机关带来了巨大的压力。

（3）数字税具有贸易保护的特征，可能导致国际贸易的报复行为。国际贸易既关乎两国的外交关系，也深刻影响着国际经济环境。贸易战将对一国经济造成沉重打击，进而削弱财政收入的可持续性。欧盟当前关于数字税的提议，倾向于为总收入设定门槛，其规制目标直指占据市场主导地位的企业。这一举措引发了对美国企业可能遭受歧视的疑虑，而美国则在贸易领域动用关税等工具展开报复。如今，欧美之间的贸易冲突持续升级，已然损害了双方的经济利益。国际上目前实施的数字税政策已经超越了其初衷，呈现出关税特征，这在一定程度上体现为一种新的"贸易保护主义"形式。在这种情况下，服务税将会单方面数字化给国际关系带来了沉重打击。贸易战将把中美关系推向更加紧张的局面，再加上"贸易保护主义"，两国关系正徘徊在恶化的边缘，给中国的财政和经济带来负面影响。

税制改革对一个国家的经济发展至关重要，因此会引起激烈的反响。毫无疑问，数字税有两面性。考虑到社会公平，税制改革必然会牺牲一些改革利益相关者的利益。任何形式的改革都会带来痛苦。因此，我们需要从发展的角度看待问题，协调利益相关方，出台配套措施，鼓励系统更好地与时俱进。

（4）数字税兼具直接税和间接税的双重属性，引发法律性重复征税风险。数字税法律制度的实施极有可能扰乱国际税收规则，引发双重征税问题。数字税同时具备直接税和间接税的特性，这为其设立提供了合理性基础。然而，正是由于其双重属性，关于数字税应归类为直接税还是间接税的争议一直存在。争议的核心在于直接税与间接税的区分直接关系到税收抵扣的可行性，尤其是直接税的变化将直接影响国际税收秩序。这是因为现行国际税收秩序主要解决直接税领域的双重征税问题，而对间接税相关问题关注较少。

数字税本质上是对营业收入的征税，形式上类似于消费税。欧盟和法国等地区主张将其视为间接税，以规避国际税收协调问题。然而，从其起源来看，征收数字税的目的在于弥补跨国公司利用国际税收规则规避数字化服务所得税的问题。数字税的缴纳通常按照年度或季度进行，与直接税的缴纳方式相似。一些国家允许数字税抵扣企业所得税，欧盟也支持增值税及类似税收可以从数字税中抵扣。因此，国际主流观点认为，数字税更接近直接税的特征。直接税涉及不同国家间税基的分配，当利润的产生与两个国家都有关联时，如果一国依据居民国原则对居民企业所得征税，而另一国依据来源国原则对来源于该国的所得征税，企业将不得不同时承担两个国家的税费。为避免双重征税，各国通常与其主要贸易伙伴签订税收协定来解决这一问题。在目前尚未就数字税达成双边或多边一致的情况下，各国单独征收数字税，不可避免地导致双重征税，违反了既定的所得税税收协定。

如前所述，数字经济的一个重要特征是数字企业可以脱离实体存在。这一特征引发了来源国和居住地国对于跨国数字企业数字业务是否征税的疑问。基于主权原则，一个国家有权决定其税收政策，并在制定税收政策时主要考虑自身利益，很少顾及国际税收政策的协调。因此，越来越多的国家（包括来源国和居住地国）开始单边实施数字税制度，对跨国数字企业征税。在这个过程中，同一税基可能会被重复征税多次。在确认税收管辖权时，同一用户可能同时被两个国家确定为本国用户，企业因此面临双重征税的风险。显然，各国数字税的出台加剧了双重征税的风险，使得税收征管陷入困境。

现行数字税制度通常规定，企业必须在他国税收管辖区内履行纳税义务，才能在登记国申请外国税收抵免、免税或扣除。以总部设在美国的跨国数字企业为例，除了需要在美国履行纳税义务外，根据法国数字税法案的规定，若在法国开展数字业务还需承担相应的税收责任。美国法律规定，企业可以向联邦贸易委员会申请外国税收抵免，以避免在美国境内支付企业所得税。例如，谷歌、脸书等向法国缴纳数字税的企业，为了将纳税义务降至最低，可以向美国联邦贸易委员会申请一美元抵免一美元。这种主张一旦被接受，在美国登记注册的企业其税收责任将大大减少，美国财政部的收入也会受到严重影响。然而，值得注意的是，数字税并不一定符合美国外国税收抵免的资格。一方面，无论对增值税及相似税收能否抵扣数字税进行考量，美国企业从来都没有抵扣相应税款的可能性。另一方面，按照美国规定的标准，数字税的征税范围是特定商业活动的收入，无法将其视为企业所得税。因此，数字税的支付不一定可以抵扣在登记地支付的企业所得税。这可能导致跨国数字企业就同一项收入，在收入来源国（如法国）履行纳税义务的同时，也在登记国（如美国）承担税收义务。毫无疑问，这些企业将面临双重征税风险，导致其承担的税负明显高于其他企业。

（二）税收实体法与程序法的影响

1. 数字经济对税收实体法的影响

（1）直接税层面的税收政策梳理。在数字化经济背景下，我国直接税收领域中的企业所得税受到了多方面影响。起初，为助力国内数字企业发展，我国对从事数字业务的企业推行了免税优惠政策。同时，为避免地方在争夺税源时，错误地将数字企业的非经营性场所认定为具有实际关联性，进而导致本土企业遭遇双重征税问题，我国政府进一步细化了常设机构的认定标准，明确反对将辅助性或准备性场所视作固定经营地点。然而，当前我国的所得税制度在涉及数字经济的相关业务定义上仍存在空白，尚未作出明确界定。而跨国数字企业的税基侵蚀问题愈发突出，这也凸显出我国对常设机构的定义亟待扩展（见表 2-12）。

表 2 – 12 企业所得税税收政策简要梳理

出台时间	政策文号	内容简析
直接税：企业所得税应对数字经济的税收政策梳理		
2005 – 03 – 29	财税〔2005〕2 号	以互联网为主，从事数字业务的企业免征 3 年企业所得税
2006 – 03 – 14	国税发〔2006〕35 号	明确我国"常设机构"概念，企业从事经营活动的固定场所，不包括准备性或辅助性活动场所
2013 – 09 – 01	国税发〔2010〕75 号	非居民企业在境内所得的相关税源管理规定
2015 – 02 – 01	一般反避税管理办法（试行）	对企业实施的不具有合理商业目的而获取税收利益的避税安排实施特别纳税调整
2015 – 03 – 18	国税公告〔2015〕16 号	特许权使用费等类别的无形资产价值创造的贡献程度可确定各方应得的经济利益
2016 – 06 – 29	国税公告〔2016〕42 号	企业利润可进行价值链分析，并根据特殊地域因素对企业价值创造贡献确定计量方法和归属
2018 – 10 – 01	财税〔2018〕103 号	加强对试点地区跨境电商的监管

资料来源：《中国税务年鉴 1993—2023》。

（2）间接税层面的税收政策梳理。国际上经济数字化催生了一种新型税收——数字税。作为一个权威的区域组织，欧盟在制定数字税以应对税基侵蚀和利润转移问题时，表面上呈现出间接税的特征。而我国的间接税主要以增值税为标志。经济数字化对增值税政策的影响如表 2 – 13 所示。

表 2 – 13 增值税税收政策的简要梳理

出台时间	政策文号	内容简析
间接税：增值税应对数字经济的税收政策梳理		
2020 – 12 – 20	国税公告〔2020〕22 号	增值税电子发票的应用和全国增值税发票查询平台的统一化管理
2019 – 06 – 30	税总发〔2019〕84 号	电子发票平台数据交换信息项目的确定预示着税务机关能够获取数字平台的涉税信息
2013 – 09 – 13	国税公告〔2013〕52 号	向境外提供的信息技术服务免征增值税，意味着我国对数字企业"走出去"战略的支持

资料来源：《中国税务年鉴 1993—2023》。

在面对数字经济中的特定数字业务时，增值税政策的变化并不显著。数字业务通常由数字平台提供的数字服务主导，而我国在应对新兴服务形式时，并未将其纳入增值税的征税范围。这意味着，在经济数字化的背景下，数字企业开发的新兴数字化产品和服务所产生的增值部分并未被增值税囊括（见表2－14）。

表2－14 《营业税改征增值税试点实施办法》规定的现代服务

现代服务类	具体服务范围
研发和技术服务	合同能源管理服务
	工程勘察勘探服务
	专业技术服务
信息技术服务	电路设计及测试服务
	信息系统服务
	业务流程管理服务
	信息系统增值服务
文化创意服务	知识产权服务
	广告服务
	会议展览服务
物流辅助服务	航空服务（含航空地面服务，通用航空服务）
	港口码头服务
	货运客运场站服务
	打捞救助服务
	装卸搬运服务
	仓储服务
	收派服务
租赁服务	融资租赁服务（含动产、不动产）
	经营租赁服务（含动产、不动产）
鉴证咨询服务	认证服务
	鉴证服务
	咨询服务

续表

现代服务类	具体服务范围
广播影视服务	广播影视节目（作品）制、发行、播映服务
商务辅助服务	企业管理服务
	人力资源服务
	经纪代理服务
	安全保护服务
其他现代服务	除上述分类以外的现代服务

资料来源：《中国税务年鉴1993—2025》。

　　列举增值税现代服务税目的征税范围，数字化产品以数据形式存在于虚拟环境中，而不依赖于物理实体。我国增值税对于数字化产品在流通过程中的增值部分，可以视为自然人或法人在使用这些产品过程中所产生的数字服务。然而，数字服务具体应如何定性，以及如何明确规定课税对象和税目，我国的增值税现代服务税目表尚未给出明确的说明。数字服务的典型例子包括在线广告和平台中介服务，而在增值税现代服务中，文化创意服务项下的广告服务通常仅涵盖传统广告形式。至于在数字平台上展示的，由跨境数字企业提供的仅在数字平台上显示的数字广告是否能够纳入我国增值税的征税范围，目前还没有明确的结论。

　　2. 数字经济对税收程序法的影响

　　我国的税收征收管理法针对近年来经济数字化所引发的征管挑战作出了及时的应对（见表2-15）。例如，以智慧税务的建设为中心，利用现代信息技术来增强税收征管的能力。然而，数字经济的快速发展所带来的新商业模式变革也揭示了现行税制征管中的一些不足。我国内部的涉税信息获取困难，加之监管方式滞后的问题，导致了征管效率的降低。

表2-15　　　　　　税收程序应对数字经济的税收政策梳理

出台时间	政策文号	内容简析
2022-01-07	税总财行发〔2022〕1号	建立涉税信息共享机制、推进"一窗办事"税务机制

出台时间	政策文号	内容简析
2022 – 01 – 11	税总纳服发〔2022〕5 号	推出便民办税缴费措施、推进智慧税务建设
2021 – 10 – 12	税总征科发〔2021〕69 号	利用互联网、大数据等现代信息技术创新服务方式
2021 – 02 – 22	档办发〔2021〕1 号	开展增值税发票电子化报销、入账、归档试点工作
2021 – 02 – 11	税总发〔2021〕14 号	推行电子发票、拓展网上办税、统一税务执法标准、推动信息共享机制、扩大协定网络
2020 – 07 – 31	税总函〔2020〕138 号	提升税收大数据服务能力、推进税收政策执行标准规范统一、深化增值税电子普通发票应用
2020 – 02 – 27	税总发〔2020〕11 号	依托电子税务局、自助办税终端，推广电子税务局移动终端税费业务的第三方支付
2019 – 11 – 27	税总函〔2019〕356 号	鼓励和支持长三角区域税务机关探索运用5G、区块链、人工智能等技术，推进智能办税服务厅建设
2019 – 05 – 22	税总办发〔2019〕58 号	规范税务网站建设、加快办税服务厅线上线下融合发展

资料来源：《中国税务年鉴（1993—2023）》。

第三节 全球化与数字税发展新趋势

全球化进程的深化与数字经济的崛起，正在重构全球价值创造与分配格局，对传统国际税收治理体系形成系统性冲击。在此背景下，国际社会积极探索应对方案，力求在新的经济形态下实现税收治理的公平与效率。

一、全球化对税收治理体系的冲击

（一）传统税收规则的滞后与失效

现行国际税收体系以"物理存在"与"常设机构"作为征税依据，

其根源可追溯至 1923 年的《关于避免双重征税的协定范本》（OECD 范本）。然而，数字经济所呈现出的"去实体化"特性，致使这一传统规则面临严峻挑战[①]。以亚马逊、谷歌等为代表的跨国企业，借助云端服务、数字广告等业务在海外市场获取收益，却无须在当地设立实体机构，这使得市场国难以行使相应的征税权力。OECD 发布的《BEPS 行动计划》（2015 年）明确指出，数字经济的发展导致全球每年税收流失额超过2 400 亿美元，其中发展中国家的损失占比高达 34%。欧盟委员会于2018 年提出的《数字服务税指令》提案进一步表明，数字企业的有效税率仅为传统企业的三分之一[②]。这种税收规则的失效，不仅加剧了税基侵蚀问题，还引发了国际税收分配正义危机，造成价值创造地与利润征税地的不一致，使得处于数字价值链下游的市场国面临税源流失的风险。

（二）税基侵蚀与利润转移（BEPS）的加剧

跨国数字企业借助"双重爱尔兰－荷兰三明治"等架构，将利润转移至低税率辖区。OECD 统计显示，全球跨国企业通过无形资产转移使关联交易规模超 4 万亿美元，其中数字产业占比达 60%。以爱尔兰为例，其12.5% 的企业税率吸引了苹果公司累计转移逾 2 000 亿美元利润，而苹果在欧盟市场的实际税负率不足 0.005%。这直接冲击了税收主权国家的财政能力。BEPS 问题倒逼国际税收规则改革。OECD《BEPS 第 1 项行动计划》提出"显著经济存在"概念，主张将用户参与、数据贡献等要素纳入征税权分配标准。这一改革方向在欧盟《数字服务税临时措施》中得到实践，规定对全球收入超 7.5 亿欧元、欧盟收入超 5 000 万欧元的企业征收 3% 的数字服务税[③]。

---

① 詹韫如. 数字平台运营商信息报告义务之新规及应对策略——基于 OECD《规则范本》的解读 [J]. 海峡科学, 2022 (4)：78 - 84.

② 克雷格·埃利夫, 刘奇超, 沈涛, 等. 论国际税法及其对国内税收制度的影响 [J]. 财政科学, 2021 (9)：134 - 148.

③ 张昕妍. 数字经济对于常设机构原则的影响及其应对方案分析 [J]. 秦智, 2022 (2)：114 - 116.

（三）国际税收竞争与治理碎片化

各国为争夺数字税源展开制度博弈。法国、意大利等推行单边数字服务税，美国则通过"301 条款"实施关税报复。这种"税收战争"导致全球数字税制呈现碎片化特征①。WTO 数据显示，2022 年全球涉及数字税的贸易争端案件同比增长 47%，严重威胁多边贸易体系②。欧盟《数字市场法》（DMA）试图构建统一监管框架，但其内部仍存在分歧，卢森堡、爱尔兰等低税率国家抵制税制改革，而德法等国则推动激进改革③。这种矛盾反映了全球化背景下税收治理的深层困境—国家利益与全球公共产品供给之间的张力。

数字经济的核心特征，即无界性、流动性与数据驱动性，使得跨国企业能够突破物理空间限制，通过技术手段将利润转移至低税或免税辖区，导致税基侵蚀与利润转移问题日益凸显。根据 OECD 数据，全球数字经济企业的有效税率普遍低于传统行业，如欧盟互联网平台的有效税率仅为9.5%，远低于传统企业的 23.2%，每年造成欧盟约 700 亿欧元的税收损失④。这种税负失衡不仅加剧了行业间的不公平竞争，更使得数字经济发达地区与欠发达地区的税收分配矛盾激化。

传统国际税收规则以"常设机构"原则为基础，要求企业在收入来源国设立实体存在方可征税。然而，数字企业通过服务器、算法和用户数据即可实现跨境盈利，无须物理存在，导致市场国无法行使税收管辖权。跨国搜索引擎公司通过其全球服务器网络向各国用户提供服务，其利润却主要集中在低税管辖区，使得市场国无法分享数字经济红利。这种制度性缺陷迫使各国寻求单边应对措施，如法国、英国等 40 多个国家开征数字服

①　励贺林，姚丽. 法国数字税与美国"301 调查"：经济数字化挑战下国家税收利息的博弈[J]. 财政科学，2019（8）：155.

②　陈宇，郭海英. 利益限制条款及其在我国税收协定中的应用 [J]. 国际税收，2021（7）：41 - 47.

③　陶紫凝. 联合国税收协定范本 12B 条的适用性研究 [J]. 国际税收，2023（11）：45 - 53.

④　何杨. 经济数字化背景下的国际税收变革：理论框架与影响分析 [J]. 国际税收，2020（6）：49 - 50.

务税，或通过增值税改革强化对跨境数字交易的征管①。

全球化背景下，税收竞争与贸易保护主义的交织进一步复杂化了税收治理。美国将部分欧盟国家的数字税视为"歧视性贸易壁垒"，并启动"301 调查"威胁加征关税，引发多边贸易摩擦。这种单边主义倾向不仅削弱了国际税收合作的基础，更导致全球税制碎片化风险加剧。

二、跨境数字服务的税收管辖权重构

（一）从"物理存在"到"显著经济存在"的范式转变

传统税收管辖权以"常设机构"为核心，要求企业在东道国具有固定营业场所。在数字经济下，OECD 提出"显著经济存在"标准②，包含三个维度：一是基于数字服务的收入门槛；二是用户数量与互动频率；三是本地数字化营销投入。印度 2020 年修订《所得税法》，规定境外数字企业在印度收入超 200 万卢比即构成"显著经济存在"，需缴纳 2% 的均衡税。欧盟法院在"谷歌爱尔兰诉法国案"中确立"虚拟常设机构"原则，认定算法推荐、本地化内容适配等行为构成实质性经营。这种管辖权重构使征税权从居民国向来源国转移，据 IMF 测算，新兴市场国家可因此增加 1.2% ~ 3.8% 的税收收入③。

（二）用户参与价值与营销型辖区概念的兴起

OECD《关于数字化带来的税收挑战的声明》（2021）首次将"用户参与"作为利润分配要素。根据"营销型辖区"理论，用户数据创造的价值应纳入税基分配。如 Meta 在欧盟用户日均产生 0.5 美元数据价值，但仅按 0.1% 的比例缴税。为此，英国《数字服务税法案》引入"用户贡

---

① 张伦伦. 税收协定范本中常设机构条款的最新修订及中国优化策略 [J]. 国际税收，2023（9）：68 - 76.

② 邱峰. 数字税的国际实践及启示 [J]. 西南金融，2020（4）：14 - 23.

③ 邓小俊，郑雷. 数字经济时代欧盟数字税改革动向及我国应对 [J]. 福建论坛（人文社会科学版），2020（6）：95.

献系数"，将活跃用户数、停留时长等指标量化为应税权重①。数据资产的征税权配置成为新焦点。中国《数据安全法》明确数据资源的"用益物权"属性，为征税权主张提供法理基础。浙江省在数字贸易试验区试点"数据流量税"，将跨境电商平台的用户点击量、交易转化率等参数纳入税基测算，体现了本地化创新实践②。

（三）征税权分配规则的多元化探索

国际社会形成三种改革路径：一是欧盟的"显著数字存在"模式，按数字服务收入比例分配征税权；二是 UN 税务委员会的"金额 A"方案，将超额利润的 20% ~ 30% 分配给市场国；三是 G24 发展中国家的"用户数据价值折算法"，通过数据采集量 × 单位价值系数确定应税所得③。不同模式的冲突凸显制度设计难点在于如何平衡税收效率与公平。OECD《双支柱方案》选择折中路径——"支柱一"将 25% 的超额利润分配给用户所在地，"支柱一"设定 15% 全球最低税率。这种渐进式改革虽未能彻底解决税权分配问题，但为后续谈判提供了框架基础④。

为应对数字经济对税收管辖权的挑战，国际社会正推动税收联结度规则的根本性变革。OECD"双支柱"方案中的"支柱一"提出，将超大型跨国企业，年营收 200 亿欧元以上，且利润率 10% 以上的部分剩余利润重新分配给市场国，突破了传统常设机构原则的限制⑤。根据该方案，市场国的征税权不再依赖企业的物理存在，而是基于用户参与、数据价值创造等新联结因素。社交媒体平台通过用户生成内容获取高额利润，其市场国可依据用户活跃度主张部分税收权益。

欧盟作为数字税改革的积极推动者，主张强化市场国的税收管辖权。

①　韩霖，高阳，田芸芸. 纵览经济数字化背景下国际税收规则的重塑——专访 IBFD 国际税法专家 Victor van Kommer 教授 [J]. 国际税收，2020（3）：37.

②　张伦伦. 税收协定范本中常设机构条款的最新修订及中国优化策略 [J]. 国际税收，2023（9）：68 – 69.

③　张伦伦. 税收协定范本中常设机构条款的最新修订及中国优化策略 [J]. 国际税收，2023（9）：70 – 71.

④　邱峰. 数字税的国际实践及启示 [J]. 西南金融，2020（4）：14 – 15.

⑤　邱峰. 数字税的国际实践及启示 [J]. 西南金融，2020（4）：16.

其《数字服务税提案》明确将在线广告、社交媒体和电商平台纳入征税范围，并设定全球营收 7.5 亿欧元、欧盟境内营收 2500 万欧元的门槛，税率为 3%。这种以用户参与为核心的税基设计，旨在纠正数字经济价值创造与税收分配的错位①。然而，美国等数字经济输出国对此持抵触态度，认为单边数字税损害其企业利益，主张通过 OECD 框架达成多边共识。税收管辖权重构的核心矛盾在于如何平衡发达国家与发展中国家的利益。发展中国家作为数字服务的主要消费市场，希望通过扩大征税权获取更多税收收入；而发达国家作为数字企业母国，则倾向于维持居民管辖权的主导地位。印度通过"均衡税"对非居民企业的在线广告收入征税，税率为6%，直接挑战了传统居民管辖权原则②。这种博弈推动国际税收规则向来源地与居民地并重的方向演变，但具体实施仍需解决技术界定、征管协作等难题。

三、OECD 双支柱方案的全球协调机制

（一）"支柱一"：新征税权分配规则的技术突破

"支柱一"突破传统独立交易原则，采用统一方法重新分配征税权。其创新体现在三方面：一是范围经济界定，适用于全球收入超 200 亿欧元、利润率超 10% 的跨国企业，覆盖全球约 100 家数字巨头；二是税基计算规则，以会计利润为基础，扣除 10% 的常规回报后，将剩余"超额利润"的 25% 分配给市场国；三是争议解决机制，引入强制性仲裁程序，要求各国在 24 个月内解决双重征税争议③。以阿里巴巴为例，若其在欧洲市场产生 50 亿欧元超额利润，则欧洲国家可主张 12.5 亿欧元的征税权。

---

① 张美红. 跨国企业跨境在线广告营销服务中市场国的征税权——基于 ValueClick 案的展开 [J]. 税务研究，2024（9）：106 – 113.

② Jin P W, Yu L H, Ahmad K, Shafique H M, Ahmad A. Evaluating the Factors Influencing the Adoption of Digital Culture Among University Students in Developing Areas of South Punjab [J]. Information Development，2024：20.

③ 蔡昌. 电商税收流失测算与治理研究 [J]. 会计之友，2017（8）：2 – 13.

这种规则改变了国际税收利益的分配格局，据 OECD 测算，"支柱一"将使发展中国家年均增加税收收入 120 亿美元①。

（二）"支柱二"：全球最低税率的协同治理

"支柱二"通过全球反税基侵蚀规则建立 15% 的最低有效税率，包含两大工具：一是收入纳入规则（IIR），母公司需补足境外子公司未达最低税率的差额；二是应税规则（UTPR），对低税率辖区企业实施扣除限制等反制措施。该机制已获 140 个国家支持，但实施中面临三重挑战：首先，美国《全球无形低税所得》（GILTI）制度与支柱二的兼容性；其次，税收优惠政策过渡期安排，如中国海南自贸港 15% 企业所得税；最后，数字服务税等单边措施的退出补偿。欧盟《最低税率指令》要求成员国在 2023 年底前立法实施"支柱二"，但波兰、匈牙利等国以"竞争中性"为由延迟批准，暴露了多边协调的脆弱性。

（三）国际税收治理体系的范式转型

"双支柱"方案标志着国际税收治理从"共识型软法"向"硬约束机制"转变。其制度创新包括：多边公约的法律效力，135 个国家签署《双支柱多边公约》，赋予规则直接适用性；数字经济专属条款，新增数字服务、自动化交易等税目定义；动态调整机制，设立技术审查小组，每五年评估规则适用性。然而，该体系仍存在制度性漏洞：未涵盖加密货币、非同质化货币等新兴领域；对发展中国家的技术援助不足；争端解决机制缺乏强制执行力。2023 年 G20 财长会议提出"包容性框架 2.0"，要求增加非洲国家在 OECD 包容性框架中的决策权重，这预示未来国际税收治理将呈现更强的权力博弈特征②。

OECD 主导的"双支柱"方案是当前全球数字税改革的核心框架。"支柱一"通过"金额 A"机制重新分配跨国企业剩余利润，预计每年约

---

① 裴丹，陈伟光. 数字经济时代下平台经济的全球治理——基于大国博弈视角 [J]. 暨南学报（哲学社会科学版），2023（3）：111-115.

② 莫丽琼. 数字经济下跨境服务增值税制度的国际借鉴及启示 [J]. 湖南税务高等专科学校学报，2020，33（6）：19-23.

1 250 亿美元利润将从母国转移至市场国；支柱二设定 15% 的全球最低企业税率，通过 IIR 和 UTPR 防止企业在低税辖区转移利润①。根据 OECD 测算，"支柱二"每年可增加全球税收收入约 1 500 亿美元，其中发展中国家受益尤为显著。双支柱方案的实施依赖于全球 140 多个国家的协调合作②。截至 2023 年，欧盟、日本、韩国等已启动国内立法程序，计划 2024 年实施"支柱二"规则。欧盟通过《全球反税基侵蚀指令》（GloBE），要求成员国对低税子公司利润征收补足税；日本则修订《法人税法》，明确全球最低税的计算方法和征管流程。然而，美国的立场仍是关键变量。若美国退出 OECD，可能导致全球最低税共识弱化，加剧税制分裂风险③。

同时，"双支柱"方案的局限性亦不容忽视。其一，"支柱一"仅覆盖约 100 家超大型企业，且排除了采掘业和金融业，对中小数字企业影响有限；其二，"支柱二"的"安全港"规则可能使部分低税辖区规避最低税约束；其三，发展中国家在规则制定中的话语权不足，可能导致税收收益分配失衡。非洲国家因缺乏数字经济基础设施，难以有效行使支柱一赋予的征税权，而欧美国家则通过"支柱二"强化了对跨国企业的税收控制④。

面对复杂的国际协调挑战，中国需在维护自身利益的同时推动包容性改革。一方面，积极参与 OECD 框架下的规则制定，争取在数据价值界定、税收管辖权划分等议题上的话语权；另一方面，依托"一带一路"倡议，探索区域性税收合作机制，如建立"数字经济税收走廊"，促进发展中国家之间的征管协作。此外，中国可借鉴欧盟经验，在贵州、长三角等大数据综合试验区开展数字税试点，探索符合国情的税制设计，为全球数字税改革提供"中国方案"。

① 马晓鸣. 部分国家跨境服务增值税政策研究 [J]. 国际税收，2018（5）：58 – 63.

② 袁娇，王敏. 数字经济时代我国税收征管适配转型迭代的路径思考 [J]. 东北财经大学学报，2024（5）：24 – 32.

③ 秦思楠. 数字经济对税收征管的挑战与对策研究 [J]. 南方金融，2022（3）：41 – 50.

④ 蒋退雏. 数字经济背景下中国避税规制的法律路径 [J]. 法学评论，2023，41（2）：127 – 138.

第三章　数字税影响共同富裕的机理分析

　　数十年来，我国经济发展取得举世瞩目的成就，人民生活水平得到极大程度的提高，特别是党的十八大以来，党和国家实施精准扶贫战略，如期完成第一个百年奋斗目标，进入全面小康的新时代，共同富裕水平极大提高。但是也应该看到，随着经济的快速发展，地区之间的发展不平衡，贫富差距扩大化的问题也逐渐显现。进一步完善收入分配制度，促进高质量发展，是全面建设社会主义现代化强国的重要内容。财政是国家治理的基础和重要支柱，是推进共同富裕的重要措施。而税收作为国家调控体系的重要手段，在调节收入分配，改善消费环境，引导科技创新和绿色发展，转变经济发展方式等方面具有广泛而深远的意义。合理调整税制结构，能够进一步促进经济发展和收入分配公平，从而助力在高质量发展中推进共同富裕。本章主要探讨数字经济背景之下，探讨数字税影响共同富裕的机理分析，同时从多个维度来考察数字税如何作用于共同富裕的实现过程。

第一节　共同富裕理论分析

　　在明确共同富裕现代化内涵的基础上，对其发展历程进行梳理，有助于构建我国共同富裕的内涵体系，以便更深入地理解其未来发展的脉络与方向。这要求从共同富裕的目标追求、战略要求和现实要求三个维度进行细化与展开。

一、共同富裕理论

（一）共同富裕的内涵属性

共同富裕的实现依赖于国家整体的富裕水平，旨在让所有人无论在物质还是精神上都能获得全面的富裕，同时确保拥有良好的生态环境，并享受到普遍和普惠的公共服务。它旨在避免贫富差距过大和社会的不平等，保持城乡、区域、群体和公共服务之间的差距在合理范围内，确保每个人都能共享经济增长及社会进步的成果。

共同富裕是政治经济学的重要理论与实践课题。要理解"共同富裕"这一概念，可以从"共同"和"富裕"两个词的含义出发。根据《现代汉语词典》第七版的说明，"共同"的意思为属于所有人、彼此相拥有，反映了社会成员对财富的占有方式，这与生产关系①密切相关。"富裕"则意味着财物的充足，体现了社会生产力的发展水平，这属于生产力②的范畴。因此，要准确界定"共同富裕"，必须从生产力和生产关系两个维度进行分析。

马克思主义的相关著作从狭义上对共同富裕进行了阐释。他认为，共同富裕是在社会公有制的生产资料基础之上，使劳动者能够平等地拥有生产资料。当全体成员能够通过协同劳动创造并公平分享社会总产品时，这便是广义上的共同富裕。此外，社会主义中的共同富裕还面临着表面上的不平等与实质上的不平等问题③。有研究者指出，共同富裕意味着通过制

---

① 根据马克思主义哲学，生产关系是指在社会生产中形成的人与人之间的关系。生产关系包含三个要素：首先是生产关系的基础，即生产资料的所有制形式；其次是各种社会组织在生产过程中的地位和彼此之间的交流关系；最后是产品的分配形式以及由此产生的消费关系。因此，生产关系构成了一个复杂的经济结构。

② 生产力是指社会所拥有的、用于改造自然、生产物质财富的客观力量。它包括人的智力和体力，生产资料和生产对象三个方面。其中，劳动力涵盖了人们在生产过程中所运用的身体和智力资源；劳动资料也称为劳动手段，是指在生产过程中所需要的物质资料或条件；劳动对象是指人们所需要加工或改造的客体，包括未经加工的自然物质和经过加工的原材料。这三个要素相互作用，推动生产力的发展和提高，从而为社会提供更多的物质财富和更好的生活条件。

③ 赵学清. 马克思共同富裕思想再探讨 [J]. 中国特色社会主义研究，2014（6）：51–56.

度性的调整和补偿，消除由于不平等所引发的机会和能力差异，最终实现所有人都能公平参与高质量经济社会发展并共享其成果的目标①。这一观点凸显了制度在共同富裕中的重要角色，认为只有通过制度调整，才能真正实现共同富裕的目标。此外，他们也强调了经济社会发展的质量，指出只有高质量的发展能够真正惠及人民。

共同富裕是"共同"和"富裕"之间的一种耦合状态②。根据逄锦聚③的看法，共同富裕以人民为中心，目标是在消除贫困和社会二元分化的基础上实现全体人民的普遍富足。刘培林④等研究者指出，共同富裕的经济内涵体现在人民共享日益增长的物质财富和精神成果两个方面。共同富裕的支撑基础包括在物质生活上达到一定的富裕程度，同时也要使个体在精神层面实现自我价值和自我提升。此外，确保人们能够在适宜的社区内工作和生活，并享受普遍的公共服务也是关键。王海燕⑤从三个层面探讨了共同富裕的内涵：首先，国家的强盛；其次，社会各个领域达到较高的发展水平，城乡、区域和个人之间的差距控制在合理范围之内；最后，实现人的全面发展，满足人们各方面的需求，使得每个人都能共享发展成果，享受美好的生活。李军鹏⑥则对共同富裕的定义进行了深度分析，提出了共同富裕的四个主要特征：首先，社会整体达到了富裕的水平，意味着整个社会的财富普遍增加。其次，全体民众的生活水平提升，意味着每个人都能体验到富裕的生活方式。再次，各个方面都实现了全面富裕，包括物质、精神和文化生活等多个维度。最后，虽然消除了贫困与不平等，但仍然维持合理差距的普遍富裕，表明在公平分配资源的基础上，依据个

---

①　郁建兴，任杰．共同富裕的理论内涵与政策议程［J］．政治学研究，2021（3）：13–25，159–160.

②　乔榛．共同富裕的理论、历史和现实逻辑［J］．天津社会科学，2023（2）：117–124.

③　逄锦聚．中国共产党带领人民为共同富裕百年奋斗的理论与实践［J］．经济学动态，2021（5）：8–16.

④　刘培林，钱滔，黄先海，等．共同富裕的内涵、实现路径与测度方法［J］．管理世界，2021，37（8）：117–129.

⑤　王海燕．共同富裕的内涵特征、时代必然性和工作重点［J］．人民论坛·学术前沿，2022（Z1）：103–108.

⑥　李军鹏．以共同富裕政策推动形成"橄榄型"社会结构［J］．行政管理改革，2022（6）：22–23.

体贡献的不同而保留适度的差距。综上所述，可以明确共同富裕的科学内涵。

第一，共同富裕并不意味着仅有一小部分人富裕，而是要实现全体国民的共同富裕。共同富裕的核心在于确保每个社会成员都能获取所需的生产资料和生活资料，从而过上幸福美好的生活。生产资料是指劳动者为进行物质生产所依赖的资源或工具，通常包括土地、机械设备、原材料和工具等。随着数字经济时代的到来，各种数据资源已成为最重要的生产资料。生活资料则是指用于满足人们物质和文化生活需求的社会产品与资源。在物质生活方面，社会产品包括食品、服装、交通工具和住房等。而在文化生活方面，社会产品则涵盖了公园、图书馆、博物馆和体育设施等，这些都是满足人们文化需求的重要场所和设施。

第二，共同富裕的概念不仅仅局限于物质富裕，还包括精神层面的共同繁荣。这意味着在满足人民基本物质需求的同时，还需提升他们的文化素养与精神追求。只有当这些需求全面得到满足时，真正的共同富裕目标才会实现。从我国共同富裕的发展历程来看，这一进程呈现出分层次的发展特征，这一点可以通过我国改革开放后社会主要矛盾①的变化得以体现。从社会主要矛盾的第二次变化来看，人民在物质需求方面的期待显著增加。而在与1981年相比的情况下，党的十九大后第三次矛盾变化表明，人民的需求不仅仅停留在物质层面，还愈加关注精神层面的追求，展现出对全面美好生活的向往。因此，全面富裕应当包括健全的公共服务体系（如公共教育、医疗、医保、养老、法律制度以及生活环境等），更高的人类发展指数（例如人均预期寿命的延长、受教育年限的增加等），以及应达到发达国家水平的最低工资标准和最低生活保障等②。

第三，共同富裕是一种普遍的财富状态，而非单纯的平均分配。它并

---

① 社会矛盾的三次变化：第一，社会矛盾首次提出是在1956年中共八大上：人民对于建立先进的工业国的要求同落后的农业国的现实之间的矛盾。第二，第二次矛盾发生变化是在1981年党的十一届六中全会上：人民日益增长的物质文化需要同落后的社会生产之间的矛盾。第三，第三次矛盾发生变化是在2017年党的十九大报告上：人民日益增长的美好生活需要和不平衡不充分的发展之间的矛盾。

② 李军鹏. 共同富裕：概念辨析、百年探索与现代化目标［J］. 改革，2021（10）：12－21.

不要求每个人都享有相同的财富，因为这可能会削弱人们的生产积极性。相反，共同富裕的理念旨在消除普遍存在的两极分化，实现全民的富裕，使得那些存在合理差距的人们也能过上富足的生活。即便我国已达到富裕社会，因居民的分工、个人的天赋、生活环境及生产资料的掌握情况等不同，群体间的差异依然客观存在，这将导致居民富裕程度上的差距。然而，达成共同富裕的目标需要消除两极分化，具体包括消除城乡与地区之间的差异、减少不同行业间的差距，以及缩小不同群体的收入差距。这样，所有居民才能享有平等的发展机会，获得公平的公共服务及发展环境，从而把贫富差距控制在合理的范围内。

第四，共同富裕是一个逐步达成的目标，而非瞬间实现的状态。它并不是简单地从贫困转变为富裕，而是一个渐进式的发展过程。从邓小平同志提出的"先富带后富"战略，到我国成功实现第一个百年奋斗目标，再到习近平总书记预期到 2035 年实现的共同富裕实质性进展的目标，我们可以看出，通往共同富裕的道路经历了多个阶段，每一个阶段都需要付出大量的时间和努力。此外，共同富裕的实现也需要长期的、渐进的演变，必须在中国共产党的领导下，依靠全国人民的共同奋斗，持续推进。因此，实现共同富裕并不是一蹴而就的，而是需要不断努力和持久发展来达成的。

（二）共同富裕理论演进

1. 马克思主义共同富裕理论

马克思主义共同富裕理论源自马克思主义经济学的核心理念，涉及生产方式、生产关系、剩余价值等重要概念，并探讨关于财富分配和经济结构等相关问题。该理论强调，社会发展的根本目标是让所有人共享发展成果，消除贫困，促使社会整体走向富裕。同时，该理论指出，不仅要关注经济的增长，也应关注社会的公平与正义，确保每个人都能拥有基本的物质生活保障。

马克思主义关于共同富裕的理论主要涵盖三个方面。首先，财富的公正分配。马克思主义主张，社会所创造的财富应当公平地分配给每一个成员，而非集中于少数人之手。这一观点强调在经济活动中，资源与收益必须按照公正的原则进行分配，以确保每个人都能分享经济带来的利益。其次，劳动价值理论。马克思主义指出，劳动者对社会财富的贡献应当获得公平的报偿。依据劳动价值理论，每个劳动者的薪酬应与其所付出的劳动数量和质量相匹配。这一理论有助于减少社会不平等现象，确保每个人享有平等的经济权益。最后，经济组织的效率。马克思主义强调，经济组织的高效性是实现共同富裕的关键。只有通过优化经济组织，提高生产力和资源利用效率，才能为实现共同富裕的目标创造有利条件。综上所述，只有通过财富的公正分配、提升劳动价值以及优化经济组织，才能实现全体社会成员的共同富裕。

在《反杜林论》中，恩格斯指出，所有社会成员通过参与社会生产，可以使他们的物质生活逐渐变得富裕和充裕。人们将会在自由的状态下，全面施展并发展自己的体力和智力，最终实现全面发展。这些观点实际上强调了人的全面发展才是根本，只有在人的解放和全面发展的基础上，社会生产力才能高度提升，财富的源泉才能充分流动。劳动者可以通过灵活运用掌握的生产资料，提高社会生产的整体水平，从而不断追求共同富裕的目标，最终实现社会主义建设的根本目标。马克思主义的共同富裕理论为社会提供了思考和实践的框架，旨在促进社会公正与经济发展。然而，落实共同富裕理论需要根据各国和社会的具体情况，进行相应的制度设计和政策措施，以保障其实现的可行性和可持续性。

2. 中国特色社会主义共同富裕理论

中国特色社会主义共同富裕理论是将马克思主义富裕观与中国的实际情况相结合的重要成果。毛泽东首次引入了共同富裕的概念，并指出，只有坚持社会主义道路，才能使全国人民摆脱贫困，进而实现共同富裕和国家的强盛。邓小平进一步明确了社会主义的核心与目标在于共同富裕，提出要通过先富带动后富，最终达成共同富裕的目标。江泽民在理论上与时俱进，具体阐述了共同富裕，强调发展是首要任务，既要关注人民当前的物质与文化生活需求，也要提升人民的整体素质，实现人的全面发展。同时，江泽民将全面建成小康社会视为实现共同富裕的重要步骤与阶段性目标，强调在促进效率与公平之间取得平衡，借助区域发展战略，调动先进地区与落后地区的积极性，实现全国各地区的繁荣及全体人民的共同富裕。胡锦涛依据经济发展的变化，提出了科学发展观，并强调以人为本，建设社会主义和谐社会，实现共同富裕。胡锦涛将充裕的物质资源和社会的和谐统一视为实现共同富裕目标的重要内容，并强调应增强社会保障体系的建设，提高基本公共服务的质量，使更多人享受到发展带来的好处。习近平进一步发展了共同富裕理论，并提出了崭新的见解。他指出，高质量的发展需要在效率与公平之间找到谨慎的平衡，打造一个相互协调的制度体系，以确保改革成果能够精准地惠及每一个人，从而推动社会平稳向共同富裕的方向迈进。此外，习近平强调了坚持党的领导、激励人民勤劳和创新以实现致富、维护基本经济制度等重要方面，并提出要扩大中等收入人群的规模，打破社会阶层流动的障碍，为基层群众提供向上发展的机会。中国特色社会主义共同富裕理论是在中国实际情况中形成与发展的，这一理论的实施需依据国情与时代要求，结合经济、社会及生态环境的具体状况，制定相应的政策和对策，不断推进共同富裕目标的实现。

二、共同富裕的内容体系

（一）共同富裕的目标追求

共同富裕是实现社会主义现代化建设与推进中国式现代化的有机统一，是社会主义发展的重要成果。党的二十大报告明确指出："中国式现代化是全体人民共同富裕的现代化。"自中国共产党成立以来，始终将共同富裕的追求贯穿于实践之中，坚决防止两极分化现象的产生，引领人民走出一条具有中国特色的社会主义共同富裕道路。在此征程中，促进物质与精神的共同富裕，并以此为基础推动人的全面发展和社会的全面进步，自然成为共同富裕的核心目标追求。

1. 物质的共同富裕

马克思、恩格斯等马克思主义经典作家早已对共同富裕的物质基础进行了基础性的论证与分析。他们认为，资产阶级在发展壮大的同时，也孕育了自身的掘墓人——无产阶级，社会主义必然取代资本主义。共同富裕作为社会主义发展的重要环节，社会主义条件下的共同富裕必将取代资本主义条件下的生产资料私有制，这与人类社会发展的历史规律相一致，是历史的必然。他们提出："生产资料将以所有人的富裕为目的。"① "代替那存在着阶级和阶级对立的资产阶级旧社会的，将是这样一个联合体：在那里，每个人的自由发展是一切人自由发展的条件。"② 基于此，共同富裕最朴素的价值追求——实现物质利益的共同富裕便显而易见。

在此基础上，进一步深化认识，即不仅要实现物质共同富裕，还要实现中国式现代化进程中的物质共同富裕。全面共同富裕理念深植于中华传统文化之中。全面共同富裕指的是物质生活富裕与精神生活富裕相结合的共同富裕，是全面发展的共同富裕。传统文化中这一理念体现为富、教与寿三个方面的协调统一。"治国之道必先富民"，即物质生活的共同富裕。这就需要将马克思主义基本原理与中国具体实际相结合，与中华优秀传统文化相结合，结合中国社会的发展特点和发展历史，不断推进马克思主义中国化、时代化、大众化，在中国式现代化进程中丰富共同富裕的内涵，实现共同富裕的物质共同富裕的伟大目标。

2. 精神的共同富足

社会的发展与进步不仅体现在物质财富的积累和物质生活的丰富，还体现在人的精神世界的丰富与精神财富的增长。正如恩格斯所描述的未来社会主义社会，"通过社会化生产，不仅可能保证一切社会成员有富足的和一天比一天充裕的物质生活，而且还可能保证他们的体力和智力获得充分的自由的发展和运用"。因此，中国式现代化进程中对共同富裕实现的决定性要求，不仅仅是物质上的富足，更应实现精神上的富足。推进人民精神上的共同富裕，满足人民对美好生活的需要，是现代化发展的内在要求。③

共同富裕是全方位的现代化，其首要目标是推进物质的共同富裕，但只有明确自身的文化属性，才能在区分自我与他者的基础上更好地求同存

---

① 黄爱教. 论马克思主义机会平等观及其现实意义 [J]. 理论与现代化, 2025（1）: 36.

② 张丽晶.《共产党宣言》中社会革命思想及当代启示 [J]. 南方论刊, 2024（9）: 6 – 8.

③ 李志强. 论恩格斯《反杜林论》中的道德与法律关系思想 [J]. 广西社会科学, 2023（4）: 97 – 98.

异、凝聚共识；只有实现精神层面上的共同富足，才能更好地促进共同富裕的进一步实现。

2014 年习近平主席在访问欧洲时提出"要保持对自身文化的自信、耐力、定力"，这实际上进一步回答了精神层面发展向前的基本探索路径。实现精神的共同富足，关键在于推进精神文明建设。马克思在《黑格尔法哲学批判导言》中强调："理论一经彻底，也会变为物质力量。理论只要说服人，就能掌握群众；而理论只要彻底，就能说服人。"由此可见，实现精神的共同富足，归根到底是要把精神力量讲清楚、讲彻底，深入到人民群众当中，才能让其发挥巨大的精神力量，进而转化为物质力量①。

新时代，理解精神富裕就要从中国式现代化的立场出发，坚持马克思主义在意识形态领域的指导地位，继承并发扬中华优秀传统文化，不断充实丰富人民的精神文化生活。这既能够不断满足人民群众对文化生活的基本需要，也能够保证精神生活的高质量发展。

3. 促进人的全面发展与社会全面进步

在社会主义条件下，人的全面发展是社会发展的核心目标。作为社会主体的个体，在个性、道德、能力等方面的和谐、自由、全面发展，与人的片面、畸形发展形成鲜明对比。马克思和恩格斯在批判资本主义社会对工人的剥削与压迫时，将人的全面发展视为共产主义的终极追求，并将其作为社会发展的最高理想。毛泽东同志强调培育德智体全面发展的社会主义新人，邓小平同志提出培育"有理想、有道德、有文化、有纪律"的社会主义新人，江泽民同志强调不断促进人的全面发展。习近平总书记自党的十八大以来，强调将人的全面发展与全面建成社会主义现代化强国相结合，不断创造人民美好生活、逐步实现全体人民共同富裕，促进人的德智体美劳全面发展。

社会进步是历史进步的体现，马克思主义认为，社会全面进步体现在创造物质财富、精神财富以及变革社会制度的实践活动中。要实现社会全

---

① 唐莉维. 从恩格尔到马克思：市民社会的结构型及其批判 [J]. 社会科学论坛，2025
(2)：27.

面发展，必须尊重人民的主体地位，坚持人民是历史创造者的观点，依靠群众推动社会进步与发展。因此，实现人的全面发展与社会全面进步是相辅相成的。

党的十九届五中全会提出，人民生活更加美好，人的全面发展、全体人民共同富裕取得更为明显的实质性进展。当前，要推进中国特色社会主义不断向前发展，必须坚持以人民为中心，紧紧依靠人民，统筹经济建设、政治建设、文化建设、社会建设、生态文明建设、国家安全、建设世界一流军队等，勾勒纵横全图的经纬线，整体推动社会的进步和发展，并不断促进人的全面发展。这不仅是社会主义向共产主义社会过渡的必然要求，也是实现共同富裕的必要之举，是共同富裕永恒的目标追求。

（二）共同富裕的战略要求

确立共同富裕的目标追求仅是第一步，更为关键的是制定出符合此目标的具体路径和推进方式，这需要进一步明确共同富裕的推进原则和路径探索。简而言之，就是要坚持中国共产党的领导、推动生产力的高度发展、完善以生产资料公有制为基础的生产关系。

1. 坚持中国共产党的领导

马克思和恩格斯在《共产党宣言》中指出，实现共产主义是共产党人的事业，共产党人是共产主义事业的领导力量。任何时候都不能忽视共产党的领导。中国共产党自成立以来，带领全国人民推翻"三座大山"，建立新中国，从一穷二白到全面小康，再到踏上全面社会主义现代化建设的新征程，都是因为有中国共产党的领导。因此，要实现共同富裕，就必须坚持中国共产党的领导。

推进共同富裕，更需要发挥党总揽全局、协调各方的领导核心作用，为实现这一目标提供有力保障。要始终成为马克思主义执政党，就必须不断保持党的先进性、纯洁性，直面问题，敢于刮骨疗毒，勇于自我革命。深入贯彻落实习近平总书记关于党的自我革命的重要思想，尊崇党章，依规治党，全面贯彻党的巡视工作方针，推进政治监督具体化、精准化、常态化，发挥政治巡视利剑作用，加强巡视整改和成果运用，促进完善党和国家监督体系、健全全面从严治党体系，为深入推进党的自我革命、解决大党独有难题提供有力保障，确保党始终成为中国特色社会主义事业的坚强领导核心。对于我们当下而言，要确保党发挥总揽全局、协调各方的重要作用，坚持中国共产党的集中统一领导，才能更好地推进共同富裕的实现，并为共同富裕的实现提供根本性保障。

2. 促进生产力的高级发展

共同富裕构成社会主义的本质特征，是中国特色现代化的关键标志。共同富裕涉及全方位的现代化，是中国特色现代化进程中的核心内容。为实现共同富裕，必须集中力量促进生产力的高速发展。生产力是发展的核心要素。促进生产力的高速发展，需贯彻新发展理念，坚持创新、协调、绿色、开放、共享的新发展理念，推动社会经济的高质量发展。首先，需创新优化科技创新资源配置。科学技术作为第一生产力，是人类社会进步的最活跃、最革命的驱动力。必须不断提升全行业科技创新水平，提升产业科技水平和研究能力，推动"产学研"深度融合，从而促进生产力的高速发展。其次，需落实人才强国战略。人才是推动社会生产力发展和科技创新的关键资源，需加速构建多行业、多层次、多领域、全方位的人才支撑体系，培养能够担当民族复兴大任的时代新人，依靠人才优势提升全要素生产率，为生产力的高速发展提供动力。最后，需坚持实体经济与数字经济的融合与协调发展。一方面，需强化实体经济，加快建设现代化经济体系，推动短板产业补链、新兴产业建链、优势产业延链、传统产业升链，增强产业发展的持续竞争力和生命力；另一方面，需加速发展数字经济，紧跟时代潮流，把握新一轮科技革命的发展机遇，打通经济社会发展信息"大动脉"，推进普惠性红利举措的完善，提升社会生产力水平，从而推动共同富裕的发展。

3. 完善以生产资料公有制为基础的生产关系

马克思主义经典作家强调，社会主义的以生产资料公有制为基础的生产关系，相较于私有制经济具有无可比拟的优越性和先进性，这决定了中国必须坚持完善以生产资料公有制为基础的生产关系的发展路线和发展模式。

同时，习近平总书记强调："采取更多惠民生、暖民心举措，着力解决好人民群众急难愁盼问题，健全基本公共服务体系，提高公共服务水平，增强均衡性和可及性，扎实推进共同富裕。①"在切实推进生产力迅猛发展的基础上，需进一步采取惠民生、暖民心的举措，推动局部生产关系变革完善。这需要采取切实有效的手段完善以生产资料公有制为基础的生产关系。

共同富裕是一个动态概念，没有也不应有一个固定不变的标准。就我国实际情况而言，全面小康水平的实现，即可视为初步步入共同富裕。党的十六大报告指出，我们要在21世纪头二十年，集中力量，全面建设惠及十几亿人口的更高水平的小康社会，让人民生活更加殷实。至2020年，我国人均GDP可达一万美元左右，是现在的两倍。但不能满足于这一水平。随着生产力的发展和财富的极大积累，共同富裕水平将不断提升。因此，我们不仅要将蛋糕"做大"，还要将蛋糕"分好"，坚持以人为本、民生为先，才能进一步推进实现共同富裕，最终实现共同富裕。

坚持完善以公有制为主体的生产关系，需将国有经济搞活、做大做强、做优，避免"大而不专""大而不强"的局面出现，同时大力推动私有制经济在政府监管下进一步发展，坚持公有制为主体，多种所有制经济共同发展的基本经济制度。

（三）共同富裕的现实要求

1. 把握共同富裕的发展特征

事物发展遵循量变与质变的辩证关系，量变是质变的必要前提，而质变则是量变的必然结果，为新的量变开辟道路。共同富裕的现代化并非一蹴而就的质变现象，其长期性和复杂性决定了共同富裕的现代化需要长期的量变积累，并在动态发展过程中逐步完善。同时，共同富裕作为一个历史概念，其内涵和价值目标在推进过程中会不断演变。因此，必须将短期目标与长远目标相结合，根据各阶段的现实要求适时调整工作重点，制定

---

① 习近平. 高举中国特色社会主义伟大旗帜为全面建设社会主义现代化国家而团结奋斗——在中国共产党第二十次全国代表大会上的报告［M］. 北京：人民出版社，2022：35-36.

合理计划和目标，分阶段、有步骤地推进。同时，需充分估计共同富裕的长期性、复杂性和艰巨性，统筹考虑各种需求和可能性，坚持稳扎稳打、循序渐进，按照社会发展规律稳步前行。

历史经验表明，我国从贫困到基本温饱，再到总体小康，直至全面建成小康社会，得益于深刻把握发展规律、科学制定战略决策和实事求是的严谨态度。现实情况显示，我国仍处于社会主义初级阶段，社会经济发展不平衡、不充分的问题依然存在；城乡、地区、行业间发展不协调。因此，共同富裕在不同人群和地区实现的速度必然有快有慢，必须始终把握其渐进性，确保共同富裕的推进与我国现代化建设进程相协调，避免超越经济发展阶段，脱离生产力现实，陷入福利主义的误区。在实现共同富裕的系统性工作中，内部各环节和因素需逐步完善和优化，以保证共同富裕的有序实现。

2. 推动共同富裕的战略举措

共同富裕作为一个渐进的历史过程，其推进需要一系列战略举措，确保共同富裕的有序进行并有效巩固成果。

首先，共同富裕需要经济的充分发展作为内生动力。从历史唯物主义视角出发，尽管地理环境与人口因素在人类历史发展中起着重要作用，但最终决定人们生产生活条件的是社会经济条件和物质生产方式。因此，经济发展是实现共同富裕的必要前提，要求经济持续增长并保持在合理区间内，实现良性循环。同时，经济增长需与居民收入增长同步，确保经济增长惠及广大人民群众，缩小贫富差距，逐步实现社会收入公平合理。

其次，共同富裕需要健全的社会保障体系作为外部支撑。新时代背景下，党和政府已将社会保障体系建设提升至重要位置。由于初次分配更注重效率，导致收入分配不均现象不可避免，因此仅依靠市场调节实现共同富裕是不够的。我国现代化追求的是在巨大人口规模下全体人民共同富裕，这就要求我们必须始终从民生角度出发，建立完善的社会保障体系，通过制度安排不断缩小收入差距，保障人民生活，实现蛋糕做大与分好的统一，巩固共同富裕建设成果。

最后，共同富裕需要良好的生态环境作为基本底色。生态文明发展是共同富裕的关键环节。一方面，生态环境是社会民生的重大问题。随着人民物质生活条件的显著改善，对良好生产生活环境和高质量生态产品的需求日益增长。共同富裕的现代化必须坚持人与自然和谐共生，除了物质丰富和精神富足外，还需提供更多优质生态产品以满足人民群众需求。另一方面，生态文明建设有利于实现社会经济的高质量发展。生态环境保护与社会经济发展并非对立，而是辩证统一、相辅相成的。因此，应进一步推动经济绿色低碳、可持续发展，促进经济社会全面绿色转型。

3. 实现共同富裕的发展逻辑

在共同富裕战略举措中，共建与共享的辩证关系构成了核心。共建构成了共享的必要条件，而共享则是共建的终极目标。贯穿这一进程的"共"字，揭示了共同富裕是在共建向共享转化的发展路径中实现的，共建与共享的互动体现了这一过程的合目的性与合规律性。

共建着重于共同富裕主体价值的实现。依据唯物史观的基本原理，人民群众是社会物质与精神财富的创造者，是社会历史的主体。因此，必须重视人民群众在社会历史发展中的关键作用。共同富裕的持续推进，依赖于广大人民群众的积极参与。然而，随着市场经济体制改革的深入，社会公共精神逐渐被边缘化，个人主义盛行。多数人更倾向于关注个人相关事务，而对社会历史发展缺乏足够的关注和参与热情。因此，在共同富裕的推进过程中，必须重视个人对社会公共事务的参与程度。马克思曾指出，人们所奋斗的一切都与他们的利益相关。在人的本质的各种社会关系中，生产过程中形成的物质利益关系是首要的。因此，在共同富裕的进程中，必须不断在各主体之间建立紧密的物质联系，强化主体间以及主体与社会之间的联系，从而提升主体对公共事务的参与度。这不仅有助于促进社会共同富裕，还能树立主人翁意识，提高参与热情，并增强对自身及社会的认同感，使人民在这一过程中实现自我价值与社会价值的统一。

共享则强调共同富裕本质属性的体现。马克思和恩格斯在《共产党宣言》中明确指出，"无产阶级的运动是绝大多数人的，为绝大多数人谋利益的独立运动"。这一政治立场不仅是无产阶级革命党人的鲜明宗旨，也是共同富裕的价值导向。马克思和恩格斯早已阐明，"生产将以所有人的富裕为目的"所有人共同享受大家创造的福利"①。在共同富裕的实现过程中，共享更强调其全面性和全民性，因此必须关注不同地区、不同职业、不同身份的主体利益，并涵盖社会生产生活的各个方面，包括收入、分配、就业、教育、医疗、社保、住房、养老等，以促进社会公平正义。

（四）共同富裕的评价标准

共同富裕作为一项战略目标，其研究与实现路径的探讨需依托于明确的评价标准，以便进行有针对性的构建。在共同富裕的评价体系中，标准并非固定不变，而是具有相对性，即参照其他国家或国际通行标准来设定。换言之，共同富裕的实现应以达到国际先进水平的富裕程度和共享程度为基准。在这一研究背景下，经济学领域已对共同富裕的评价指标展开了广泛讨论，并提供了可供借鉴的理论与实证研究。

1. 关于"富裕"维度的评价标准

在国际社会中，衡量一个国家或地区的富裕程度通常依据收入或消费水平，通常以社会中位数或平均收入比例作为基准线。那些低于此基准线的人群被视为处于相对贫困状态，而高于此线的人群则被认为具有较高的富裕水平。例如，美国皮尤研究中心将中产阶级界定为家庭年收入介于全美中位数的 2/3 至 2 倍的家庭，并据此设定了成为中产阶级的最低收入门槛。此外，基尼系数作为衡量居民收入分配不均的指标，其值介于 0～1，数值越低，表明收入分配的不平等程度越小，社会公平性越高。世界银行提出的"共享繁荣溢价"指标，通过比较底层 40% 人口的年收入或消费增长率与所在经济体年均增长率之间的差异来评估最贫困人群的收入状况。若该指标为正，则表明底层 40% 人口的收入在整体经济收入中的比重正在上升。

针对我国对共同富裕的定义，其评估标准涵盖了政治、经济、文化、社会和生态五个维度的综合考量。为了实现共同富裕的发展目标，必须从这五个维度出发，进行全面评估和判断。具体的评估指标系数详见表 3-1。

---

① 李慧娟，万小朋. 〈共产党宣言〉蕴含的人民主体思想及时代价值 [J]. 郑州大学（哲学社会科学版），2025，58（1）：99-100.

表 3 - 1　　　　　　　　　　"富裕"维度实现指标体系

一级指标	发展目标	二级指标	三级指标
"富裕"维度	生活富裕富足	经济维度	居民人均可支配收入
	精神自信自强	文化维度	教育经费支出占国家一般公共预算支出比重
			居民文教娱乐服务支出占家庭消费支出比重
			每万人拥有公共图书馆藏量
			高等教育入学率
			平均受教育年限
	环境宜居宜业	生态维度	环境质量指数
			绿化覆盖率
			人均公园绿地面积
	社会和谐和睦		每万人拥有执业（助理）医生人数
			每万人拥有养老服务机构数量
			每万人拥有婴幼儿托管数
			每万人拥有公共交通数量
"富裕"维度	社会和谐和睦	社会维度	公共服务支出占国家一般预算支出比重
			中小学阶段师生比
			人均寿命
			人均住房使用面积
			基本养老保险参保率
			居民幸福指数
	公共服务普及普惠	政治维度	公共安全支出占国家一般公共预算支出比重
			公民民主权利满意度
			社会安全指数

资料来源：《中国统计年鉴》。

在进一步细化的富裕维度评价标准中，一是经济维度。该维度旨在实现生活富裕富足，即推动国家及全体民众达到更高层次的经济发展水平。评估该维度的主要标准为国家总体及人均收入状况，其中 GDP 作为国际通用标准和居民人均可支配收入是核心评价指标。二是文化维度。文化维度的目标在于精神自信自强，即促进社会整体在文化素养、文明程度、人文关怀等领域的全面提升。具体评价指标包括教育经费支出占国家一般公共预算支出比重、居民文教娱乐服务支出占家庭消费支出比重、每万人公共图书馆藏量、高等教育入学率以及平均受教育年限。三是生态维度。该维度的目标是实现环境宜居宜业，即促进人与自然的和谐共生，推动绿色发展，持续提升生态文明建设水平。具体评价指标涵盖环境质量指数、绿化覆盖率以及人均公园绿地面积。四是社会维度。该维度的目标是构建和谐和睦的社会，即完善社会保障体系，增强人民的幸福感和获得感。具体评价指标包括每万人执业（助理）医生人数、每万人养老服务机构数量、每万人婴幼儿托管数、每万人公共交通数量、公共服务支出占国家一般预算支出比重、中小学阶段师生比、人均寿命、人均住房使用面积、基本养老保险参保率以及居民幸福指数。五是政治维度。该维度的目标是实现公共服务的普及普惠，即充分发挥全过程人民民主的作用，建立公正、公平和民主的政治制度，确保人民的权利和福利得到保障。具体评价指标包括公共安全支出占国家一般公共预算支出比重、公民民主权利满意度以及社会安全指数。

2. 关于"共同"维度的评价标准

共同富裕的"共同"维度主要是指全体人民共同缔造美好生活、共同分享社会资源，实现财富和资源的均衡分配。具体包括三个维度，详见表 3–2。

表 3–2　　　　　　　　"共同"维度实现指标体系

一级指标	发展目标	二级指标	三级指标
"共同"维度	生活富裕富足	群体维度	劳动报酬占比
			基尼系数
			中等收入群体占总人口比重
	精神自信自强	城乡维度	城乡人均收入差距
			城乡人口迁移量
			城乡基础设施建设
			城乡公共服务设施
	公共服务普及普惠	区域维度	区域间生产总值
			区域人均预期寿命差异
			区域基本公共服务均等化指数

资料来源：《中国统计年鉴》。

一是群体维度分析。在群体维度分析中，收入水平和生活水平是衡量群体财富分配公正性的关键指标。若社会中特定群体的收入显著低于其他群体，将导致生活水平差异的进一步扩大。具体而言，以下 3 个指标对于评估群体间的共享程度和经济社会发展状况具有重要意义：劳动报酬占比，该指标揭示了劳动者在群体收入分配中的地位；基尼系数，该指标反映了社会财富与资源分配的均衡性；中等收入群体占总人口比重，该指标体现了中产阶级的发展水平。这些指标对于政策制定者和规划者具有重要的参考价值。

二是城乡维度分析。城乡维度分析关注城市与农村之间的发展差异。具体分析指标包括：城乡人均收入差距，该指标揭示了城乡居民收入水平的差异；城乡人口迁移量，该指标反映了城镇与农村人口规模及流动情况，间接反映了城乡发展的差异；城乡基础设施建设，该指标衡量了城乡在道路交通、水利水电、移动通信等基础设施建设方面的差距；城乡公共服务设施，该指标反映了城乡在教育、医疗、社会保障、文化娱乐等公共服务水平上的差异。

三是区域维度。在共同富裕的背景下，地区间差异主要体现在经济发展水平、收入水平、公共服务及基础设施建设等方面。具体而言，GDP 是衡量地区经济繁荣程度的关键指标，较高的 GDP 通常与较高的城乡收入水平及更完善的公共服务保障相联系；区域人口预期寿命差异指标能够揭示不同地区间生活质量以及医疗和健康等公共服务水平的差异；区域基本公共服务均等化指数用于评估不同地区间基本公共服务支出的均等化程度，从而反映公共服务支出的均衡性。

第二节　数字税与共同富裕的内在联系

数字税与共同富裕之间的内在联系，实际上源于数字经济发展的基础上，数据要素在其中扮演着至关重要的角色。随着数字经济的蓬勃发展，数据作为一种新型生产要素，其价值日益凸显，对收入分配格局产生了深远的影响。一方面，数据要素的不平等占有和使用，加剧了社会阶层之间的收入分化。那些掌握大量数据资源的企业和个人，往往能够从中获取巨大的经济利益，而那些缺乏数据资源的群体则难以分享数字经济带来的红利，从而导致贫富差距的扩大。另一方面，数字经济发展的区域不平衡，也造成了不同地区之间收入的分化。一些地区由于地理位置、政策支持等因素，能够更好地发展数字经济，而其他地区则可能因为种种限制而落后，从而在收入水平上出现显著差异。

因此，征收数字税成为调节这种不合理的收入分配差距、促进共同富裕的重要手段。通过合理设计和征收数字税，可以对那些从数据资源中获得超额收益的企业和个人进行适度调节，将部分收益用于支持社会公共事业和弱势群体，从而缩小收入差距，推动社会整体的公平与和谐。数字税的征收不仅有助于实现税收的公平性，还能促进数字经济的健康发展，避免因数据资源的过度集中而导致的市场失灵和社会问题。通过这种方式，数字税成为连接数字经济与共同富裕目标的重要桥梁，为实现更加公平合理的收入分配提供了新的思路和手段。

一、数字经济发展对收入分配格局的影响

在深入探讨数字经济发展对收入分配格局的影响时，我们可以从社会发展的历史脉络中发现一个普遍现象：技术进步虽然显著提升了生产率和社会整体的进步，但同时也常常伴随着收入分配格局的改变以及贫富差距的扩大。数字经济的发展也不例外，其对收入分配格局的影响主要通过以下几个途径体现出来。

首先，数据要素的占有、使用与收益分配不平等是一个显著的问题。数据要素的产生依赖于消费者、商家和互联网平台等多方的共同参与。互联网平台凭借其技术优势和信息中介的角色，能够获取并积累大量的数据资源。这些平台依托技术优势，能够以低成本的方式开发和使用数据资源，进而创造出可观的经济利益。然而，作为数据要素共同生产方的消费者、商家和其他市场主体却难以获得相应的利益分配。在数据权利边界模糊的背景下，数据的财产权属性不明确，数据的使用、收益和转让过程缺乏明确的制度规则，导致数据相关方参与报酬分配的过程受阻，进而造成

数据要素的报酬分配不平等。

其次，数据要素具有明显的规模经济效应。单个数据要素的价值偏低，但数据要素的整体价值并非单个数据要素价值的简单叠加，而是随着数据量和数据维度的增加，数据要素价值呈现出成倍递增的趋势。这种规模报酬递增效应使得拥有不同量级数据的主体之间存在显著的收益极差，从而拉大了收入差距①。

最后，数字经济具有自然垄断属性。一方面，数据资源的采集、加工、存储、开发和利用需要大量的资源和技术支持，对资本和技术实力的要求较高，无形中形成了进入壁垒。另一方面，数字经济具有网络外部性和双边市场特性，互联网平台上的供需双方的收益依赖于双方的数量，导致优势平台的用户集聚效应更加明显，推动优势平台快速自动成长，进而形成垄断。通过以上途径，数字经济发展易造成市场垄断，并通过各种方式影响收入分配结构。

可见，数字经济的发展在推动社会进步和提升生产率的同时，也带来了收入分配格局的变化和贫富差距的扩大。这种变化主要通过数据要素的占有、使用与收益分配不平等、数据要素的规模经济效应以及数字经济的自然垄断属性等途径体现出来。因此，在推动数字经济发展的同时，我们需要关注并采取措施来缓解由此带来的收入分配不平等问题。

二、数字税促进用户价值补偿与公共福利回流

在当今互联网时代，互联网平台的蓬勃发展离不开庞大的用户基础，而这些平台所依赖的海量数据资源实际上也源自用户的贡献。然而，在数字经济的价值分配过程中，由于数据财产权属性的不明确性以及数据价值开发的技术瓶颈等问题，导致大量用户无法直接参与到数据价值的分配之中。在这种背景下，数字税的立法逻辑应运而生，其核心思想是通过"转移支付"的方式，将原本应由数字企业支付给用户的对价，通过税收的形

---

① 朱太辉，林思涵，张晓晨. 数字经济时代平台企业如何促进共同富裕 [J]. 金融经济学研究，2022，37（1）：181 - 192.

式由国家统一收取。随后，国家通过公共财政支出和社会福利等方式，将这部分税收回流给用户，从而实现对用户的价值补偿。

此外，对于数字企业而言，其用户往往遍布全球各地，而现行的税收征管体制下，大部分税收归属于企业的经营所在地，这容易导致税收分配的区域不平等现象。通过引入数字税，可以对数字企业的利润进行适度的调配，从而部分弥补用户所在地因税收利益损失而产生的不平衡。这种调配有助于平衡区域间的税收分配，维护数字产业生态的平衡和区域间的平衡，进而营造一个公平、有序的市场环境。

综上所述，在数字经济利益分配不均衡、用户参与分配受阻的背景下，数字税不仅促进了用户价值补偿与公共福利的回流，还平衡了区域间的税收分配。数字税能够在一定程度上减轻数字经济时代的收入分配差距，对于推动区域间数字经济产业的均衡发展，助力实现共同富裕具有积极的促进作用。通过这种方式，数字税有助于构建一个更加公平和可持续的数字经济生态系统，使广大用户能够更加公平地分享数字经济带来的红利。

第三节　数字税影响共同富裕的理论基础

一、理论基础

（一）税收法定与税收公平原则

1. 税收法定原则

税收法定原则最早源于英国，现如今已被多个国家视为税收的重要原则之一。税种法定是建立税收关系的基本前提，它要求一国设立的税种必须由法律明文规定，确保每种税与相应法律之间的对应关系。如果缺乏法律的先行规定，那么税务机关便无权征税，纳税人也失去纳税义务。税收要素法定则指的是法律对不同税种的各项税收要素进行了明确规定，涵盖征税对象、税率等多个方面，这正是税收法定原则的核心，也是建立税收关系的客观标准。税收程序法定原则要求征纳双方都应遵循法律规定的程序进行操作，但在执法过程中，若面对较为复杂的情形，可以采用"基于正当理由"等不确定性的概念，然而这些概念须经过法律解释加以明确。税收法定原则是依法治国理念在税收领域的具体体现，要完善我国的税制结构，就必须结合中国的实际情况，在税收立法过程中遵循税收法定原则，使征税主体在执法中有法可依，从而有效保障国家税收的稳步增长。

2. 税收公平理论

税收公平原则的核心在于，确保纳税人的税负与其经济承受能力相符，也就是说，处于相同经济条件下的纳税人应当承担相等的税务负担。这一原则可分为横向公平与纵向公平，前者强调同一经济水平的纳税人应缴纳相同数额的税款，而后者则是说同一名纳税人在不同收入水平下，其所承担的税负应与其收入相协调。随着经济的快速增长，各地区由于资源禀赋、政策安排等条件的差异，经济发展水平有所不一，居民消费也日益集中，从而导致消费呈现出更加地区性特征，进而加大了居民之间的收入差距。因此，税收的公平原则在维护税制正常运行、缩小收入鸿沟以及促进社会公正方面显得尤为重要。为了实现共同富裕的目标，在完善现代税制的过程中，需重视税制公平，综合考虑不同纳税人的收入、财富与消费能力，实现在不同类型的所得、财产与消费税种中公平分配税负，使得"量能负担"原则能得到更好的体现。

（二）最优税制理论

本研究致力于探讨在信息存在不对称的情况下，政府如何合理制定税收制度和优化税收结构，以确保效率与公平的统一。最优税制理论颠覆了自由主义经济学长期以来的观点，即市场是万能的，税收必须保持中立，不能干预市场的正常运作。这一理论充分肯定了税收调控的功能，为实现共同富裕的税制结构优化与改革提供了必要的理论依据。最优税制理论主要涵盖三个方面：最优商品税、最优所得税，以及商品税与所得税的结合。

1. 最优商品税理论

在针对不同商品征税的最优商品税理论中，税收的介入会引起商品相对价格的变动，因此超额负担会随之产生且难以消除。因此，研究最优商品税的核心在于确定超额税负最小时应采用的税率水平。拉姆齐（RAMSEY）是首次提出此理论的学者，在探讨英国著名的经济学家，剑桥学派的主要代表塞西尔·庇古（Arthur Cecil Pigou）所遗留的课题时，他将研究焦点集中于效率方面，最终得出的结论是：税率的设定应与商品需求量同比例降低，以达到超额负担最小化。这就是著名的拉姆齐法则。该法则表明，某一商品税率与其需求弹性之间存在反向关系，最优商品税的要求是对需求弹性较小的商品征收较高税率，而对需求弹性较大的商品则降低税负。为了修正商品税对个人工作及休闲的扭曲效应，斯特恩（STERN）对拉姆齐法则进行了调整，他认为，对于高收入群体偏好的产品，不论其需求弹性为何，均应征收较高税率；而对低收入群体尤为喜爱的商品则应适当降低税率，以减轻他们的税负压力。

2. 最优个人所得税理论

研究的核心在于探讨税制的公平性，并试图将公平原则纳入理想税制的设计当中。诺贝尔经济学奖获得者米尔里斯（James Mirrlees）对此进行了深入分析，他的研究表明，所得税的边际税率应设定在 0 到 1。对于收入最高的个人，其边际税率应为 0，而对于最低收入者，如果处于最佳工作状态，其边际税率同样应为 0。中等收入者的边际税率可以适度提高。这个结论表明，最优税制不必完全是累进的；为了最大化社会福利，政府并不一定需要降低最高收入者的税率，适度降低累进程度的所得税同样能够实现收入重新分配的目标。最优边际税率呈现出倒"U"形的特征，中等收入者的税率可以适度上调，而对高收入与低收入者则可以设定为零税率。过高的税率会在某种程度上打击劳动者的积极性，从而导致效率的损失[①]。

3. 将商品税与所得税相结合

商品税与所得税的组合理论表明，直接税与间接税并不是彼此替代或

---

① 米尔里斯（Mirrlees，1971）研究了非线性所得税的最优化问题。

简单对立的关系，而是可以互相补充的。商品税和所得税各自的作用也有所侧重。通常，人们认为所得税是一种理想的税种，可以促进分配的公平性，但商品税在资源配置的效率上则发挥着不可替代的作用。只有当这两种税制能够协调配合时，才能兼顾税收的公平性与效率性。无论各国的政策目标是倾向于公平分配，还是更关注经济效率，最优的选择依然是综合运用所得税和商品税。这种税制的设计能够在促进经济增长和维护社会稳定方面产生积极影响。

（三）税负转嫁理论

税收转嫁理论，作为经济学领域的一项重要理论，阐述了税收负担在社会各阶层间分配不均所引发的经济与社会问题。该理论涵盖三种核心形式：税收转嫁效应、税收结构效应和社会税收转嫁效应。税收转嫁效应特指国家税收政策导致的价格变动，即税收对产品或服务价格的直接影响。在此效应下，某一产品上的税收负担可能通过价格机制传递至其他产品、服务乃至财产收入等经济领域。税收结构效应则关注税收策略对不同经济主体的差异化影响，其效应大小取决于税收策略的具体分配方式。例如，政府征收集体收入税时，若税收政策倾向于低收入群体，则可能导致低收入者的实际收入水平上升，而高收入者的收入水平相对下降。社会税收转嫁效应则涉及政府税收政策对经济体系中多种经济变量的影响，包括但不限于收入、消费、投资、就业和价格等。鉴于政府政策可能对不同社会群体产生差异化影响，社会税收转嫁效应成为税收政策制定中不可忽视的组成部分。

税收转嫁理论描述了企业在税收负担上的转移行为，即企业通过提升产品或服务价格的方式，将所承担的税负转嫁给消费者、投资者、供应商等市场参与者，以减轻自身的税负压力。此类行为可能对社会共同富裕目标产生影响。理论上，税收转嫁可能加剧社会资源分配的不平等，从而对共同富裕产生消极作用。具体而言，税收转嫁可能导致消费者面临更高价格，进而减少其可支配收入，削弱消费能力；同时，供应商可能承担更高成本，影响其盈利能力和投资扩张，进而影响市场竞争力和创新能力。这些因素均可能对共同富裕产生不利影响。然而，税收转嫁的实际影响程度受市场结构、政策环境等多种因素制约。在高度竞争的市场环境下，企业可能难以完全转嫁税负，因为它们必须在价格和市场份额之间寻求平衡。因此，税收转嫁对共同富裕的影响程度取决于市场结构和政策环境等因素。为了实现共同富裕，必须综合考量税收政策、市场竞争、产业政策等多方面因素，以促进资源的合理分配和经济的可持续发展。

第四节　数字税影响共同富裕的功能定位

数字税作为税收的一种，与三次分配有着紧密的联系。初次分配中，数字税可能以生产税净额的形式参与初次分配，体现出政府作为生产要素提供者的身份。此时，税收应保持中性，避免对市场造成不必要的干扰，以激发市场活力。在二次分配中，数字税可能以转移形式参与，政府通过税收手段进行收入再分配，以实现社会公平。虽然三次分配主要由高收入人群在自愿基础上进行，但税收政策可以通过税式支出等形式鼓励和支持慈善公益事业，从而间接参与三次分配。数字税在三次分配中扮演着不同的角色，对促进社会公平和共同富裕具有重要意义。本研究旨在探讨通过"数量增长—质量增长—共享增长"的发展路径，实现全体人民的共同富裕，探索一条既符合中国国情又具有中国特色的共同富裕道路。

一、数量增长：初次分配的效率导向

初次分配作为数量增长的体现，强调在高质量发展的框架下，持续扩大经济规模，以激发全民创造财富的活力。该分配模式根植于生产体系及基本经济制度，受生产体系功能的决定性影响，体现为按劳分配与多种生产要素相结合的分配格局。生产效率的提升即扩大经济规模，是初次分配的首要目标。通过经济的持续发展，就业机会的增加，不仅为社会和谐与稳定奠定基础，而且为政府提供了更宽广的经济调控空间。尽管此分配模式在一定程度上加剧了居民收入的不平等，与共同富裕的原则有所偏差，但其对社会财富增长的促进作用不容小觑，满足了"富裕"的目标。

从历史发展的视角来看，我国在特定历史时期和发展阶段，为了摆脱贫困，党领导人民大力发展生产力，克服平均主义的局限，坚持效率优先、兼顾公平的原则，推动生产力的发展，使得部分地区和部分人群先富起来。政策重心向城市倾斜，重点发展城市建设，以先富带动后富，即通过做大社会主义经济"蛋糕"来提高经济效率。经济基础是上层建筑发展的决定性因素，经济的获取是人们生存的基础。经济的持续发展不仅为人民提供了丰富的就业机会，保障了人们在社会中的生存和发展，还增强了先发展区域对贫困地区的物质支持，实现了区域间的互助，通过城市对乡村的反哺，从而真正实现了共同富裕。

初次分配遵循效率原则，依据市场经济体系中各生产要素的作用进行国民收入分配，包括劳动力、资本、土地和技术等。获取这些要素需支付相应的货币，而这些货币所得构成了各要素提供者的初次分配收入。按要素分配，即根据要素所有者提供的要素对生产的贡献度来获得报酬的分配方式。其特点包括：首先，商品的形成是多种要素相互作用的结果，每种要素都至关重要；其次，要素所有者对其要素拥有绝对的所有权，因此，要素提供者有权根据要素贡献度获得相应的报酬，其他部门或个体无权无理侵占；最后，要素所有者获得的报酬数量应根据要素市场变化来确定，而市场价格则由要素的供求关系决定。这种生产要素分配模式展现了社会主义市场经济高效的资源配置能力，充分调动了各种生产要素的生产性和积极性，促进了社会生产力水平的不断提升，实现了社会总财富的持续增长，以期达到共同富裕的目标。

二、质量增长：再分配过程的公平性重视

再分配过程强调质量增长，注重公平性，构建科学的公共政策体系，加大财政政策的调节力度与增强精确性，以扩大中等收入群体的比例，形成中间大两头小的橄榄型收入结构。再分配模式涉及政府在生产活动之后，通过税收与财政支出来调整不同收入主体间的分配关系。其主要通过社会保障、公共服务以及补贴体系等手段，实现收入分配的协调。与初次分配相比，再分配主要体现在非生产阶段。

　　再分配主要依赖政府实施，即政府通过税收、财政支出调整不同阶层、群体间的分配水平。通过一系列福利体系、社会保障体系及差别性补贴政策等手段，在不同经济主体、社会主体间实现收入分配。再分配是政府运用"看得见的手"进行分配的过程。制度是城市建设与外来人口权利平衡的最基本且有效的保障。政治制度是指社会政治领域中各类政治实体必须遵循的相对稳定的行为准则。它是整个制度体系的一个重要组成部分，与经济制度、文化制度、社会制度、教育制度等共同规范着社会组织与个人的行为，从而保障社会的和谐稳定与长期发展。

　　二次分配具有公平的属性，通过转移支付等形式实现社会总体财富的再分配，一定程度上解决了当前阶段的基本矛盾，即发展的不平衡和不充分问题，并在一定程度上缩小了收入差距、地区差距等。同时，二次分配也具有效率的属性。初次分配实际上是市场配置资源的一种形式，市场这只"无形的手"往往会出现部分失灵，降低了一部分效率，这就需要政府这只"有形的手"进行干预，即通过财政收支进行转移支付，引导要素提供者将要素投向效率更高的部门，从而提高资源配置的整体效率，对初次分配进行补充，以共同促进财富的不断增长，符合共同富裕的生产力要求。尽管二次分配兼顾公平和效率，但其更多的是发挥促进分配公平的作用，其在一定程度上不断地缩小分配的各种差距，符合"共同"二字的要求，即满足共同富裕的生产关系要求。

　　当前，我国经济发展已由高速增长阶段转向高质量发展阶段，在未来的攻关期内，应集中优化经济发展结构、转变发展方式，转换增长动力，以建设成为现代经济体系强国。经济发展是政治运行、社会和谐、文化发展的基础，不断优化经济发展结构，转变经济发展方式，保障各主体间的资源相对平等，创造公平正义的经济运行环境，才能促进经济的可持续发展，为城市的和谐与社会的稳定打下坚实的物质基础。在城市经济的发展过程中，政府应当严格遵循平等与公平的原则，在保障人民拥有平等就业机会的基础上，为弱势群体积极开展职业技术培训，为其提供免费教育、就业培训与技能培训课程，提升其工作能力，提高相应的收入水平，以坚实其在城市中的经济基础与物质条件。

三、共享增长：三次分配促进社会回馈

三次分配作为共享增长的机制，旨在鼓励高收入群体和企业积极回馈社会，营造和谐互助的社会氛围，从而提升人民群众的幸福感。该机制被视为调节收入分配、实现共同富裕的关键途径。与初次分配和再次分配不同，三次分配主要依赖于高收入群体基于自愿原则，通过捐赠、慈善活动和资助等公益手段对社会资源和财富进行重新分配。它作为初次分配和再次分配的有益补充，有助于缩小社会差距，促进更为合理的收入分配模式。三次分配不仅补充和完善了初次分配与再次分配，而且在一定程度上能够弥补市场失灵和政府失灵，推动形成更为合理的财富分配格局，进而助力实现共同富裕的宏伟目标。展望未来，初次分配、再次分配与三次分配的协调配套将成为我国分配制度的基础性架构。

三次分配体现了高收入群体通过慈善公益手段对低收入群体的援助。其有效实施依赖于两大体系的支持：一是激励体系，涵盖社会道德舆论、税收体系，特别是财产税、遗产税以及捐赠税收优惠政策；二是保障体系，要求政府建立有效的信托法律制度，并由非营利性法人，尤其是慈善团体，负责慈善捐赠的收集、转移和分配工作。为了实现有效的三次分配，必须遵循以下原则：首先，三次分配应遵循自愿与公平原则。政府政策应积极引导高收入群体和资本得利者参与社会公益事业，激发其积极性。其次，三次分配对激励体系、慈善政策、税收政策及法律保障机制提出了更高要求。税收方面，需完善累进所得税、财政税、税收减免等措施，并优化激励体系。同时，应进一步推广公益慈善文化，营造全社会的人文关怀氛围，从道德层面强化社会责任感和优良传统的传承。

习近平总书记在《扎实推动共同富裕》一文中强调，必须坚持以人民为中心的发展思想，在高质量发展中促进共同富裕，正确处理效率与公平的关系，构建初次分配、再次分配、三次分配协调配套的基础性制度安排，加大税收、社保、转移支付等调节力度并提高精准性，扩大中等收入群体比重，增加低收入群体收入，合理调节高收入，取缔非法收入，形成

中间大、两头小的橄榄型分配结构，促进社会公平正义，促进人的全面发展，使全体人民朝着共同富裕目标扎实迈进。

四、扩张增长：收入分配极化效应

在数字经济背景下，对注册地国和生产国三个层次的税收分配，无疑对国际政府财源的分配产生了影响，并形成了相应的财源空间分配体系。其中，初次分配中税基的界定对各国财源合理分配的影响尤为关键。税收在初次分配中的偏差，不仅会直接影响市场国政府的财源，而且势必会对后续的二次分配和三次分配产生影响，导致不同地区财政区位失衡的后果。影响初次分配最大的因素是市场是否作为税基界定的基本因素，因为市场的存在及其规模决定了税基分配的基本条件。随着线上市场对实体市场的冲击增大，数字平台对各国财政收入分配的总体影响也越来越大。

可以预见，在当前市场经济运营模式下，线上市场的资源配置依然更倾向于资本，相应的原料、劳动和技术所占份额并不处于优势地位，而且其份额还会逐步下降，从而扩大全球财政收入分配的差距。造成这种现象的原因不难分析：资本在数字企业的领导层占据着绝对的话语权，决定了资本在初次分配中的占比会相对较高。不仅如此，资本还控制着数字技术和数据对生产要素的产出，从而逐步蚕食劳动等其他生产要素的利益，如随着数字技术的发展，许多职业都已经逐步被人工智能取代，进一步加速了劳动要素在生产要素中贡献率的持续下降。

目前国与国之间、一国的不同层级之间的收入分配极化效应随着数字经济的发展越来越明显，欠发达国家或地区的企业利润逐步加大转移到发达国家或地区。在一国内部，富人和穷人的收入差距在市场经济体制下随着资本的扩张也趋向两极分化。这与中国长期以来追求共同富裕的社会主义最终目标和中国倡导的构建人类命运共同体的价值目标是不符的。因此，对数字经济税收进行系统化、科学化的顶层设计显得非常必要，在世界经济与政治格局越来越多极化的形势下，合理制定有利于推动构建人类命运共同体的国际数字税收规则显得尤为迫切。

第五节　数字税影响共同富裕的作用机理

在我国，政府的"有形之手"与市场的"无形之手"相辅相成，共同推动生产力的提升与社会的发展。政府干预使用的手段多种多样，其中税收在资源配置的机制中扮演着关键角色，是实现共同富裕的重要工具。税收政策通过合理设计税种、税类、税制要素以及征收管理等方面，发挥税收作为自动稳定器的功能，以调节社会资源的配置，维持供给与需求之间的平衡，促进经济的稳定增长。合理配置税制结构，更能展现税收在推动经济发展和调节收入分配上的作用。鉴于我国目前实行以直接税和间接税为双重主体的税制结构，本书将从数字税的税系结构、税类结构、主要税种、税制结构在不同经济发展水平表现等视角，深入探讨数字税对我国共同富裕的影响机制。

一、税系结构对共同富裕的影响机制

（一）间接税对共同富裕影响的机制

间接税因其较容易转嫁税负而显示出隐蔽性，它的征收直接反映在商品售价之中，纳税人对其税负的感知相对较弱，因此对其纳税积极性产生的影响较小，由此导致税款的征收难度较低。此外，几乎所有商品和服务都可能成为征税对象，使得税源和税基相对充足，这为财政收入的筹集创造了有利条件。这也为政府提升治理效率、增加公共服务供给以及实现共同富裕提供了充分的物质支持。从理论上看，间接税主要通过供给和需求两个方面影响我国的共同富裕。

从需求的角度来看，间接税的税负主要被转嫁到消费者身上，这具体体现在消费品的价格上。当居民的收入保持稳定时，税负的转移会导致商品价格的上涨，同时也会削弱居民的实际购买能力。不同收入层次的消费者承受着相同的税负，这对公众的消费积极性会产生极大的负面影响，违背了税收的纵向公平原则。此外，间接税大多数采取比例税率，随着纳税人收入的增加，边际税负反而会递减，显示出明显的累退特征，不利于实现量能课税的目标，也妨碍了税收在收入分配调节方面的功能。

从供给的视角来看，产品在销售之前，其税务负担被视为企业的生产成本，归企业自行承担。然而，通过对各类商品和服务征税，税率的变化经过各个环节的转移，最终会影响商品的定价。为了追求利润的最大化，企业会通过调整经营策略或改进生产工艺等方法来降低生产成本，或通过提高商品价格将税负转移给流通环节的下一个阶段。这样，企业通过价格机制调节供需，实现对间接税负的逆向调节。虽然这在一定程度上有助于稳定经济增长，但另一方面，商品价格与实际价值已然脱离，使得价格不再"纯粹"，这对资源配置的有效性具有负面影响。然而，间接税也可以根据不同行业的特点和利润水平，设定不同的税率，以此通过价格机制的传导实现行业之间的调节。综上所述，间接税在促进共同富裕方面既有积极的推动作用，也存在消极的阻碍因素。

（二）直接税对共同富裕影响的机制

直接税通过个人收入水平和企业生产决策的需求和供给两个层面作用于共同富裕水平。其显著特点是税负难以转嫁，税收对象涵盖收入和财富，因此，可以直接影响到个人收入和企业利润。同时，由于其具备累进特性，个人及企业的税负会随着收入的增加而提升。这种税负的变化与纳税者的财富水平相适应，体现了税收公平性原则，有助于直接税实现调节收入分配的功能。

从需求角度分析，实施个人所得税的征收会直接减少个人的可支配收入，导致预算约束线向左移动，使得消费者的消费意愿下降。这将导致消费支出减少，或者为了保持原有消费水平，消费者可能会调整购买商品的组合。在替代效应的影响下，居民的边际消费倾向会提高，进而促使企业在需求方面作出供给结构的调整。不同收入水平的群体在税负方面也存在差异，其边际消费倾向因此有所不同。这将引发居民收入的重新分配，帮助调节财富差距，促进机会公平。

在调整供给结构的过程中，企业缴纳企业所得税将导致税后利润减少，这相当于企业成本增加，而这部分成本不能被转嫁。于是，企业势必会采取措施降低生产要素的成本，进而对其生产战略和发展方向作相应调整，进而强化技术创新，改变经济发展模式，从而提升科技水平，增强创新能力，最终提升企业在市场中的竞争力。

这一点在我国新三板市场体现得尤为明显，相比较主板主要针对大型蓝筹企业而言，而新三板市场多为创新型、创业型、成长型中小微企业，这类企业往往在竞争激烈的市场中，显现出竞争力的不足，为了求得发展往往会改变原有的生产模式，选择退出市场或者转向利润更高的行业，从而提高资源配置的效率，促成区域、行业与产业之间的良性发展链条，这也将有助于优化市场环境①。而从公平的视角来看，新三板上市的中小微企业如果能够实现自身效用的最大化，并在市场上获得公平的机会，在优化和更好地配置生产要素的过程中，去调整产业结构，提高全社会的经济总量②，这也将从效率的角度阐释共同富裕的概念。

二、税类结构对共同富裕的影响机制

流转税类对实现共同富裕目标的影响具有双重性，既包含正面效应亦涵盖潜在的负面效应。从积极效应角度分析，流转税以商品生产、交换及商业性劳务提供为征税基础，其征税范围广泛，通常不受生产与经营成本及费用波动的影响，确保了国家财政收入的及时性、稳定性和可靠性，从而增强了共同富裕的物质基础。此外，流转税的存在亦可促进资源的优化配置，引导市场资源向效率更高、质量更优的产品和服务倾斜，进而激励企业在产品设计、生产流程、市场营销等方面进行创新，以减轻税负或提高税收回报率。这种激励机制有利于推动企业提升技术水平与创新能力，进而促进经济增长的质量与效益，为共同富裕的推进提供动力。

然而，从负面效应角度审视，首先，流转税强度过高可能会增加企业成本，对企业的经营和盈利产生不利影响。其次，流转税作为间接税种，

---

① 金鹏伟. 注册制下新三板市场生态变化与转板机制研究［J］. 新金融，2021（1）：9.
② 金鹏伟. 注册制下新三板市场生态变化与转板机制研究［J］. 新金融，2021（1）：11.

可能导致商品价格上涨，进而减缓商品流通速度和市场需求。最后，流转税的存在可能引发市场竞争的不公平性，尤其是对于规模较小的企业，其在市场竞争中可能因流转税的负担而处于不利地位，而规模较大的企业则可能因更高的生产效率和更低的生产成本而更容易承担流转税的负担。

所得税在促进共同富裕方面的作用，主要源自其固有的"自动稳定器"效应。该效应指的是所得税能够依据经济活动的波动自动调整，进而对总需求产生影响，以缓解经济波动，保障经济平稳运行与发展，这一点是其他税种所不具备的。所得税通过针对高收入群体实施较高税率，并将所征税收用于社会保障和公共服务领域，实现收入的再分配，有助于缩小贫富差距，推动社会向更加平等的方向发展，从而为共同富裕的实现提供坚实基础。此外，财产税通过对居民财富的存量和流量进行调节，确保财富较为集中的高收入者承担相应的税负，旨在实现公平分配，减少贫富差距，进而促进共同富裕。财产税直接对居民财产征税，有效避免了财富的少数人集中和代际传递，降低了社会财产的集中度，推动了社会财富的公平分配，对提高全社会共同富裕水平具有积极作用。

资源税类，作为针对矿产、能源、水资源及森林等自然资源征收的税种，具有促进资源合理利用与保护的功能。资源税的征收能够引导企业控制资源消耗，推动资源节约与合理利用，进而减少环境污染，维护生态环境。此外，资源税的征收亦能为政府财政收入的增加提供助力。所得税可用于区域经济发展、社会福利制度建设等领域，从而提升政府公共服务能力，推动民生改善，促进社会共同富裕。最终，资源税的征收亦可促进产业的转型升级。通过引导企业进行技术创新和产业转型升级，资源税有助于推动经济发展方式的转变，加强产业转型升级的内生动力，有利于经济的持续发展，提高人民收入水平，实现共同富裕。因此，资源税类通过多种机制，包括引导企业合理利用自然资源、加强资源环境保护、增加政府财政收入、推动产业转型升级等，为推进共同富裕提供了重要支撑。

尽管行为目的税类在税收结构中所占比例较小，但其与纳税人的日常生活和生产活动紧密相连。例如，车辆购置税、印花税等辅助税种，几乎与每一个纳税人或市场参与者息息相关。若行为税种类繁多或税率过高，将不可避免地加重纳税人的税负，从而在一定程度上抑制市场消费和投资行为，减少相关产业的发展，影响就业，增加经济发展的负担，对共同富裕产生负面影响。

不同税类对共同富裕的影响存在差异性。所得税、财产税、资源税类的增加有利于推进共同富裕，而流转税、行为目的税类的增加则可能不利于共同富裕的推进（见图3-1）。

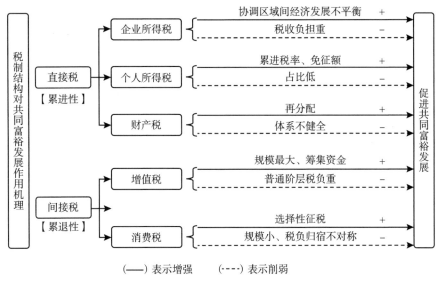

（——）表示增强　　（----）表示削弱

图3-1　理论分析路径

资料来源：蒋南平，李艳春. 共同富裕中国式现代化的理论与实践创新——基于党的二十大精神解读［J］. 政治经济学评论，2023，14（1）：28.

三、主要税种对共同富裕的影响机制

在探讨主要税种对共同富裕影响的视角下，增值税的作用效果需从两个维度进行深入分析。首先，增值税作为我国税收体系中的核心税种，其征收比例约达40%，在政府财政资金的筹集方面发挥着至关重要的作用，这对于促进经济增长和保障民生支出具有深远意义[①]。其次，增值税的固

---

① 储德银，费冒盛. 财政纵向失衡、税收努力与地方经济增长［J］. 当代财经，2021
（10）：30-42.

定比例征税机制及税负转嫁的便捷性，可能导致整体税制表现出累退性特征。此外，增值税的高比例征税可能加剧地方政府对增值税的依赖，促使地方政府过度投资于大规模产业，从而导致产业结构失衡。这种失衡状态不利于地方经济的持续增长，亦对推动地方共同富裕形成障碍。

消费税作为一种针对特定商品征收的税种，其税负主要由高收入群体承担，从而在收入分配领域发挥调节功能。该税种显著体现了"寓禁于征"的原则，通过征税手段对高污染、高能耗以及环境破坏行为施加限制，进而引导企业和消费者转变生产和消费模式。在一定程度上，消费税有助于促进社会可持续发展，并增强共同富裕的共享性和可持续性。然而，消费税的部分税目可能与资源税、环境保护税等税种存在重复征税现象，这可能会对经济运行产生不利影响。此外，消费税的实施可能导致消费品和服务价格上升，进而对人们的消费决策产生负面影响，尤其是在低收入群体中这种影响更为显著，这些因素均不利于共同富裕目标的实现。

企业所得税作为我国财政收入的关键组成部分，对促进我国共同富裕水平具有显著影响。首先，企业所得税能够激励投资行为。政府通过设定适宜的企业所得税税率，减轻企业税负，从而激发企业对科技创新、环保、教育以及社会共建共享相关领域的投资热情，为共同富裕的推进营造了积极的市场投资氛围。此外，企业所得税的税负难以转嫁，导致企业税后利润减少，进而促使企业降低生产要素成本，调整生产方向与策略，推动企业创新进程。同时，该税种有助于淘汰低效生产者，促进产业发展的良性循环，实现产业结构的调整与优化。

个人所得税作为直接调节收入分配公平性的税种，在我国税制结构中占据核心地位。个人所得税通过调节财富分配，对高收入群体施加较高税率，同时对低收入群体提供税收减免，实现财富的再分配，有效促进机会公平和共同富裕水平的提升。个人所得税的相关附加扣除项能够直接激励高素质、高技能劳动者持续学习和提升专业技术水平，增强劳动者的素质和能力，有利于改善国民经济发展环境，推进共同富裕。此外，个人所得税的课税对象为个人的应税所得，税负不易转嫁，这在一定程度上降低了居民的可支配收入。在效用最大化原则的驱动下，消费者会调整原有的消费组合，从而推动供给侧的结构性改革。同时，个人所得税在税率设计上采用累进税制，更好地体现了量能纳税原则和税收公平性，有利于推动共同富裕的实现。

不同税种对共同富裕的影响存在差异性。企业所得税和个人所得税的增加对共同富裕的推进具有积极作用，而增值税和消费税的增加则可能对共同富裕的推进产生不利影响。

四、税制结构在不同的经济发展水平对共同富裕的影响机制

税制结构的优化是一个动态演化的过程，其调整需依据政治、经济和社会环境的变迁。在国民经济发展的初级阶段，政府往往更倾向于追求效率。间接税因其隐蔽性和易转嫁性，有助于政府统筹财政，提升公共服务水平，发挥政府职能[①]。在这一阶段，以间接税为主体的税制结构对实现共同富裕的影响主要表现在两个方面：其一，该税制结构可能提升经济发展的效率；其二，它为政府提供了财政基础，进而对共同富裕的发展产生影响。由于收入和财产较少，直接税在调节收入分配方面的作用相对有限。因此，在这一阶段，直接税对共同富裕的促进作用相对较小。

随着国民经济的发展进入较高阶段，国民财富总量持续增长，税收监管体系亦逐步完善。在此背景下，直接税的税源日益丰富，使得直接税能更有效地调节不同群体间的收入分配[②]。同时，市场制度建设和信用法治建设的规范化提升，以及居民纳税意识的增强，为直接税的征收提供了更为便利的社会环境。因此，在这一阶段，以直接税为主体的税制结构，包括个人所得税和财产税，能够优化市场资源配置，推动经济高质量增长，并完善再分配格局，缩小收入和财富差距，促进共同富裕的实现。此外，研究显示，在经济发展的高水平阶段，企业所得税与企业创新能力呈负相关。减轻企业所得税负担能够显著提升企业创新能力，促进企业发展，巩固共同富裕的物质基础。

---

① 王维嘉，储德银，纪凡. 税制结构优化与共同富裕：作用机制与经验证据 [J]. 税务研究，2024 (7)：17 - 25.

② 梁季，陈少波. 共同富裕背景下扩大中等收入群体的财税制度优化路径 [J]. 学习与实践，2024 (2)：91 - 101.

综上所述，在国民经济发展的较低阶段，直接税难以有效发挥其调节作用，而间接税能够提升经济效率，筹集财政收入，促进共同富裕。随着经济的持续发展，直接税，包括个人所得税、企业所得税和财产税，能够有效缩小收入和财富差距，推动共同富裕。基于以上分析，本书提出：在不同经济发展水平下，直接税和间接税对共同富裕产生差异效应。不同经济发展水平下，直接税的主要税种对共同富裕产生差异性效应。

第四章　全球化背景下数字税的国际经验

第一节　国际数字税发展演进脉络

数字经济的快速发展引发了商业模式的巨大变革。据联合国贸易和发展会议的统计，2023年全球电子商务的销售总额达到了6.3万亿美元。这个销售额涵盖了企业之间和企业与消费者之间的交易，约占全球年度国内生产总值的30%。随着数字经济的蓬勃发展，它对基于传统经济的税收规则和国际税收体系带来了巨大的冲击和挑战。各国为应对数字经济所带来的税收难题，实施了多种单边或多边的应对措施，其中包括数字税。单边数字税在起源和发展过程中经历了诸多争议，通常可以分为三个主要的发展阶段。

以2018年3月OECD发布的《数字化带来的税收挑战：2018年中期报告》为标志，之前数字税还处于理论探索阶段，各国政府对此进行广泛关注。此后，数字税开始进入政策制定阶段，各国逐步推出相应的数字税方案。2020年10月14日，经济合作与发展组织发布了"双支柱"蓝图，这标志着数字税进入了单边措施实施的加速阶段，并在共识方案的博弈之后进行实践转化。

一、理论孕育期：对数字企业征税引起广泛关注

2013年，法国数字税收工作小组发布报告指出，数字经济利润的一部

分应归属于接受服务的消费者,这部分收益来源于消费者所在的国家。该报告认为,所有大型数字经济企业的共同特点是对客户活动进行系统性、定期的监控,并深入分析这些数据。因此,报告强调法国需确定应归属于本国用户活动的企业利润比例。尽管这一观点在当时引发了广泛关注,但并未促使政府采取具体措施。

2014 年 5 月,欧盟委员会在其数字经济专家小组的报告中指出,针对数字经济所引发的税收问题,应当通过增值税来应对,而不是依赖"数字应税存在"的概念。

虽然 2015 年 10 月启动了关于税基侵蚀与利润转移的项目,但由于缺乏有效应对数字税收问题的方案,欧盟各国对微软、苹果、星巴克、谷歌和亚马逊等跨国企业进行税务调查的消息频频出现在媒体上,受到国际社会的广泛关注。即使如此,欧盟依然坚持在传统的框架内探索数字经济课税规则的解决途径。在这一时期,由于各方都集中关注税基侵蚀和利润转移的问题,因此改革并未取得实质性的进展。

自 2017 年以来,受政治因素的影响,欧盟在数字经济课税问题上的立场变得更为坚定。2017 年 3 月,欧盟 27 国领导人在《罗马宣言》中指出,在条约框架下,各成员国可以以不同的速度和程度朝着同一目标迈进,这表明"多速欧洲"理念将在税收政策方面演变为欧盟内部的"意愿联盟"。由法国、德国、意大利和西班牙主导的欧盟税收"意愿联盟"倡导者,将成为推动欧盟建立数字经济公平税制的主要力量。

2017 年 8 月,爱沙尼亚作为欧盟的轮值主席国,提出了利用"虚拟常设机构"(virtual PE)作为标准,来对现行的常设机构定义进行补充和修改,以满足数字经济的发展需求。随后在 9 月 9 日,法国、德国、意大利和西班牙四国联合发表声明,呼吁欧盟采取短期措施来应对数字经济带来的税收问题,并征收"平衡税"(equalization levy)。

在各个成员国的持续呼吁下,欧盟委员会于 2017 年 9 月 21 日发布的"欧盟数字单一市场公平与有效税制"公报中,提出了针对数字经济的三种短期税收应对方案。方案包括:对数字企业的营业收入征收平衡税、对数字交易征收预提税,以及对提供数字服务或广告的收入征税。然而,这些提议遭到了爱尔兰、马耳他等国的强烈反对。为此,欧盟在 10 月下旬宣布可能会限制小国的税收否决权，以便推进需要成员国一致同意的税改等议题。

当时，欧盟委员会表示这项税种是针对所有未被征税或征税不足的收入，这些收入源自各种互联网经营活动，包括企业之间和企业对消费者。该税收允许在公司所得税中抵免，或者作为一项独立税种。同时还指出，这种税收可以采用更加"有针对性"的征收方式，例如对因提供数字服务或广告所产生的收入进行征收。

2017 年 10 月 26 日，欧盟委员会在整合了多方观点后，首次提出要采用短期和长期的措施，通过"两步法"来解决经济数字化的税收问题，并就具体方案向公众征求意见。2017 年 12 月 5 日，欧盟的经济及财政事务理事会（ECOFIN）通过了一项修订提案，该提案是在 9 月 21 日发布的公报基础上进行的，旨在应对数字经济在利润征税方面所面临的挑战。该提案强调了完善数字经济直接税政策的迫切性，并明确将基于税收中性原则，改进现有的常设机构、转让定价（独立交易原则）及利润归属等传统税收规则。提案还建议引入"虚拟常设机构"的定义，允许各成员国在不违反欧盟法律框架的前提下实施临时性应对措施，例如欧盟提出的针对数字经济企业在欧盟内营业额征收"平衡税"的方案。

二、政策制定期：各国相继出台数字税方案

2018 年 3 月，OECD 在向二十国集团提交的《数字化带来的税收挑战：2018 年中期报告》中揭示了数字经济公平税收方案，期望利用一种临时的税收措施——数字税，以应对数字经济对税收带来的挑战。数字税的推出，引发了全球的热烈关注。

2018 年底，英国政府宣告自 2020 年 4 月 1 日起开始征收数字税。政府表示，从事特定数字业务的公司将根据其在英国用户参与过程中创造的价值进行纳税。该税种主要针对社交媒体网站、搜索引擎以及以英国用户为目标的在线商店，前提是这些企业的年销售额超过 5 亿英镑（约合 43.5 亿元人民币），且其来自英国用户的收入超过 2 500 万英镑（约合 2.2 亿元人民币）。然而，互联网金融和支付服务提供商在英国是免于缴纳此税的。

2019 年 3 月，欧盟宣告暂时停止推进单一数字税。在不久后的 4 月 8 日，法国国民议会通过了数字税相关法案，而该法案在 2019 年 7 月 11 日得到了法国参议院的批准，并于 2019 年 7 月 24 日被法国总统签署实施，标志着这是全球首个正式实施的数字税法律。

2019 年 7 月，法国参议院通过了针对数字服务的税法，随即引发美国的反感，因为他们认为该法案意图专门针对美国的科技巨头。因此，美国对法国的数字税展开了"301 调查"。在 2019 年 8 月举行的七国集团峰会上，担任轮值主席国的法国将数字税议题列为重点，并与美国就此问题达成了一致，决定在经济合作与发展组织的框架下寻求解决方案。根据协议，法国将向涉及税收的互联网公司退还其所缴纳的数字税与经济合作与发展组织计划机制征收税款之间的差额。

2019 年 12 月，意大利效仿法国，颁布了新的税法，针对全球年收入超过 7.5 亿欧元且在意大利的数字服务收入超 550 万欧元的大型科技公司，征收 3% 的数字税。该税种旨在针对上述公司在意大利的营业收入进行征税。这项税收从 2020 年 1 月 1 日起正式实施。法国和意大利的这一先行措施，激励了更多国家积极推进数字税的相关政策。奥地利在 2019 年 12 月下旬发布了数字税的相关指南，而土耳其的数字税则于 2020 年 3 月 1 日开始实施。

三、实践转化期：单边措施与共识方案的博弈

根据毕马威（KPMG）的不完全数据，截至 2020 年 10 月，全球已经有 8 个国家或地区实施了单边数字税。同时，还有 5 个国家表示有意向或正在提出相关实施方案。需要指出的是，这些数字并不包括那些在经济合作与发展组织若未能在 2020 年底达成改革共识后打算独立实施此税种的国家，如挪威，以及那些仍在等待全球解决方案的国家，如比利时和加拿大。

虽然欧盟委员会在 2018 年 3 月已经提出了征收数字税的计划，但至今为止，欧盟各国成员对此尚未达成共识。尤其是丹麦、瑞典、芬兰、爱尔兰和马耳他等国家，其中爱尔兰和马耳他属于低税率国家，明确表达了对这一计划的反对态度。

欧盟内部仍在积极努力寻求对数字税的方案达成共识，并致力于与经济合作与发展组织协商，曾期望能在 2021 年前将数字税的相关规定纳入欧盟法律中。欧盟委员会发言人丹尼尔·费里曾于 2020 年 10 月 13 日在新闻发布会上对记者表示，欧盟委员会对经济合作与发展组织提出的两大支柱提案蓝图表示欢迎，因为这为后续谈判奠定了坚实基础。然而，他也指出，欧盟必须尽早实施计划，以确保对大型数字公司的公平征税。欧盟理事会主席查尔斯·米歇尔向欧盟领导人说明，他曾在 2021 年 3 月 25 ~ 26 日就数字税等相关议题召开峰会。因经济合作与发展组织在数字税收方面的讨论未能取得成功，欧盟已在 2021 年上半年提出单边的数字税方案。

在非洲，非洲税收征管论坛（ATAF）曾于 2020 年 9 月 30 日发布了数字税的立法模板，旨在为考虑实施数字税的非洲国家提供立法框架和内容的指导。该论坛建议，单边的数字税税率应设定为从实施国获得的数字服务收入的 1% ~ 3%。这里所指的数字服务收入，是指公司或跨国企业在收费期间，直接或间接地从实施国获得的与数字服务提供相关的总收入，或可归因于实施国的收入。由于这是一个立法建议，因此，非洲税收征管论坛对数字服务的定义非常宽泛，涵盖了通过互联网或电子网络（包括一些在线平台）提供的所有服务。自 2020 年 10 月以来，二十国集团与经济合作与发展组织为了防止进一步采取不协调的单方面税收措施，承诺在 2020 年底之前制定出一个基于共识的解决方案。这个基于共识的方案包含两个关键支柱：第一支柱侧重于企业的连接和利润分配，第二支柱则关注于解决税基侵蚀和利润转移等遗留问题的全球最低税。这不仅能确保税收制度的公平与公正，还有助于完善税收体系。

第二节　域外单边数字税法律规制方法

一、英国的立法和实践分析

不同于欧盟内部实施数字税的计划，英国自 2020 年 4 月起对特定类型的数字企业征收数字税。其征税依据并非基于经济显著存在原则，而是依据用户在英国参与所产生的价值。英国数字税的法律依据包括《公司税和数字经济立场文件》（以下简称"立场文件"）以及《英国数字税咨询草案》（以下简称"咨询草案"），这些文件阐述了英国在该领域的立场。文件指出，现行税收体系未能适应某些商业模式的变革，特别是那些通过用户参与创造价值的模式，因此亟须采取相应措施。通过这些文件，英国明确了数字税的纳税主体、客体、税收问题、用户参与价值的利润分配规则、港口安全规则以及税务申报等事宜。

（一）纳税主体与客体

依据用户参与模型，英国数字税的纳税人被划分为特定的企业类别，并在法律框架内征收数字税。根据征求意见稿，这些企业主要分为三类：首先是搜索引擎类企业，这类数字企业通过向英国用户提供搜索服务，并通过在线广告、互联网信息承包服务以及出售数据信息等方式获得收入；其次是社交媒体类企业，包括社交网络、评论平台、博客、内容分享平台、约会平台等；最后是其他有相应佣金和广告收入的企业，例如在线应用市场、共享经济平台等。值得注意的是，并非所有上述主体均需承担纳税义务，只有当全球数字服务收入超过 5 亿英镑，并且英国用户的参与对这项收入贡献超过 2 500 万英镑时，相关企业才需履行纳税责任。

（二）用户所在地的确定

英国的用户定位标准主要基于两个方面。首先，考量用户的习惯性居住地是否位于英国境内；其次，用户在从事相关商业活动时，活动地点亦需在英国境内。除了一般原则外，在特定情况下，例如用户频繁跨国旅行，或在海外旅行期间点击由英国数字服务提供商为英国公民制作的广告，相关规定将适用于电子商务服务的跨国旅行者。

（三）利润分配规则

依据用户参与理论，英国的数字税将对数字跨国公司总部的剩余利润征税，该利润被视为用户参与所创造的价值。在确定应税利润时，首先需排除总部以外的子公司或分公司（或其他构成常设机构的实体）的收入，以及集团总部基于公平交易原则支付的日常职能费用。随后，按照特定百分比对剩余利润征税。

（四）安全港

英国的"数字服务避税港"规定，对于亏损或低利润企业，将根据特定计算公式实行税收减免和数字税收减免。计算公式为：利润×（应税交易率－免税）×A系数，初步设定A系数为0.8。此外，在计算纳税人的利润率时，需综合考虑企业的经营状况。为防止企业通过转移定价策略人为降低利润，英国政府还将考虑英国用户的参与度：若最终利润率为零，则企业无须支付数字税。值得注意的是，安全港规则的适用具有选择性。

（五）对英国数字税的评析

随着英国逐渐成为美国以外数字巨头的重要技术集中中心，英国的数字税将适用于大多数国际互联网巨头。由于英国的数字税采用双门槛方法，这将避免英国与其他欧盟成员国数字公司的避税行为，其潜在的税收影响将集中在谷歌、脸书和苹果等在英国拥有较高市场份额的公司。这显然会导致对美国数字企业的税收歧视，可能违反世界贸易组织规则和国民待遇原则。英国的数字税是解决当前数字税收问题的一个先进尝试。关于用户参与价值创造过程的讨论也有助于加强当前的国际税收理论，并可能是不同国家的重要后续行动，但不可避免地存在一些问题。首先，关于数字税的语义解释存在两种不同的结论，这主要由用户参与的概念所主导，而利润分配规则的混合性导致了两个完全不同的规则的合并，引起了更多的争议。其次，英国的数字税可能不利于当前的国际税收体系，反而会在其中造成混乱。主要原因是，通过双重服务税的双重门槛，许多美国互联网巨头已经基本停止缴税，针对美国企业的税收歧视将导致新一轮单边主义浪潮，税收措施显然不利于建立统一的国际税收体系。

二、法国数字税立法和实践分析

（一）法国开征数字税法的背景

2019 年，法国政府的财政赤字攀升至国内生产总值的 3.1%，这一比例已超越欧元区设定的 3% 的警戒阈值，并显著超出了欧洲财政指导原则所规定的范围。鉴于公共财政的巨额支出与财政收入来源的缩减，法国政府面临财政收入紧张的严峻局面，这促使法国政府下定决心对跨国互联网企业征收数字税，以充实国库。作为美国互联网企业的主要市场之一，法国为美国大型数字公司提供了丰厚的利润来源，因此，对互联网服务提供商征收数字税成为法国政府拓展税源的关键策略。2019 年 4 月至 7 月，法国国民议会和参议院相继通过了法国数字税法案（亦称"GAFA 税"法案），该法案自 2019 年 1 月 1 日起生效。据法国媒体报道，新税法预计将影响至少 30 个跨国实体，其中 17 个为美国企业，仅有 1 个为法国本土企业。自 2020 年 12 月起，法国向亚马逊、脸书、谷歌以及苹果等四家美国数字科技巨头发出通知，要求它们缴纳数字税。可以认为，在欧盟成员国中，法国率先实施了数字税的征收，并表明只有在欧盟推出替代性措施后，才会考虑废止该税收政策。尽管法国征收数字税的举措引发了不同的观点，但其在解决数字税问题上的成效是迅速且显著的，有可能被其他国家，特别是其他欧盟成员国所效仿（孙南翔，2019）。

美国对包括法国在内的多个国家征收数字税的政策表达了强烈的反对意见。2019 年 7 月 10 日，即法国参议院表决通过数字税法案的前一天，美国贸易代表办公室（USTR）根据《1974 年贸易法》第 301 节宣布对该法案进行调查。调查主要针对法案对美国企业可能造成的实际歧视、追溯性问题以及不合理的税收政策。在美国的压力下，法国数字税自 2020 年 1 月起暂停实施。截至 2021 年 1 月，已有 10 个国家受到美国贸易代表办公室的"301 调查"，调查结果被整理成报告，为美国未来采取具体制裁措施提供了法律依据。

（二）法国数字税法核心内容概述

在应税服务领域，法国针对两类数字服务实施了数字税：一是提供数字接口，促进用户间建立联系与互动，即中介服务；二是向广告商提供服务，旨在依据收集的用户数据，在数字接口上投放针对性广告信息。同时，法国数字税法亦明确了免税对象，涵盖直接销售网络平台、支付平台及通信服务。

税基设定方面，若数字企业所属集团在上一纳税年度内，通过提供上述数字服务获得的收入超过两个阈值，则提供至少一项此类服务的法国或外国公司需遵守法国数字税规定：其一，全球营业额达到 7.5 亿欧元；其二，在法营业额达到 2 500 万欧元。一旦超过这两个临界值，特定条件下该数字企业在法国的收入应全额纳税，税基中不得扣除任何费用。此外，这两个阈值均需在集团层面进行合并计算。

在税率方面，法国数字税的税率定为数字企业所属集团全球数字活动总收入的 3%。

在配套措施方面，为确保数字税的有效实施，法国政府采取了一系列全面的配套措施。首先，法国政府加强了税务机构的职权，例如设立了专门负责税收征管的税务警察，并赋予其搜查、逮捕、税务稽查和起诉的权力，以严厉打击逃税和税收欺诈行为。其次，法国政府积极开展了多边税收信息交换工作，与税收协定缔约国签订了税收情报交换协议，通过国际合作有效掌握了跨国数字企业的资金流动链条，并从中筛选出非法利润转移行为。同时，鉴于部分国家和地区长期以低税率吸引大型跨国企业注册皮包公司转移利润，税收情报交换存在障碍，法国政府公开了不合作国家或地区的"黑名单"，并按照 75% 的预提所得税税率对向名单上的国家或地区支付营业利润的公司征税，通过具有惩罚性质的税收手段，限制跨国数字企业向境外大规模转移利润，以保护本国税基不受侵蚀。

（三）对法国数字税法的评价

1. 构成税收协定项下的歧视

国际税法的渊源主要由主权国家之间缔结的双边税收协定构成，而双边税收协定的主要目的之一即为避免缔约国的居民企业承受双重征税的负担。因此，协定规定了对来源国征税的限制、消除双重征税的方法与相互协商程序等制度，以防止跨国企业因不公平的税收负担而受到损害，从而对国际投资与贸易形成阻碍。因此，必须对法国数字税能否适用税收协定，从而享受协定项下的税收优惠与保护这一基本问题进行探讨。

首先需要考虑的是，法国数字税法规定在集团层面评估数字税税收，包括全球范围内所有由母公司直接或间接拥有或控制的公司。这就意味着，法国数字税是对该集团内每一个符合门槛条件的公司征收的。因此，集团内每一家在法国有营业活动的公司都可以对该措施提出疑问，而质疑所依据的条约取决于质疑的公司的居住地①。

例如，如果谷歌的爱尔兰公司（以下简称"谷歌爱尔兰"）负有向法国政府交纳数字税的义务，则谷歌爱尔兰可以根据法国和爱尔兰之间签订的双边税收协定对法国提出疑问，因为它是由《爱尔兰和法国关于对所得避免双重征税和防止偷漏税的协定》（下文简称《爱尔兰与法国税收协定》）第2条所定义的爱尔兰纳税居民，并有权享受协定提供的保护。事实上，目前世界各国签订的税收协定无论是以《OECD范本》还是《UN范本》为基础，实际上均规定了相似的文本和条款，而且法国数字税针对的大多数美国"科技巨头"的欧洲总部都在爱尔兰设立，因此以《爱尔兰与法国税收协定》为例分析数字税在税收协定项下的适用问题具有一定的代表性，研究结论可以同样适用于其他数字税法案。对法国数字税的研究主要关注两个具体问题：第一，法国数字税是否为《爱尔兰与法国税收协定》第一条所涵盖的税种；第二，法国数字税是否违反了《爱尔兰与法国税收协定》的不歧视条款，不成比例地针对爱尔兰公司，而使大多数法国公司免予纳税。

（1）法国数字税是否属于税收协定所涵盖的税种范畴。根据《爱尔兰与法国税收协定》第一条第3款之规定，协定调整的税种范围包括以下

---

① Chris Forsgren, Sixian（Suzie）Song, Dora Horváth, Digital Services Taxes：Do They Comply with International Tax, Trade, and EU Law?, https：//taxfoundation. org/france – digital – tax – international – tax – law – trade – law – eu – law/#_ftn6.

现行税种：对法国而言，涵盖个人所得税、补充税以及公司税（包括任何形式的预提税）；对爱尔兰而言，则包括所得税（包括超额税）和公司利润税[①]。若法国数字税能被《爱尔兰与法国税收协定》所调整，则其应归类于个人所得税、补充税或法国公司税中的任一种。然而，法国数字税与上述税种有所区别，其并非针对利润征税，而是基于集团的总收入征税，不考虑其利润额度。

（2）法国数字税涉嫌违反税收协定中的非歧视条款。《爱尔兰与法国税收协定》第二十二条为协定的非歧视条款[②]，该条款明确包含各种类型与描述的税（every kind and description），数字税亦应包含在内。例如，谷歌爱尔兰可依据第二十二条第 1 款"国籍歧视条款"提出申诉，而谷歌爱尔兰在法国设立的分支机构或其他任何常设机构可通过援引第二十二条第 4 款"常设机构歧视条款"寻求法律救济。此外，谷歌爱尔兰的法国子公司亦可依据第二十二条第 5 款"外国所有或控制歧视条款"对因数字税而遭受的任何差异待遇质疑。在这些条款中，援引"国籍歧视条款"可能是最有可能成功的申诉途径，因为法国数字税通过全球收入门槛对谷歌实施了歧视。鉴于 7.5 亿欧元的全球收入门槛，绝大多数法国公司被排除在外。尽管设置全球收入门槛的初衷是为了确保法国数字税仅针对大型跨国互联网企业征税，但法国收入 2 500 万欧元的营业额门槛本身已足以实现此目的。因此，法国数字税将与谷歌爱尔兰情况相似的法国公司排除在外，从而违反了《法国与爱尔兰双边税收协定》中的非歧视原则。

2. 违反《服务贸易总协定》规定之分析

《服务贸易总协定》（General Agreement on Trade in Services，GATS）第 1.2 条对服务贸易进行了定义，其涵盖四种跨国服务提供方式：跨境交付（cross-border supply）、境外消费（consumption abroad）、商业存在

---

① Double Taxation Treaty between Ireland and France Convention between Ireland and France for the Avoidance of Double Taxation and the Prevention of Fiscal Evasion with Respect to Taxes on Income，Article 1 (3).

② Double Taxation Treaty between Ireland and France Convention between Ireland and France for the Avoidance of Double Taxation and the Prevention of Fiscal Evasion with Respect to Taxes on Income，Article 22.

（commercial presence）以及自然人流动（presence of natural persons）。数字税的征税对象，如数字产品、通信服务、电子支付和线上广告等，均属于《服务贸易总协定》所界定的服务提供类型。因此，对这些服务类型采取的任何歧视性措施，均可能构成对 GATS 的违反。

（1）违反《服务贸易总协定》国民待遇原则。《服务贸易总协定》第 17 条确立了国民待遇原则（National Treatment Principle），即一缔约方应给予来自任何其他缔约方的服务与服务提供者的待遇，不得低于该缔约方给予其辖区内服务与服务提供者的待遇。与市场准入条款类似，《服务贸易总协定》中关于国民待遇的规定亦采取了具体承诺的方式。在 1997 年的"欧共体香蕉案Ⅲ"中，专家组裁定 GATS 国民待遇条款的适用范围是全面的，不仅包括事实上的歧视，也包括法律上的歧视。上诉机构进一步指出，《服务贸易总协定》的条文并未表明其适用范围有限。因此，即便法国征收数字税以促进本国数字经济发展的初衷是合理的，但若该措施对来自其他成员国的服务和服务提供者产生了事实上的不利影响，则可能构成对《服务贸易总协定》第 17 条国民待遇原则的违反。

值得注意的是，《服务贸易总协定》第 14 条关于例外的规定之脚注 6（iii）对成员国打击跨国逃避税行为的正当性予以了认可。因此，《服务贸易总协定》的非歧视原则不应妨碍成员国采取措施打击税基侵蚀与利润转移行为。然而，必须谨慎关注措施的实施方法与过程，以在非歧视原则与打击逃避税行为之间寻求平衡①。

（2）违反《服务贸易总协定》最惠国待遇原则。《服务贸易总协定》第 2 条第 1 款规定了最惠国待遇原则，要求世界贸易组织成员方给予其他成员国服务和服务提供者的待遇，不得低于该成员国给予其他第三国的相同服务和服务提供者的待遇，并且此种待遇的给予应当是立即且无条件的。若世界贸易组织成员方基于服务提供者来源地（National Origin of the Service Supplier）的差异，对来自其他成员国的相同服务和服务提供者给予存在差别的待遇，并且这种差别待遇导致了不利的竞争条件，则构成对

---

① 崔晓静，丁颖. WTO 非歧视原则在国际税法领域的适用——评阿根廷金融服务案［J］. 国际税收，2016（80）：42 – 46.

《服务贸易总协定》第 2 条第 1 款最惠国待遇原则的违反。

鉴于法国数字税对跨国数字企业收入设定了门槛,导致只有来自美国的跨国数字服务巨头需对法国政府承担纳税义务,而排除了其他世界贸易组织成员方收入较低的数字服务企业,法国数字税造成了美国与其他世界贸易组织成员方数字服务企业之间的竞争条件差异化,涉嫌违反《服务贸易总协定》项下的最惠国待遇原则①。

(3)《服务贸易总协定》一般例外条款的不适用性分析。进一步分析表明,法国数字税未能满足《服务贸易总协定》关于一般例外条款的要求。《服务贸易总协定》第 14 条"一般例外"条款在结构上分为两个核心部分。第一部分提出了该条款适用的一般性条件,即措施的实施不应构成在类似情况下国家间的任意或不合理歧视手段,或对服务贸易的隐蔽限制;第二部分则详尽列举了所有一般例外情形,包括维护公共道德或秩序、保护人类及动植物生命健康、防止欺诈行为或处理合同违约后果、保护个人信息、出于安全目的的措施、确保成员国服务或服务提供者之间公平有效的直接税差别措施,以及实施避免双重征税协定或安排导致的待遇差异措施。

在探讨法国数字税与《服务贸易总协定》第 14 条第(d)款和第(e)款相关例外规定的关系时,首先需考虑数字税是否符合第(d)款所规定的直接税例外。目前,国际社会对于数字税是否属于直接税范畴存在较大分歧,特别是考虑到数字税是对收入的征税。此外,法国《一般税收法典》(CGI)将数字税的实体内容纳入增值税相关制度章节,从整体解释原则出发,法国视数字税为典型的间接税,因此,其适用该例外条款的合法性可能遭受质疑。其次,关于数字税是否属于第(e)款规定的例外情形,由于单边税收措施显然不属于避免双重征税的国际协定或安排范畴,因此无法适用该一般例外规定。

综合上述分析,法国数字税违反了《服务贸易总协定》的最惠国待遇义务,并且无法依据一般例外条款获得豁免。

---

① 张智勇. 数字税:正当的课税抑或服务贸易的壁垒?[J]. 国际税收,2020(40):28 - 35.

三、印度衡平税法的立法和实践分析

（一）印度衡平税法的背景

印度作为全球人口大国，拥有庞大的数字产品和服务消费市场，特别是广大年轻人是数字产品消费的主力[①]。据 2018 年统计数据，脸书约 1/3 的注册用户来自 6 个发展中国家，其中印度用户数量超过美国，达到约 2.7 亿，成为该社交平台用户最多的国家[②]。鉴于数字经济对国家财政收入的显著贡献与相对较低的税收负担，印度政府意识到若不及时实施新的税收策略，将面临巨额税收流失的风险。

为应对数字经济带来的税收挑战，OECD 与 G20 国家在 2013 年发布的 BEPS 行动计划中提出了"显著经济存在"这一新联结度规则，并探讨了对在来源国构成显著经济存在的非居民企业征收均衡税的方案。OECD 建议的显著经济存在判定标准包括持续性收入产生、数字化程度、用户基础以及收入与其他相关因素的结合。然而，OECD 指出，同一笔收入若同时征收企业所得税与均衡税，将引发重复征税问题。因此，OECD 建议了两种制度设计：一是在本国企业所得税率极低或不征收的情况下征收均衡税；二是在同时征收企业所得税与均衡税的情况下，允许纳税企业将两者相互抵免[③]。印度采纳了这一观点，在实践中选择不同时征收所得税与均衡税，而是仅征收其中一项。

基于显著经济存在提案，印度于 2016 年通过了《财政法案（2016）》，在全球范围内首次对非居民数字企业征收 6% 的均衡税，旨在增加税收收入并缓解财政压力。该法案进一步明确，即使非居民在印度无

---

①　Jin P W, Yu L H, Ahmad K, Shafique H M, Ahmad A. Evaluating the Factors Influencing the Adoption of Digital Culture among University Students in Developing Areas of South Punjab [J]. Information Development，2024，20.

②　See https：//www. statista. com/statistics/268136/top – 15 – countries – based – on – number – of – facebook – users/ and https：//www. statista. com/statistics/264810/number – of – monthly – active – facebook – users – worldwide/.

③　OECD. Addressing the Tax Challenges of the Digital Economy，2015：307 – 308.

住所或营业场所，或未在印度提供服务，也可能构成商业联系。此外，交易或活动若在印度构成重要经济存在，无论其协议是否在印度签订，均适用该法案。然而，印度政府尚未发布实施条例以明确均衡税的基本方面，如服务范围、受影响公司等。经过修订，2020 年 4 月生效的《财政法案 (2020)》扩大了均衡税的征收范围，并将税率降至 2%。该法案继《财政法案 (2016)》对提供广告及其衍生业务的非居民数字企业征收数字税之后，进一步完善了相关税收政策，规定在《所得税法 (1961)》第三章的第 163 条至第 180 条。本书接下来将围绕印度均衡税立法的最新进展进行探讨。

（二）印度衡平税法的主要内容

在实质上，印度衡平税是对交易中的"对价金额"征收的，具有流转税的属性。该税种适用于跨境提供的特定数字服务，并针对在印度构成显著经济存在的数字企业进行征税。

在纳税主体方面，印度衡平税的适用范围广泛，涵盖了众多数字服务提供商。然而，该税种明确排除了所有印度公司，特别是那些"在印度设有常设机构且电子商务供应或服务与该常设机构存在有效联系的电子商务经营者"，从而将印度国内公司排除在征税范围之外。

在应税服务方面，受印度衡平税调整的公司必须对其从"电子商务供应或服务"中获得的收入缴纳税款。印度衡平税将"电子商务供应或服务"定义为以下几种：在线销售电子商务运营商拥有的商品；在线提供电子商务经营者提供的服务；电子商务运营商促成的在线销售商品或提供服务或两者兼而有之；上述三项所列活动的任何组合。

这一定义的广泛性意味着印度的数字税适用于几乎所有产生收入的数字活动的收入，包括在大多数其他国家的数字税不征税的数字服务类别，如流媒体视频服务、公司自有商品的数字销售、云服务和软件即服务的提供。

在征税门槛方面，如果非居民数字服务企业在上一纳税年度中获得应税服务收入超过 20 亿卢比（约合 26.7 万美元），则负有缴纳印度衡平税的义务。

在税率方面，印度衡平税税率为非居民数字企业提供数字服务获得总收入或应收账款的 2%。

在征管手段方面，鉴于衡平税项下涉及的纳税企业在印度境内没有实体存在，印度采取源泉扣缴的方式，即付款方对负有衡平税义务的非居民企业特定收入征收预提税。如果付款方在上一纳税年度内就其购买的特定服务向同一非印度居民支付价款，且付款额度超过 10 万卢比（约合 1 300 美元），则该付款方承担代征代缴义务，向付款方收取衡平税费用。若代征代缴义务人代缴衡平税税款不足，除需补缴税款和利息外，还需等额缴纳罚金。

（三）对印度衡平税法的评价

与法国数字税相似，印度衡平税法亦遭受诸多批评，包括在国际税法层面缺乏税收确定性、对收入而非利润征税，以及违反世界贸易组织框架下《服务贸易总协定》的最惠国待遇与国民待遇原则等问题。除此之外，印度衡平税法还面临以下质疑。

1. 征税范围过于宽泛

美国在其针对印度衡平税法的"第 301 节"调查报告①中，对比了其他国家数字税与印度衡平税法覆盖的服务范围（见表 4 - 1）。

表 4 - 1　　　　不同国家数字税与印度衡平税法覆盖的服务范围

服务范围	印度	土耳其	法国	意大利	西班牙	英国	澳大利亚
广告	√	√	√	√	√	√	√
平台服务	√	√	√	√	√	√	
数据相关服务	√	√	√	√	√	√	
内容提供	√	√					
自有货物销售	√						
教育服务	√						
软件服务	√						
云服务	√						
金融服务	√						

① Office of the United States Trade Representative Executive Office of the President，Section 301 Investigation Report on India's Digital Services Tax.

美国贸易代表办公室（Office of the United States Trade Representative Executive，USTR）指出，印度对数字经济征收的衡平税法适用于几乎所有产生收入的数字活动的收入。这包括根据大多数其他国家的数字税不征税的数字服务类别，如流媒体视频服务、公司自有商品的数字销售、云服务和软件服务的提供。

从长远视角审视，印度衡平税法的广泛征税范围将对许多在印度销售产品的跨国企业产生威慑效应，最终可能影响印度的经济发展。首先，衡平税法将增加数字企业的成本，而这些成本最终会转嫁给印度消费者；其次，印度本地的中小型企业在发展初期非常依赖跨国数字企业提供的各种服务，例如应用商店、云服务、数字基础设施和软件合规等。由于印度将对跨国公司提供上述数字服务获得的收入征税，长期来看衡平税法将间接影响本地中小型企业的成长①（刘奇超，2020）。

2. 税收联结度违反印度宪法

新税收联结度的确立是数字经济征税范围设计与利润分配规则建构的逻辑起点。印度宪法规定了国会有权制定具有域外适用效力的法律。印度《所得税法（1961）》第 245（1）条规定，国会制定的任何法律都必须与印度有联结点，但为了保护特定对象，可以对法律进行域外适用，任何具有域外适用效力的法律都必须完成"联结度测试（Nexus Test）"。根据上述规定，印度衡平税法缺乏关于联结度测试的分析与结论，违反印度宪法。这一问题在 M/S 印度电子公司诉 CIT&ANR 一案中被提出后又被撤回，最终未得到司法部门的回应。尽管印度衡平税法立法的合宪性问题应由其国内法律制度来审查，但被印度政府征收衡平税的外国数字企业或许可以借鉴 M/S 印度电子公司在上述案例中的做法，在争议解决过程中提出用衡平税法相关法律违宪的主张作为抗辩理由之一。

四、新加坡消费税立法与实践分析

新加坡的商品及服务税（GST）是针对在新加坡境内提供的商品与服

---

① 刘奇超. 论全球反税基侵蚀方案的规则设计：一个观点综述［J］. 国际税收，2020（8）：24－36.

务以及进口货物征收的税项，其性质与我国的增值税相似。为应对经济数字化带来的新挑战，自2004年1月1日起，新加坡开始对企业和消费者购买的进口服务征收消费税。2018年，新加坡通过《商品和服务税（修订）法案》，宣布自2020年1月1日起将消费税税率调整为7%。此外，新加坡政府计划在2021～2025年，根据经济状况、政府支出和其他税收情况，将消费税税率从7%逐步提升至9%。自2023年1月1日起，政府将把消费税的征收范围扩大至通过空运或邮寄方式进口的、价值低于400新元（约合298美元）的低价值商品。

（一）新加坡消费税法的背景

1994年4月，新加坡借鉴英国增值税立法和新西兰消费税立法，在国内开始征收消费税。消费税的征收为新加坡政府带来了诸多益处：在经济环境良好或疲软的情况下，均能产生稳定和可预测的税收收入；消费税的管理和征收成本相对较低，因此被认为是一种有效的税收方式；政府可以降低公司和个人所得税，进而吸引更多的外国直接投资，促进整体经济增长。对企业和个人而言，消费税的征收意味着大多数大型企业都已注册，这通常被视为向客户发出的信号，表明公司业务已具有一定规模；消费税仅适用于消费，对储蓄和投资行为不征税，这有助于鼓励人们进行更多的储蓄和生产投资活动；最终消费税由消费者实际承担，因此企业不会承担过重的税负，可以降低经营成本，留出利润空间。

新加坡消费税被视为降低个人与企业所得税税率的一种手段，同时能够维持政府稳定的收入基础。在新加坡注册的公司不会自动成为消费税的纳税人，只有满足特定条件并经新加坡税务局批准的公司，才能成为消费税注册公司，并有权征收消费税。

（二）新加坡对进口数字服务征收消费税的规定

在纳税主体方面，消费税的纳税主体必须通过注册程序才能获得相应资格。所有年度应纳税收入超过100万新元（约合73.8万美元）的新加坡公司均需进行消费税注册；或者当公司预计应税收入将超过100万新币时，则必须在被视为应承担责任之日起30日内完成消费税注册；若不满足上述条件，公司亦可选择是否进行消费税注册，其申请由新加坡税务局署长决定是否批准，一旦获得批准则必须至少维持注册两年。

在应税商品及服务方面，新加坡境内提供的商品或服务均被视为"应税供应（taxable supplies）"。目前，新加坡的供应类型分为 4 种：标准等级供应品，大多数本地商品和服务销售属于此类，按 7% 的税率征收消费税；零税率供应品，消费税为 0%，适用于被归为国际服务的出口货物与服务；豁免供应品，不适用消费税，具体包括出售或出租无家具的住宅物业、投资进口供应和本地供应的贵金属以及金融服务；范围外用品，包括从海外某一地点向另一地点运送货物的销售供应和私人交易，不适用消费税。大多数新加坡当地商品销售和提供当地服务都属于标准等级的供应品。自 2020 年 11 月起，新加坡政府对进口服务（包括数字服务）征收消费税，按照标准等级用品供应征收 7% 的消费税。

在征管方式及征税门槛方面，企业之间进口数字服务采用反向收费机制征收数字税，需对从海外供应商采购的所有服务进行消费税核算，本地进口商有权根据正常的进项税回收规则申请相应的消费税项抵扣。对于企业与消费者之间数字服务，若新加坡境外的服务提供者在全球范围内年营业额超过 100 万新元，以及向新加坡客户提供数字服务营业额超过 10 万新元，则应注册成为消费税公司，此后向新加坡客户提供数字服务时可按照消费税税率征收，由跨境数字交易供应商负责登记纳税。

在税率方面，新加坡目前对境内提供的商品服务以及进口货物的销售价格征收 7% 的消费税。

（三）对新加坡消费税法的评价

新加坡的消费税法扩展了国内市场税收至国际市场层面，其并非直接针对数字税的征收，而是与法国、印度等国的数字税征收策略相似，作为单边行动，新加坡的数字税征收措施可能导致合规成本的增加和不利的经济影响。通过增值税途径对数字经济征税，难以享受以财产和所得为调整对象的国际双边税收协定下的优惠待遇。

此外，新加坡数字税的征收门槛较低而税率相对较高，这表明税源的扩大。新加坡政府通过对数字经济征收消费税，预计每年将新增税收

9 000 万新元。

1. 体现了增值税的消费地原则

2017 年，OECD 更新了《国际增值税/劳务税指南》，针对国际增值税管辖权的协调问题，提出了税收中性原则与消费地原则两项建议性原则，为国家间协调增值税相关法律提供了参考。税收中性原则强调国际税制不应影响跨国经济活动的投资与贸易目的地选择以及企业的组织形式，而消费地原则主张由数字服务消费地所在国对跨境数字经济活动征收增值税。新加坡的消费税法以消费为中心，征税基于商品或服务向新加坡境内消费者提供的事实，区分了企业之间和企业与消费者之间模式。

目前，国际税收关于增值税的税权划分原则主要以消费地原则为主导，但近期发展趋势显示，增值税的来源地原则有所回潮，例如欧盟内企业与消费者之间模式数字交易中的一部分（每年不含税金额不超过 1 万欧元的交易）由来源地供应商所在地国进行征税[①]。未来增值税税权的发展方向，究竟是完全由消费地所在国掌握，还是在消费地所在国与来源国之间摇摆，尚需进一步观察与研究。

2. 企业与消费者模式下第三方数字平台承担更重的责任

增值税的消费地原则赋予了消费者所在国征税权，在新加坡，这一权利通过电子商务平台即第三方数字平台实现消费税的征收。在企业与消费者之间模式下，世界各国普遍的做法是赋予第三方数字平台代收代缴权，向消费者反向征收增值税。2019 年 3 月，OECD 在墨尔本召开的第五届全球增值税论坛上发布的报告《数字平台对在线销售征收增值税或劳务税的作用》指出，可以增加第三方数字平台的责任。平台责任分为三种情形，包括"完全责任""部分责任（代扣代缴）"以及"连带责任"。少数国家与地区（如欧盟、英国、澳大利亚和阿根廷）的第三方数字平台需承担完全责任，即作为纳税人，代替众多数字服务供应商缴纳税款；多数国家规定第三方数字平台承担部分责任，对企业与消费者之间数字化服务和低价值商品增值税进行代收代缴；最特殊的是连带责任，若数字服务供应商

---

① 陈勃. 论数字经济挑战下的企业所得税制度回应 [J]. 税收经济研究，2020，25（5）：7 – 14.

应登记而未登记缴纳消费税，或存在特定不合规风险，以及在税务机关通知后第三方数字平台继续促进或未采取措施阻止其不合规行为，那么数字服务提供商与第三方数字平台需依法承担连带责任。在这种征管模式下，第三方数字平台的税收遵从成本与负担加重。因此，依托第三方数字平台进行增值税的代收代缴模式是否能有效推进，尚需实践的进一步检验。

五、巴西的立法和实践分析

巴西的数字税体系以国内企业为核心，体现了众多发展中国家在构建数字税收体系时所遭遇的挑战：既要避免在全球数字经济发展的浪潮中落后，又要推动数字企业的成长。目前，巴西的数字税方案尚处于提议阶段，其设计基于对数字服务收入征收较高税率的限制性政策。该税收模式与英国和法国的模式相似，但考虑到累进税率的特性，其整体税收水平可能低于英国和法国。同时，巴西对数字服务征收增值税的规定与数字税存在重叠，实践中可能导致双重征税的问题。因此，对数字服务征税在巴西是合理的，否则将引发效率问题。特别地，这4个国家的税收实践加深了全球学术界对数字税收典型做法的理解，这些做法主要集中在对外国数字公司的征税上，尽管各国的具体方法存在差异，但征税对象具有一定的共性。在英国、巴基斯坦和法国，数字税的税率相对较高，这主要是与大型跨国数字公司相比而言。因此，在税收规模和税率存在差异的情况下，必须强化对大型跨境数字服务提供商的税收征管力度，合理提升税收负担水平。

第三节　域外多边数字税法律规制方法

数字经济的快速发展促使全球对现行国际税收体系进行深刻反思与改革，迫切需要解决以"纳税实体"为基础的传统国际税收体系所面临的失效问题。在国际层面，为应对数字经济带来的税收挑战，OECD致力于引导并推动成员国迅速达成共识，与二十国集团（G20）共同推进"双支

柱"分析报告和"统一方法"（unified approach）的秘书处建议，为构建
新的国际税收规则提供了明确的方向。在区域层面，欧盟委员会向欧洲议
会和欧盟理事会提交了旨在长期解决区域内数字税收问题的指令提案，以
及满足成员国立即征收数字税需求的短期解决方案。本章旨在对 OECD 与
欧盟的数字税方案进行详细阐述，并对方案中各项具体规则的合法性与合
理性进行深入分析。

一、OECD 对数字经济征税的"统一方法"

（一）OECD"统一方法"的出台背景

2013 年 7 月，OECD 与 G20 国家共同发起了"税基侵蚀和利润转移"
（BEPS）项目，其中行动计划一"应对数字经济的税收挑战"引发了国际
税收学界的广泛关注和深入讨论。自 2018 年 3 月起，OECD 陆续发布了多
项文件，并对外公布了数份公众咨询文件以及详细的工作计划。2019 年 2
月，基于先前的研究成果，OECD 发布了《BEPS 项目公众咨询文件：应
对经济数字化的税收挑战》，提出了关于税收管辖权划分和预防税基侵蚀
问题的规则框架提案。2019 年 5 月，OECD 公布了《为应对经济数字化带
来的税收挑战制定共识性解决方案的工作方案》（以下简称《工作方
案》），其中详细阐述了多项政策细节。2020 年 1 月，OECD/G20 BEPS 包
容性框架发布了《关于"双支柱"方案应对数字经济化税收挑战的声
明》，明确指出将在 2020 年底前达成对数字经济征税方案的共识。"支柱
一"方案涉及关联度规则和利润分配，"支柱二"方案则提出了全球反税
基侵蚀解决方案（GloBE），旨在确保"最低有效税率"，并加强对避税跨
国企业的税收征管。OECD 指出，实施"支柱一"方案可使政府收入每年
增加约 1 000 亿美元，在"支柱二"方案下每年新增收入预计将达到 60
亿至 100 亿美元①。同时，OECD 也认识到有必要制定税收协调规则，以

---

① Pw C. OECD Releases Blueprints on Pillar One and Pillar Two, Updated Economic Analysis,
Oct. 10, 2020.

最大限度地减少这些新提议规则可能带来的对纳税人跨国收入双重征税的风险。

OECD/G20 税基侵蚀和利润转移（BEPS）包容性框架的核心任务在于开发应对经济数字化引发的税收问题的策略。2020 年 10 月 12 日，该框架公布了一系列计划，其中包括《支柱一蓝图报告》（*Report on the Pillar One Blueprint*）与《支柱二蓝图报告》（*Report on the Pillar Two Blueprint*），这些文件体现了成员国对于"双支柱"方案所涉及的关键政策、原则与参数达成的共识，并指出了技术与行政层面的未决问题，以及在 BEPS 包容性框架成员间仍存在分歧的政策议题[①]。此外，BEPS 包容性框架对利益相关者就蓝图提出的意见持开放态度，并计划于 2021 年 1 月举办公众咨询会议，以期进一步完善该计划并解决遗留问题。根据 OECD 的公告，上述报告预计将于 2020 年 12 月 14 日完成，目标是在 2021 年中期成功解决数字税收问题，包括技术问题、必要时制定示范立法草案、准则、国际规则和程序。显然，该计划的时间安排极为紧迫，但欧盟委员会已表明，若"支柱一"蓝图未能如期实现，欧盟集团将考虑独立推进数字税的相关工作。

（二）OECD"统一方法"的主要内容

在 OECD 发布的《工作方案》中，提出了两个核心措施。首先，"支柱一"方案旨在向市场管辖区分配额外的税收管辖权，这包括建立新的源国税收管辖权关系，并对"独立交易原则（Arm's Length Principle, ALP）"进行修订，以实现利润分配的公平性。其次，"支柱二"方案提出引入全球最低税率制度以及其他相关措施，以防止利润向低税管辖区转移。

"支柱二"方案在设计上与"支柱一"方案相对独立，其目标不限于解决数字服务业务或数字经济引发的税收问题，而是具有更广泛的适用范围。从理论角度分析，"支柱二"方案可以在包容性框架成员国就"支柱

---

① OECD/G20 Inclusive Framework on BEPS Invites Public Input on the Pillar One and Pillar Two Blueprints, Dec10, 2020.

一"方案达成共识后实施。相对而言，"支柱一"方案在政治层面更具挑战性，因为它要求各国将部分现有税收管辖权转移给市场国，这在短期内难以实现协调一致；而"支柱二"方案则通过设立全球最低税率规则来解决利润转移和税基侵蚀问题。

如前所述，"支柱一"方案以"统一方法"为核心框架，旨在解决国际税收管辖权的分配问题。具体而言，"支柱一"提案计划通过引入一系列协调一致的新国内规则和对税收条约的修改来应对税基侵蚀和利润转移问题，这些规则和修改将导致市场管辖区获得额外的税收管辖权。在《工作方案》"支柱一"方案的背景下，OECD 最初关注的是高度数字化的企业，并探讨了基于"用户参与（User Participation）""营销型无形资产（Marketing Intangibles）""显著经济存在（Significant Economic Presence）"的三项提案，分别由英国、美国和印度提出。这三项提案的共同点在于均提出了新的联结度规则，认为市场国应获得新的税收管辖权；不同点在于，它们从不同视角识别和评估用户参与和数字数据等要素在价值创造中的作用[1]。然而，在协商过程中，包容性框架成员未能就这三项提案中的任何一项达成共识，他们认为这些提案可能对从事高度数字化业务的美国跨国企业产生不均衡的影响（见表 4 - 2）。

表 4 - 2　　　　　"支柱一"方案的背景下 OECD 三项提案

方案	提出国家	基本含义	根本主张	三者比较
"营销型无形资产"方案	美国	通过营销活动为企业增收的无形资产，包括商标、品牌、用户数据等 这些资产使得互联网公司和经营面向消费者业务的传统消费品公司都可以在不设实体机构的情况下借助互联网平台在海外销售产品或服务，并利用用户数据进行更精准的营销	消费者所在国有权对互联网公司及传统消费品公司由营销型无形资产创造的利润征税	

① 姚丽. 愿景与现实：OECD 应对经济数字化税收挑战的"统一方法"［J］. 税务研究，2020（6）：70 - 78.

续表

方案	提出国家	基本含义	根本主张	三者比较
"用户参与"方案	英国提出欧盟采纳	"用户参与"是联结跨国公司和消费者所在国的新纽带。对于大型科技公司而言，海外用户广泛而活跃的参与非常重要，其对大型科技公司的贡献主要体现在社交媒体、搜索引擎、在线交易平台三类业务上。这些业务都具有明显的网络效应，即活跃用户数量越多，业务价值越高，越能吸引更多用户参与	消费者所在国有权对因用户参与而产生的额外利润征税，征税对象包括主营社交媒体、搜索引擎和在线交易平台的大型跨国科技公司	一是美国、英国方案均基于数字经济的特点，提出了新的税收联结度规则；印度方案只是推导得出大型科技公司在消费者所在国拥有类似于实体机构的"存在"，从而沿用现行的税收联结度规则。二是美国的征税对象更广，不仅包含互联网公司，而且包括传统跨国消费品公司；英国和印度方案仅对大型科技公司征税。三是印度方案更为简单且易操作，适用于税收征管能力较差的新兴经济体
"显著经济存在"方案	印度	其对现有国际税收规则中的"物理存在"联结度规则进行了延伸，即如果跨国公司通过数字技术与消费者所在国保持着"有目的性和持续性的"互动，则跨国公司在消费者所在国具有"显著经济存在"（视同于在海外设置实体机构）	判定"显著经济存在"的必要条件是企业在该国持续产生收入，并可参考消费者所在国的用户数量及交易信息超过一定规模、源自消费者所在国用户的数字内容达到一定数量、以消费者所在国的货币计价或收款等附加条件	

　　"统一方法"提案旨在引入一系列新规则，以强化现行常设机构和转让定价规定，应对数字经济带来的挑战。该提案提出基于"显著经济存在"概念的联结点，采纳一种基于公式的利润分配机制——"三层利润分配机制"。依据此机制，市场国可对以下三类企业利润进行征税：金额 A，即市场管辖区（客户或客户所在地管辖区）应得的剩余利润部分，即集团整体利润扣除常规活动回报后的余额；金额 B，指市场管辖区内进行的某些常规营销和分销活动的固定回报，该回报可能因行业或地区差异而异；金额 C，指市场管辖区活动（超出常规营销和分销活动）所归属的利润，需依据"公平交易原则"计算，且不应与金额 A 重复。

金额 A 构成了 OECD "统一方法"新税权的核心,反映了市场国的税收管辖权。在应税服务方面,金额 A 所代表的新税权主要针对以下两类数字化业务:(1)数字化服务,包括但不限于在线搜索、社交媒体平台、线上中介、流媒体、在线游戏、云计算与在线广告服务等;(2)面向消费者业务,其范围相对广泛。

关于征税门槛,"统一方法"提案规定,若企业每年在集团层面的合并收入达到 7.5 亿欧元,则对其征收金额 A。同时,提案提出,若企业所在集团收入的 90% 来自同一国家,且跨境数字化服务和面向消费者的业务收入总和未超过一定规模,则该企业不适用金额 A。

此外,"支柱一"提案明确了亟须解决的问题,包括:(1)如何界定金额 B 项下的"常规活动";(2)如何就利润规模(或金额)、时间和阈值达成共识;(3)如何处理损失问题;(4)与现有税收协定规则的协调问题。这些问题的妥善解决是"统一方法"有效实施的必要前提,否则,可能导致其他国家,尤其是欧盟继续推动单边或区域数字税,这将为跨国数字实体带来不确定性和更高的运营成本。

(三)对 OECD "统一方法"的评价

OECD 秘书长葛利亚(Angel Gurría)指出,面对经济数字化引发的税收挑战,各国亟须采取行动。他认为,唯一有效的解决途径是继续推进基于协商一致的多边解决方案,以彻底改革国际税收体系。OECD 提出的"统一方法"是多方利益博弈与协调的产物,尽管是一项复杂任务,目前仍处于框架性思路阶段。在制定切实可行的解决方案过程中,技术挑战与政策分歧依然存在。尽管许多国家在签署《BEPS 多边公约》时同意了多项条款,但对本国现有法律体系的改革却难以实施。

1. 对现有税收联结度规则的变革

OECD "统一方法"引入了新的税收联结点,基于"价值创造"理念对现行的征税权分配规则进行了修订。该方案规定,当跨国数字企业以持续且显著的方式在市场国进行经济活动时,市场国将拥有税收管辖权。这一变革从根本上改变了现有的国际税收规则,其核心在于该方案不仅针对数字集团内部的单一纳税实体征税,而是将整个生产线作为整体征收数字税，并采用公式分配法（划分 ABC 金额）将集团内的剩余利润分配给市场国①。这一概念肯定了数字服务市场国的征税权。三层利润分配机制的创新之处在于提出了金额 A 的概念，明确了将"额外利润"的征税权分配给市场国。

然而，尽管 OECD/G20 BEPS 包容性框架成员国已就遵守价值创造原则以分配国际税收管辖权达成共识，但对于价值创造具体发生节点的问题仍存在较大分歧。目前，尚无一套科学客观的评定方法来确定价值创造。以不确定的标准在国家间分配征税权，将增加税收制度的复杂性，并提高国际税收协作的难度（卢艺，2019）。

2. 在一定程度上对公平交易原则进行了突破

公平交易原则，亦称"公允价值原则"，其核心目的在于审视关联企业间的交易是否具备合理性。通常情况下，若关联企业间发生不符合公平交易价格或常规营业条件的交易，导致企业或关联方应纳税额减少，税务机关有权依法进行调整。《OECD 范本》第九条及《OECD 转让定价指南》（*Transfer Pricing Guidance on Financial Transactions*）对此有明确阐述，指出："在某些设定或强加的条件下，若关联企业间在商业或财务关系中达成或施加的交易条件与独立企业间达成的交易条件存在差异，则本应由其中一个企业获得但由于这些条件而未获得的利润，应计入该企业的利润并据此征税。"

OECD 提出的"统一方法"对现行国际税收规则中的利润分配原则——公平交易原则进行了创新性改变，实现了公式分配法与公平交易原则的融合。在三层利润分配机制中，金额 B 和金额 C 的确定依旧遵循独立交易原则，而金额 A 则是通过特定要素计算得出的默认剩余利润（deemed residual profit，DRP）的一部分。金额 A 所对应的，是新的税收管辖权，其依据确定的要素在各市场国之间进行分配。分配要素是"统一方法"下对经济数字化商业模式征税的关键所在，它直接关系到国际税收利益分配的格局。

---

① 邱冬梅. 数字经济所得课税国际规则制定的最新进展及中国应对［J］. 税务研究，2020（10）：63 – 72.

3. 金额 A 的确定比例存在争议

在传统利润分配体系中，引入金额 A 是 OECD "统一方法" 为解决市场国税权问题所采取的创新性措施。关于引入金额 A 的必要性，部分学者指出，金额 A 的确定基于非传统活动利润，对适用于传统活动利润的转让定价规则影响较小，从而降低了实际操作的复杂性[①]。

然而，也有学者提出异议，认为通过完善现有转让定价规则体系和税务管理，可以解决应归属于市场国的利润流入居住国或第三国的问题，因此，创建金额 A 并非必要之举，至少不能一概而论[②]。在 "统一方法" 所规制的两大数字服务类型中，对于自动化服务，跨国数字企业无须在市场国设立实体机构，即可为市场国用户提供线上数字服务。在此过程中，市场国用户之间以及用户与数字平台的互动产生具有经济价值的数据，对跨国数字企业在市场国创造的利润有所贡献。因此，通过金额 A 将部分利润分配给市场国是合理的。然而，对于面向消费者的经营活动，每一步均依赖于零售价值链，即生产制造、品牌营销与分销活动。互联网在线销售技术可以取代部分中间商，如批发商、实体店等，从而使得电子商务的边际利润显著增加。然而，数字税规制最为关注的问题是消费者在利润创造中所作的贡献，这确实值得深入探讨。

在直接面向消费者的营销模式下，OECD "统一方法" 将金额 A 从现行国际税收体系下的利润分配规则中分离出来，分配给市场国。其必要性与逻辑性值得商榷，因为在这一过程中，消费者对跨国数字企业创设利润所作的额外贡献难以准确量化。关于 "用户创造价值" 理论的内涵，究竟是 "数据创造价值" 还是 "消费创造价值"，抑或两者兼有，这无疑将在国际上引发广泛争论。特别是关于消费创造的价值如何在税收法律制度体系中进行衡量，这直接关系到金额 A 比例的确定问题。

---

① 樊轶侠，王卿. 经济数字化背景下国际税收规则发展对 OECD "统一方法" 的解读和研究论 [J]. 税务研究，2020（68）：79－85.

② 朱青，杨宁. 关于 OECD 应对经济数字化国际税收改革方案的评论 [J]. 国际税收，2020（8）：3－7.

二、欧盟数字税提案

（一）欧盟数字税提案背景

长期以来，欧盟成员国对于未能构建起区域内的统一数字税制深感失望。尽管数字技术的迅猛发展为经济增长注入了巨大的动力，但数字经济对欧盟成员国政府而言，并未带来相应的财政收入。欧盟的调查揭示，数字企业的有效税率不足传统企业的一半。以亚马逊公司为例，2016 年亚马逊在欧洲的营收约为 216 亿欧元，但仅支付了 1 650 万欧元的税款。对于欧盟而言，现行的全球企业税制似乎已经过时，严重滞后于数字经济的发展水平。在现有的企业税体系下，政府难以对跨国数字企业相对虚拟且易于转移的数字服务收入进行有效征税，因此，提升税收制度的公平性已成为迫切需要解决的问题。自 OECD/G20 主导的 BEPS 行动计划实施以来，作为全球主要经济体之一的欧盟及其成员国，一直致力于尽快解决数字经济背景下的税收挑战，并加速构建新的税收规则体系。2018 年，欧盟提出了对包括谷歌和脸书等在内的跨国数字服务提供商征收新税的建议，并征求成员国的意见。然而，由于欧盟内部存在较大分歧，始终无法达成共识。例如，法国、英国、西班牙和奥地利等国家坚定支持对数字经济征税。然而，也有个别国家提出反对意见，并声称如果在欧盟成员国或 OECD 内无法迅速形成统一的协定，那么将考虑对数字企业征收数字税。实际上，当时在欧盟范围内已有至少 8 个成员国开始征收或计划征收数字税；卢森堡、爱尔兰等长期依赖低税率吸引外国投资的国家明确表示反对，认为欧盟不应在国际协定达成之前采取草率行动；瑞典、丹麦等国家考虑到数字税可能引发"逆全球化"，并且税收负担的增加将阻碍成员国数字技术的创新性发展，也可能招致美国方面的报复行动，因此对提案持保留意见；芬兰、捷克等国家认为，欧盟内数字税的改革将破坏欧盟成员国与其他国家之间签订的双边税收协定，并与当前的国际税收惯例不同步。

经过一年的讨论与磋商，在众多反对与质疑声中，2019 年 3 月欧盟终于宣布，短期内不在欧盟区执行统一数字税方案。可见，欧盟数字税提案的进程相当缓慢，甚至暂时陷入了停滞状态。然而，考虑到该提案在世界范围内已经产生了示范效应①，并且其对经济数字化税收规则的改革将引领并影响国际标准的建立，因此，应当对其予以高度关注。

（二）欧盟数字税提案主要内容

2018 年 3 月，欧盟委员会发布了一系列关于"数字税收"的文件，并向欧洲议会和欧洲理事会提交了《关于对提供某些数字服务产生的收入征收数字税的共同制度的理事会指令提案》。该提案提出了两项旨在修订国际税收规则的建议，以应对数字经济带来的税收挑战。其核心内容包括：一是永久性解决方案，即对数字活动征收的公司税规则进行共同改革；二是临时性解决方案，即征收临时性数字税。2018 年 12 月，欧洲议会对欧盟委员会的提案进行了审议，并提出了修订意见。欧盟公司所得税改革的目标是从根本上解决欧盟成员国对在其领土内获得利润的数字经济活动征税不足的问题。欧盟数字税解决方案基于衡平税模式，同时考虑到欧盟的实际情况，增强了价值创造地与税收之间的联系。欧盟委员会认为，欧盟数字单一市场（digital single market）需要一个与数字商业模式相适应的稳定税收框架，以确保企业投资的确定性、防止竞争扭曲或使单一市场出现新的税收漏洞，并且还应当保障成员国的可持续税收。

1. 长期解决方案：公司所得税规则改革

数字经济对税收体系的挑战主要源于数字技术虚拟性所导致的经济价值创造地与纳税实体所在地的分离。对此，欧盟数字税改革强化了经济活动的地域附着性。改革提案涉及企业所得税制度中数字经济活动的一般性规定，通过引入"显著数字存在"概念来补充现行税收规则。在企业所得综合税基的界定背景下，该提案构建了一个应税数字存在的框架，旨在整个欧盟范围内采用"数字常设机构"的统一定义。

在应税主体方面，长期数字税方案适用于满足以下门槛的数字服务提

---

① 张群. 全球数字税最新进展、动因及对我国的启示 ［J］. 信息通信技术与政策，2019 (7)：81 84.

供商：向成员国用户提供的数字服务所获得的总收入比例超过 700 万欧元；在该纳税期内，位于该成员国的一个或多个数字服务的用户数量超过 10 万；位于该成员国的用户在该纳税期内签订的购买数字服务的商业合同数量超过 3 000 份。

此外，指令提案明确了将利润归于显著数字存在的原则，并要求进行功能分析（functional analysis）以确定可归属利润。除非纳税人能够证明存在一种基于国际公认原则的替代方法，并在功能分析后更为合适，否则应默认采用利润分割法。

在应税服务方面，欧盟长期数字税针对的数字服务包括显著数字存在通过数字平台开展的具有显著经济意义的活动，主要包括以下几类：①用户级数据的收集、存储、处理、分析、部署和销售；②用户生成内容的收集、存储、处理和显示；③销售网络广告空间；④在数字市场上提供第三方创建的内容；⑤提供未在第①点至第④点中列出的其他任何数字服务。

此外，指令草案还规定，如果一个数字实体是非欧盟成员国的纳税居民，并且其居民国与拥有显著数字存在的成员国签订了有效的双边税收协定，则指令的规定不适用，除非该双边税收协定包含了关于显著数字业务的类似规定以及将其利润归属于草案中的规定指令，以及这些规定有效。

为确保欧盟与非欧盟企业处于公平的竞争环境，解决方案必须能在国际层面顺利运作，因此会员国的双边税收协定应当修订。对于上述指令草案无法适用的情况，欧盟委员会的建议概述了成员国应如何与非成员国协商修改双边税收协定，以反映显著数字存在这一要素，以及根据上述指令将利润归属于此。考虑到成员国签订的双边税收协定数量众多，欧委会准备协助成员国采取共同方式，与非欧盟区的国家商定修改税收协定，以避免数字税解决方案破坏竞争环境或给原有税收制度造成新的漏洞。

欧盟委员会建议，长期数字税的指令应于 2020 年 1 月 1 日起实施。欧盟委员会表示随时准备与成员国合作，研究如何将指令草案中的规定纳入"共同统一公司税基"（Common Consolidated Corporation Tax Base，CCCTB）提案中。然而，在 2019 年 3 月，欧盟各国财长在会谈中否决了征收数字税的指令。欧盟官方表明暂停实施数字税计划，同时等待 OECD/G20 包容性框架成员国就对经济数字化公平征税达成共识并制定协议。

总的来说，新指令规定了数字企业必须向其在当地拥有大量数字业务的成员国纳税，即便该数字企业在该国并无任何实体存在。同时，考虑到中小企业的税负成本过高，指令设置特定阈值作为征税门槛，确保只有从事"大量"数字活动的企业才会被征收数字税。此外，指令还规定了利润归属新规则，建议在现行转让定价原则的基础上，将数据和用户创造价值纳入衡量利润的标准等。

2. 短期解决方案：临时性数字税

在欧盟关于数字税的短期解决方案中，所提出的改革措施旨在作为过渡性方案，以确保成员国能够立即对跨国数字企业巨头征收数字税，同时避免成员国采取单边数字税措施，从而损害欧盟单一数字市场的完整性。该数字税方案特别针对那些通过用户创造价值的数字经济活动所产生的收入，其税收体系独立于现行的区域税收架构之外。预计临时性数字税的实施将为欧盟各成员国带来显著的财政收益，据估算，该税种的引入将使欧盟每年的财政收入增加约 50 亿欧元，从而有效缓解各国财政赤字的压力。

在应税服务的范畴内，临时性数字税将针对那些用户在价值创造过程中发挥关键作用的数字活动，具体包括以下 4 类数字经济活动的收入：在线广告位销售所得、在用户互动及商品和服务销售过程中作为数字中介所获得的收入、用户数据销售活动以及提供数字内容（如声频、视频、游戏等数字产品）所创造的收入。

就纳税主体而言，互联网科技公司若满足以下两个条件，则需缴纳数字税：全球年收入超过 7.5 亿欧元，且在欧盟年收入超过 5 000 万欧元。在税基方面，满足上述两个条件的互联网企业需就其全球应税服务所得的收入缴纳临时性数字税。至于税率，欧盟对特定数字服务所取得的收入征收 3% 的临时性数字税。根据欧盟委员会的估算，按照 3% 的税率，数字税每年将为欧盟成员国创造约 50 亿欧元（58 亿美元）的收入。这表明，2016 年欧盟 28 个成员国的总收入将因此增加约 0.08%[①]。

---

① General Government Revenues across the European Union were Nearly €6 Trillion（$ 6.9 Trillion）in 2016 http：//appsso.eurostat.ec.europa.eu/nui/show.do? dataset = gov_10a_taxag&lang = en.

（三）欧盟数字税提案的问题与不足

自欧盟委员会提出初步建议以来，关于是否应对数字服务提供者征收统一税的讨论已持续数月。众多立法者及专家对欧盟数字税提案提出了不同层次的疑问，这些质疑涉及从主张该提案侵犯国家税收主权的国家到对提案逻辑基础的疑问。这些观点揭示了欧盟内部对提案合法性或合理性的广泛分歧，短期内难以达成共识。尽管 OECD 正在进行的相关工作为问题的最终解决提供了潜在途径，但鉴于 OECD 主导的多边统一税收新规则的出台尚需时日，因此对这些批评意见的理解同样至关重要。

1. 用户与数字平台互动产生的价值难以量化

欧盟数字税指令的逻辑基础建立在对"用户创造价值"的认可之上。欧盟委员会提出对数字公司实施特殊税收制度，其依据之一是这些公司未能向利润来源国缴纳应有的税收份额。欧盟委员会认为，欧盟以外的公司通过欧盟内部用户互动获得利润，并主张数字公司所创造的部分价值源自用户与网络平台的互动。这两项建议旨在对用户所在司法管辖区产生的价值收入征税。然而，用户通常免费与数字平台互动，这一现象对评估互动的税务价值构成了重大挑战。此外，将价值与基于用户创造的价值收入相联系在技术上极为困难，因为只有当谷歌、脸书和亚马逊等公司的分析师能够针对不同受众投放广告或优化算法，从而为用户创造更多交易机会时，用户数据才具有价值。换言之，如果用户仅免费使用平台，如使用搜索引擎获取特定信息，则用户仅在交易中扮演受益人角色，而产品交付与服务提供并非由用户完成①。

在上述情形下，依据用户贡献的价值对跨国公司进行利润分配的提议面临更大的执行难度，同时其执行成本亦显著增加。对于某些国家而言，执行欧盟统一数字税的经济成本可能最终超越其预期的税收收益。

2. 对总收入征税有违公平原则

针对总收入的征税构成了营业税（business tax）的征税模式。然而，

---

① See Daniel Bunn：A Summary of Criticisms of the EU Digital Tax，Fisal Fact，No. 618，Oct. 2018.

营业税长期以来被视为存在显著缺陷的税收政策，其原因在于其效率低下以及对经济增长的阻碍作用，同时该政策也被认为是不公平的。数字税则是针对数字公司通过在线互动所获得的收入进行征税，而不考虑数字公司的实际营业利润，从而忽略了与收入相关的成本因素。即便这些公司在纳税年度内并未实现盈利，数字税依然适用。对收入而非利润征税将导致实际的双重征税现象，因为营业税通常在生产过程的各个阶段定期征收，从而导致对同一经济活动的重复征税，可能达到双重或三重。对于那些利润率极低的公司而言，3% 的收入税率可能会导致它们面临超过 50% 的有效边际税率。

进一步地，由于欧盟的数字税仅适用于那些具备足够实力、能够跨越全球及欧盟收入门槛的大型数字服务公司，成长中的数字公司因新税负的影响，将不得不投入额外的资源进行业务筹划，以确保收入保持在数字税的门槛之下。正如部分欧盟成员国所担忧的，若将这些资源用于税收遵从或避税节税，这不仅对成长中的数字公司本身，而且对数字经济的长期发展而言，都是无益且缺乏效率的。

此外，无论是在应对数字税收挑战的长期方案还是短期方案中，欧盟均未能正面突破争论焦点，即数字税如何与公司税制度相结合，而这一问题正是从制度上解决数字经济挑战的关键所在。由于数字税是建立在现有公司税制度之外的新制度，它不可避免地使得原本就极为复杂的公司税问题变得更加复杂。在税收确定性方面，新的税收体系相较于已经过实践反复检验的成熟稳定的税收体系存在劣势，欧盟数字税方案忽视了已有的、相当成熟完备的公司所得税制度，这可能会对国际贸易与投资产生一定的负面影响[①]。

最后，数字税在价值创造原则的具体细节界定上存在缺失，例如未对实施该原则所造成的实际偏差范围进行规定，也未对跨国投资与贸易方面的合规性进行分析。数字税对价值创造原则进行了修订，加入了数字经济下的新要素，以纠正价值创造与税收之间的偏差。

综合分析，欧盟提出的数字税方案在权衡长期目标与短期需求方面表

---

① 陈住. 欧盟数字税指令的规则分析及制度启示 [J]. 南方金融，2020 (4)；56–64.

现出深思熟虑的态度，体现了对不同利益相关方立场的综合考量。该立法举措的出台，不仅肯定了其立法意义，而且满足了成员国的实际需求，如解决政府财政收入问题、通过税收再分配调节国民经济运行，以及加强市场监督等①。尽管如此，该数字税方案在征税基础、营业税模式以及法律确定性等方面仍存在明显缺陷。一些学者提出，此类数字税可能不仅对特定定义的数字公司征税，而且可能对更广泛的商业实体产生影响。此外，欧盟数字税的临时性方案可能与贸易原则相悖。若数字税设计不当，可能会成为企业创新发展的障碍，影响数字服务产业的发展前景，并可能削弱数字服务对个人生活的积极影响。围绕欧盟委员会数字税提案的复杂讨论揭示了，各成员国在达成数字税统一征收的共识方面仍面临漫长的道路。必须承认，在 OECD/G20 主导的"支柱一"统一方法进一步推进之前，解决欧盟数字税措施所面临的问题仍存在显著的障碍和阻力。

第四节　主要经济体数字税的比较分析

一、数字税的国际比较

（一）数字税征收目的之比较分析

各国数字税政策的提出，主要针对"数字企业达到一定规模"，在一定程度上旨在保护国内企业。鉴于数字经济发展的初期阶段，国内企业在与国外互联网巨头竞争的过程中，税收负担的减轻有助于为他们赢得宝贵的发展时间。提出数字税的国家相较于跨国公司，拥有更多的本国数字服务收入，但本国数字产业基础薄弱、竞争力不强。例如，与美国互联网巨头在欧盟市场的强势发展相比，欧盟以数字技术为主导的互联网企业在全

---

① 岳云嵩，齐彬露. 欧盟数字税推进现状及对我国的启示 [J]. 税务与经济，2019（4）：94 - 99.

球互联网企业竞争环境中的竞争力逐步消退。在 2018 年国际数字经济博览会公布的全球百强数字经济企业中，超过半数为美国数字企业；在全球排名前 20 的数字企业中，中美两国数字企业占据全部席位，而欧洲企业无一上榜。法国为了及时遏制跨国互联网企业的避税行为，扶持本土互联网企业，积极成为数字税的先行者，并且为本国数字企业提供大量研发补贴，以提升在国际上与中美互联网巨头的抗衡能力；更重要的是，法国期望通过单边措施，在全球形成示范效应，借助新议题舆论力量，督促尽快协商达成全球统一征税方案；进一步而言，法国开启数字税的先河，可以将全球数字税收协定引向有利于欧洲的方向，维护欧洲"数字主权"，把握欧洲数字领域在国际上的话语权和主动权。

从全球范围来看，各国是在对整体环境进行考量后，才提出了本国的数字税。从国家与地区税制改革的角度，其目的在于更好地应对数字经济发展对国际税收制度带来的挑战，在增加财政收入和弥补税款流失的同时创造公平的传统经济和数字税制环境；从产业发展的角度，数字税的征收可以在一定程度上遏制数字企业依靠智能技术发展起来的垄断力量，为本国创造稳定的经济环境，提升本国竞争优势和在数字经济领域的话语权。

（二）数字税征税范围的比较分析

在国际视野中，各国对数字税的征税范围进行了分类，主要涵盖以下 4 个领域：首先是对特定目标群体进行的在线广告服务征税；其次是针对提供网络平台服务，包括通过应用程序提供的社交平台征税；再次是对搜集用户数据并进行销售的行为征税；最后是对提供在线市场的互联网企业征税。各国在数字税的征税对象上表现出明显的共性，并且普遍采用正向列举的方式进行界定。

目前，各国对数字税征税范围的定义尚需进一步明确。首先，个人通过互联网以电子方式提供服务的场景存在不确定性，例如，目前尚不明确以下情况是否应归入数字税的范畴：提供远程学习服务，其中讲师的部分讲座是实时进行的；实时视频流的订阅费；涉及真实人物的表演，观众与表演者之间可以进行实时互动，如"点赞"和"评论"，个人服务提供者可以通过接受"打赏"的方式获得收入。其次，除英国之外，其他国家的法案尚未明确个人通过互联网获得免费数据和信息的服务是否应纳入数字税的征收范围，例如：个人通过搜索引擎获取资料，以及提供软件服务（SaaS）的企业在云后台进行数据分析和数据处理。

（三）数字税起征点与征税客体的比较研究

为减轻中小企业的税收负担，数字税普遍设定了较高的门槛和免税额度。征税客体主要集中在以脸书、谷歌、亚马逊为代表的美国互联网巨头。税收主要集中在少数纳税人身上。大多数法案规定，收入的确认方式是将数字服务收入与传统经济模式收入合并计算的国外收入总额，以收入总额作为阈值设定起征点。其中隐含的假设是，公司在申报纳税时，需要聘请专业评估团队将业务模式进行分离，对收入属于纯数字领域还是传统领域进行评估，并持续更新数字服务商业模式收入与传统商业模式收入的情况，这可能会增加公司的行政成本。

在确定征税客体方面，法国与其他国家的做法不同。它将国外数字服务收入超过7.5亿欧元的企业列入征税客体。法国的做法提高了起征点，使税收更具针对性。数字企业无须划分传统业务与数字业务的营业额，在法国需要缴纳数字税的企业仅为几十家。这些数字企业大多来自美国。这种做法能够有针对性地打击跨国互联网垄断企业，但狭窄的征税客体设定并不科学。互联网巨头可能会因此向政府抗议，并招致美国利用关税进行报复性行为，引发国家矛盾。而东南亚国家的起征点更低，征税客体更广，涉及本国企业在内的大中型互联网企业，见表4-3。

表4-3 国外主要国家数字服务税征税对象

国家	征税政策
法国	（1）全球范围内提供的应税数字服务超过7.5亿欧元的企业
	（2）在法国提供的应税数字服务超过2 500万欧元的企业
英国	（1）应税活动的全球收入超过5亿英镑的企业
	（2）英国用户参与应税活动所带来的收入超过2 500万英镑的企业
奥地利	（1）全球营业额达到或超过7.5亿欧元的企业
	（2）奥地利的营业额至少为2 500万欧元的企业

续表

国家	征税政策
捷克	（1）提供者所属的集团全球收入总额超过 7.5 亿欧元的企业
	（2）在捷克的应税数字服务总收入超过 200 万欧元的企业
西班牙	（1）一个业务年度的总净营业额超 7.5 亿欧元的企业
	（2）在西班牙提供数字服务的含税总收入超过 300 万欧元的企业
意大利	（1）全球营收超过 7.5 亿（60 亿元人民币）欧元的企业
	（2）在意大利数字服务收入超过 550 万欧元的企业
马来西亚	年营业收入超过 50 万马币（约合 12 万美元）的外国供应商
新加坡	（1）全球一整年的营业额超过 100 万美元
	（2）为新加坡客户提供的 B2C 数字服务供应量超过 10 万美元的互联网企业
印度	印度年营业收入 2 000 万卢比（约合 26 万美元）的互联网企业
土耳其	（1）全球的数字服务收入为 7.5 亿欧元（约合 60 亿元人民币）
	（2）在国内的数字服务收入为 2 000 万土耳其里拉（约合 2 063 万元人民币）的企业

资料来源：荷兰毕马威会计师事务所官网，https//homekpmg.

（四）数字税税基的比较分析

针对数字税的税基，各国普遍以营业收入为征税对象，而非利润，此做法在纳税人规定中体现了对收入要素的考量。鉴于跨国数字服务企业所具有的天然优势，会计核算过程中利润的自发转嫁现象，使得对收入征税成为一种有效防止利润转移的手段，同时征税操作相对简便。对利润征税则需明确收入的产生地，对于全球性公司而言，尤其是在数字领域，这一任务颇具挑战性。例如，用户在伦敦通过网络预约出租车，而结算费用却可能在阿姆斯特丹完成。对亚马逊等公司而言，征税可能是获取财务收入的有效途径，尽管这些公司的销售额巨大，但其利润却微乎其微。然而，确定与特定国家/地区相关的收入来源却并非易事。因此，法国税务官员提出，与世界其他地区相比，应按比例对互联网公司在法国的"数字业务"征税。

在税前扣除方面，英国和土耳其不允许任何形式的税前扣除，这一政策可能导致该国对数字服务的双重征税风险增加，从而给数字企业带来更为沉重的税收负担。税收负担可能会转嫁给购买进口数字服务的企业或个人消费者。法国的数字税基不允许从企业所得税中扣除，但可以从一种名为 C3S 的法国税（前称"有机税"）中扣除。这种抵扣机制相较于企业所得税的扣除更为普遍。法国立法者期望通过可抵扣规则来缓和矛盾，避免企业联合抗议，从而避免法国需要签订双边条约才能获得征收数字税的资格（见表 4 – 4）。

表 4 – 4 　　　　　　　　　　国外主要国家数字税税基

国家	数字税税基
英国	税基是英国用户参与为企业创造的毛收入，而且没有税前扣除项目。对于社交媒体平台，其应税所得为在线广告收入、订阅费或销售数据产生的收入。对于搜索引擎来说，其纳税所得额主要是用户搜索结果的广告收入；对于互联网市场，其应纳税所得额包括佣金、订阅费、投递费或在线广告收入
法国	税基是在创造价值方面发挥了重要作用的数字服务活动所产生的总收入。"中介服务"的应税所得是界面用户为访问和使用该界面而支付的所有款项。"以用户数据为基础的广告服务"的应税所得是广告主或其代理人在实际发布广告信息或任何与经济有关的交易中支付的所有费用
奥地利	数字税的税基通常是服务提供商从买方获得的对价
捷克	税基将参考捷克用户产生的报酬来确定
西班牙	税基是纳税人在西班牙提供应纳税的数字服务而获得的收入（不包括增值税）
土耳其	数字税的税基是指在相关纳税期间从数字服务中获得的收入
	任何费用、成本或税收都不能扣除
欧盟	税基是纳税人通过提供上述数字服务取得的扣除增值税和其他类似税收后的毛收入
	对于集团中进行财务合并核算的实体向同一集团内的另一实体提供上述数字服务而产生的收入是否作为应税所得，取决于该笔收入由谁获取所得由提供应税活动的单位取得的，不作为应税所得；所得由同一集团的其他单位取得的，作为应税所得

资料来源：荷兰毕马威会计师事务所官网，https//homekpmg.

（五）数字税税率的比较分析

经比较分析，各国数字税普遍采用较低的单一比例税率。研究发现，税率较高的国家多为数字经济欠发达地区，而数字经济较为发达的国家则倾向于采用较低的税率。这一现象表明，数字经济发达地区在制定数字税税率时表现出更为审慎的态度，原因在于这些国家旨在避免对本土优秀数字经济企业施加过重的税负。

在部分税率较低的国家，其政策倾向于吸引外商投资，征收数字税可能是出于国际形势的压力。这些国家可能因此放弃成为互联网巨头的避税天堂，转而采用较高的税率以补偿因互联网巨头迁移其常设机构而带来的经济损失。在数字税税率不均衡的国际背景下，数字税的单边特性愈发显著（见表4-5）。

表4-5　　　　　　　　　　国外主要国家数字税税率

国家	印度	英国	法国	意大利	西班牙	奥地利	新加坡	捷克	马来西亚	土耳其
税率	2%	2%	3%	3%	3%	5%	6%	7%	7%	7.5%

资料来源：荷兰毕马威会计师事务所官网，https://home.kpmg/.

（六）数字税税收征管的比较分析

各国在实施数字税政策的同时，对其税收征管机制予以高度重视，并制定了详尽的税收征管规定。这些规定对纳税周期、税款缴纳的起始时间、应税金额以及违规处罚措施作了明确阐述，旨在规范数字企业的纳税行为。以土耳其为例，其数字税收法案规定了税期为日历年度的一个月，并授权财政部对符合条件的纳税人自主设定一个季度的纳税期限，从而为纳税人提供了延长缴税期限的灵活性。对于违反规定的数字服务提供商（或其授权代表），法案规定了封锁其网站的处罚措施，以缓解数字服务提供商逃避纳税责任的问题。值得注意的是，土耳其并未在税款缴纳截止时间一到即刻执行处罚，而是给予了30天的缓缴期限，确保纳税人有充足的时间准备税金（见表4-6）。

表4-6　　　　　　　　　　国外主要国家数字税征管情况

国家	数字税征管情况
法国	对于任何给定的日历年，数字税应于次年4月缴纳。必须在同年的4月和10月分两期付款（每笔分期付款对应于上一个日历年应缴税款的50%的预付款），并在下一个日历年4月对应纳税额进行正规化
英国	财务条例草案确认缴税日期为会计期间结束后九个月的第一天。一家会计期在2020年12月31日结束的公司（该公司属于最终法律规定的范围，应缴纳数字税）将在2021年10月1日首次缴纳数字税

国家	数字税征管情况
奥地利	纳税义务发生在提供应税劳务的当月末。服务提供者必须计算数字税的金额，并在纳税义务发生月的下一个月十五日向主管税务机关缴纳税款
捷克	基于用于访问数字接口的技术设备的位置来确定用户所在地。通过搜集捷克用户数据发布针对捷克用户的在线广告（例如，如果广告是捷克语），则假定所有用户都位于捷克共和国
西班牙	根据其互联网协议（IP）地址被视为已定位
	2020 年应纳税款，将适用于过渡性规则，只有一笔（分期）税款将在年底到期，大概是基于当年收入的 100% 作为应税金额
意大利	应纳税义务人当年 3 月 31 日前申报应纳税所得额，于取得应纳税额后下一年的 2 月 16 日之前缴纳数字税
土耳其	数字税的税期为日历年的一个月。但是，根据服务类型和纳税人的数量，将授权财政和财政部确定一个季度的纳税期限，而不是一个月的纳税期限。纳税人和纳税责任方将被要求在纳税期后的下个月月底将其数字税申报表提交给相关税务

资料来源：荷兰毕马威会计师事务所官网，https：//home. kpmg/OECD.

二、不同经济体对数字税制度差异化立场及成因分析

为应对数字经济带来的挑战，国际组织如 OECD 以及域外国家进行了诸多尝试。然而，由于各国核心税收利益的差异，对数字税这一新兴税种的态度各异。在当前数字经济的国际博弈中，以中国、美国和欧洲为代表的经济体，因其在数字经济规模上的显著地位，不仅在制度和态度上具有显著影响力，而且其立场具有一定的代表性。本节将重点分析美国和欧洲的立场及其成因，并对中国立场作简要阐述。

回顾 20 世纪 90 年代电子商务时代以及当前数字经济时代，美国一直积极支持新型经济的发展。美国政府鼓励本国数字企业参与国际市场竞争，并明确反对其他国家对本国企业征收数字税等类似税收，认为这类税种本质上构成了新的贸易壁垒。相对而言，欧洲联盟的成员国持有不同观点，他们认为数字经济发展的滞后已经对其税收利益产生了负面影响，因此计划通过征收数字税来保障其税收利益。

鉴于税收制度的复杂性和敏感性，重构税收规则和重新分配税收利益必然面临技术、法律和政治等多方面的挑战。不同国家或地区对数字税持有不

同立场的主要原因在于国家利益，因为没有任何一个国家愿意看到其税收政策阻碍本国数字经济的发展。例如，美国等发达国家作为现有国际税收规则的受益者，凭借信息技术的快速发展优势，成为多数跨国数字企业的母国。因此，这些国家强烈反对实施数字税，基于本国数字经济和市场规模的发展考虑，不主张因数字经济的快速发展而突然改变现行规则，尤其是不愿意因新的数字经济业务模式的出现而扩大来源地国家的税收管辖权范围。

然而，数字服务作为一种无形资产，难以被现行税法体系所规范。税收法定原则与新税权的长期博弈导致税收法律体系尚未能迅速适应这种无形资产的税收问题。尽管如此，从税收角度对数字服务进行征税仍是理论和实践中的热点议题，特别是关于设立新税权还是对现有税法进行解释说明的讨论。

（一）美国

作为全球数字经济发展的领头羊，美国政府始终致力于确保其数字产业在国际市场上的领先地位，这构成了其对外贸易政策制定的核心价值取向。通过审视美国政府过往的协定规则，可以归纳出美国在数字贸易领域所坚持的原则。例如，《美墨加协定》明确禁止对电子传输的数字产品征收关税或其他费用，并禁止或限制通过电子方式的跨境数据传输等。这些原则实际上维护了美国在全球数字竞争中的优势地位。

当前，面对全球范围内数字税法律制度的陆续推出，美国政府坚持反对立场，认为这是对美国互联网企业的歧视。美国的反对意见主要集中在两个方面：一是反对数字税这一税收方式；二是反对仅对数字广告及数据流动行为征税。首先，在法国，部分官员指出数字税主要针对美国企业，法国经济和财政部部长布鲁诺·勒梅尔（Bruno Le Maire）甚至将法国的数字税称为"GAFA 税"。其次，多数国家设定的课税门槛为全球年收入超过 7.5 亿欧元的公司需纳税，这一较高的门槛已自动排除了相关国家本土数字企业，目前只有全球互联网巨头能够达到此门槛。据估计，受影响的互联网企业中约有一半是美国企业。最后，从企业所得税与数字税的关系来看，美国企业面临的税收负担有加重的趋势。欧盟各国的方案大多允许从企业税税基中扣除数字税，但由于数字税是对企业收入的直接征税，美国企业无法在国内主张所得税抵免。对此，美国众议院筹款委员会主席、共和党人凯文·布拉迪（Kevin Brady）认为，这是公然的"掠夺"，更是单边强制征收关税。若数字税法案最终通过，美国将向世界贸易组织提出申诉，或发起多边协议以阻止数字税的实施。

实际上，美国政府长期关注互联网企业的商业模式，并发现其与政府监管、税收征管等规则存在不适应性。美国政府并不反对互联网企业税收规则的变革，甚至可能对本土互联网企业采取措施。例如，2018 年美国指控 Facebook 不当共享用户个人信息。2019 年 7 月 24 日，Facebook 与美国联邦贸易委员会达成和解，并支付了 50 亿美元的罚款。美国贸易代表罗伯特·莱特希泽（Robert Lighthizer）指出："致力于达成多边协议，解决数字经济给国际税收带来的问题。"

（二）欧盟

在 21 世纪初，欧盟经历了互联网的繁荣发展，但如今已落后于美国，并且在数字经济发展水平上与中国的差距也较为明显。因此，欧盟逐渐认识到数字经济的特殊价值，并制定了相关产业政策，如英国的《英国数字战略》、德国的《数字化战略 2025》等，并提议在区域内形成统一的数字税方案，旨在将其作为提升本土企业竞争优势的政策工具。然而，由于成员国对数字税的实际效用和影响程度的判断存在分歧，该方案最终被搁置。

目前，欧盟内部对数字税的态度可以分为三类：支持数字税、等待多边框架下的数字税和反对数字税。其中，法国、西班牙、意大利、英国等国希望尽快实施数字税，并已制订了相应的数字税方案。支持者的主要动机包括解决价值创造与税收错配问题、公平分配税收利益、增加财政收入，以及部分成员国希望借此机会主导欧洲经济议题，但最根本的动机仍是保护本土数字企业，促进本国数字经济发展。德国、比利时、芬兰、瑞典、丹麦、挪威、瑞士等国则倾向于等待多边框架下的数字税方案出台，这种立场介于支持与反对之间，可以视为一种观望态度。以德国为例，其观望的主要原因在于数字税可以解决税基侵蚀问题，同时作为欧洲数字经济较为发达的国家，实际上单边数字税可能会对德国数字企业造成直接损害。其他国家则因怀疑数字税的价值效用或顾虑到美国的制裁而继续观望，等待国际统一规则的形成。而爱尔兰、荷兰、卢森堡等国则反对数字税，认为增加的财政收入无法弥补该制度运行的成本。这主要是由于这三个国家在全球数字价值链上的地位不同。爱尔兰、荷兰作为全球知名的低税率国家，一直是全球大型互联网企业财务机构的所在地，推行数字税法律制度无疑会导致这些国家丧失投资吸引力，从而在很大程度上影响跨国企业在这些国家的投资决策。

（三）中国

在数字经济发展方面，中国与美国相比存在一定差距，但从数字产业链及在全球经济活动中的地位来看，中国的水平介于美国和欧盟之间。换言之，中国数字经济的发展水平处于二者之间，既与美国在数字经济上的一些立场存在相似之处，又与欧盟在实体经济方面有共同之处。正是由于上述原因，中国目前的立场并不明确，包括以下立场：

1. 积极研究探索

《中共中央、国务院关于构建数据基础制度更好发挥数据要素作用的意见》明确提出，"更好发挥政府在数据要素收益分配中的引导调节作用。逐步建立保障公平的数据要素收益分配体制机制，更加关注公共利益和相对弱势群体"。从政府调节再分配的一般性制度与数据要素收益再分配的特殊性政策出发，加快研究探索数字税是发挥政府调节数据收益再分配的必然趋势①。

2. 参与国际规则制定

中国作为数字经济大国，积极参与国际数字税规则的制定，以赢得数字税的制度性国际话语权。面对经合组织提出的税基侵蚀和利润转移行动计划以及各国对数字税方案的差异，中国秉持多边主义精神和开放合作态度，参与相关方案的磋商和设计，关注国际税制规则重塑的公正性，提高多边谈判参与程度，提出数字经济征税中国方案②。

3. 立足国情循序渐进

中国开征数字税要立足国情，既要考虑跨地区和行业的税负相对公

---

①②　中华人民共和国国家发展和改革委员会. 探索数字税调节数据收益再分配. https：//www. ndrc. gov. cn/wsdwhfz/202304/t20230410_1353437_ext. html.

平，又要避免对互联网平台等数字企业过度征税，还要服务于提升中国互联网平台企业国际竞争力，总体以公平竞争、普惠共享为导向加快探索有中国特色的数字税实施办法。同时，建议在条件成熟的地区尽早开展试点，再总结经验分步审慎推进实施，如在贵州、京津冀、珠三角、上海等国家大数据综合试验区开展试点，探索数字税的可行模式。

4. 完善现有税制为主

短期内，中国并不适宜开征与数字服务税相关的税种，而是重点考虑完善现有的增值税、企业所得税制度，构建适应数字经济发展的税收制度规则以及税收征管体系。例如，继续推动增值税改革，择机采取"正面清单"的模式，在数字经济发展较好的地区开展试点工作，以适应不断变化的新业态、新产业、新模式所涉及的与数字经济相关的业务；加快研究企业所得税中"显著经济存在"或"显著数字存在"的标准，重新定义企业在市场国的常设机构标准①。同时，借助数字技术提高税收征管效率，如贯彻落实"金税四期"举措，加强跨境交易数字平台的交易数据收集与整理汇总记录，推动税务系统与海关等其他相关系统的无缝对接②。

以上不同立场是因为需要考虑和权衡多种因素，包括中国数字经济究竟处于发展中还是发达阶段，是应该支持反避税还是追求经济增长，以及是长期增加税收还是暂时牺牲部分税收以谋求经济的快速增长。这确实是中国当前面临的一个重要矛盾问题，难以简单回应。

三、数字税征收的经验与启示

（一）重视与国际税收方案的协调统一性

尽管在多边框架下实现数字税的统一政策存在困难，国际社会仍需致力于达成全球范围内的共识方案，以促进国际社会的和谐。短期内，数字经济引发的诸多问题，如税收主权分配矛盾、利益分配格局挑战以及数字

①② 广东工业大学．制造业蓝皮书：中国制造业数字化创新报告（2023）．https：//www. gdut. edu. cn/info/2045/20266. htm.

经济发展的不平衡等，导致越来越多的国家通过单边措施寻求收入，引发对数字服务的强烈反对。这种现象本质上反映了"避税天堂"与"居住国"在数字经济发展中的博弈。

然而，从长远视角审视，市场国家在数字经济发展中对"进口国"的贡献不容忽视。为确保数字经济"进口国"概念的统一，各方应通过协商达成关于出口国的一致定义。在此过程中，各国应基于自身立场和利益提出方案，并积极参与讨论，通过合作以最大程度保护各国利益，实现共赢。作为全球数字经济的主要生产国和消费国，中国的发展将在很大程度上受到数字经济政策变化的影响。当前，世界各国正积极捍卫其税收权利和数字主权，围绕数字经济中的税收优惠制定不同的税收制度。除了数字税，还包括低税制度和无形资产营销制度。尽管 OECD 的"统一方法"已得到成员国的广泛支持，中国仍需密切关注国际税收改革的动向，及时制定应对策略，积极维护国家利益，致力于完善全球数字经济和税收体系，保障中国数字经济税收权益。

（二）基于国情全面评估税负的合理性

英法两国的数字税方案在实施过程中可能引发双重征税问题，并面临对亏损纳税人征税的风险，这不利于数字税的可持续发展和实施。为解决上述潜在风险，安全港规则应运而生，旨在减轻数字企业税负。安全港规则的计算方法为：

数字税额＝特定数字业务活动的利润率×应税分配收入×0.8

以英国为例，若企业利润率低于2.5%，可选择运用安全港规则，从而大幅减轻税负。尽管英国数字税税率为2%，但数字企业税负依然较重。例如，若企业以1%的税率从数字业务中获利100万英镑，根据安全港规则，其应纳税额为60万英镑。因此，各国在借鉴经验的同时，也应考虑引入基于收入的税收制度，以减轻企业税负。在征收数字税之前，应合理评估大型互联网公司的正常利润率等数据，审慎制定税收优惠政策，以最大限度减少亏损企业和低利润率企业的税收负担，确保税收政策的公平合理性。

（三）与现行税制的兼容性及税制改革目标的衔接

引入数字税旨在应对数字经济在税收征收和管理方面带来的挑战。然而，实施数字税的国家并未明确其税收性质。这与我国之前废除的营业税有相似之处。自 2016 年以来，为减少重复征税、减轻经济实体税负并接轨国际税制，我国全面实施了营业税改增值税（营改增），并推进税制改革。2020 年新冠疫情暴发后，国家提出实施更加积极主动的财政政策。

因此，我国必须明确数字税、营业税、增值税三者之间的关系，并采取相应的税收方案和计划。英国和法国在实施数字服务税时，主要针对大型跨国互联网公司，旨在确保大型跨国公司与传统公司之间的公平纳税。为避免对具有巨大潜力的初创公司或"独角兽"公司施加过重税负，英法两国在制定税收规则时设定了纳税人的收入起征点。

第一个门槛是根据数字企业在全球范围内的年度收入确定，第二个门槛则根据收入来源国的实际情况确定应税收入的门槛。在第二个门槛中，英国根据用户参与程度设定了三家数字服务公司的应税收入阈值，而法国则根据公司在法国的数字存款比例设定。两国均承诺采取税收政策以更好地保护本国新兴数字公司的发展。这为我国征收数字税、保障未来新兴数字机构的发展提供了具体参考，也为我国提供了更多空间去思考数字税的作用。我国需根据数字经济的发展水平和存在的问题，作出明智判断，无论是关注税收调控作用还是收入分配在促进税收公平中的作用，都必须强调其在实现税收公平中的重要性。

第五节　数字税的国际典型案例分析

一、亚马逊公司案例分析

（一）亚马逊公司商业模式

在线商业模式中，亚马逊的客户群体涵盖了消费者与外部供应商。其在线市场模式有效地将消费者与第二方卖家进行连接。业务流程如图4-1所示。消费者在网络购物中心寻找所需的商品或服务，并进行网上订单，而卖家则通过这种网络商业模式向买方提供他们需要的商品或服务。在交易期间，买方作为消费者参与其中，卖方则是外部的第三方，不是亚马逊公司本身。亚马逊在这个过程中为双方提供了必要的支持服务，并将其称为"订单履约服务"。同时，亚马逊不仅是一家在线商店，也运营着实体零售店，通过线上与线下的不同业务模式，实现更高效的规模经济。

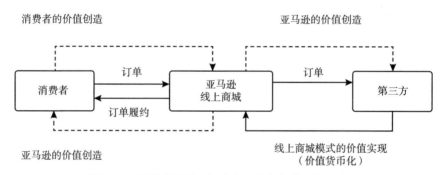

图4-1　在线商城的业务流程、价值创造和价值实现

资料来源：亚马逊商城。

亚马逊的运营模式在信息通信技术不断进步的背景下，得到了持续的改进与提升。在这一模式中，销售相关商品或服务的市场商家与消费者通过平台建立连接。在交易过程中，用户的参与为公司带来了丰富的数据。亚马逊将这些数据集中收集并存储于数据库中，并在后续交易中加以利用，以实现商业利益。这些信息不仅来源于用户的主动参与，也包括用户在无意间提供的信息，用户在有意识或无意识的情况下向数字平台分享了自己的数据。

用户首先需要在平台上进行实名注册，并填写个人的基本信息。在浏览商品或服务时，系统会自动收集和分析用户的点击习惯、停留时长以及商品偏好，从而生成具体的分析结果，并将这些信息保存在用户的个人数据库中。数字企业则依据这些数据进行相应的决策和安排，创造出可观的商业价值。此外，这些数据作为企业的无形资产，也能够转售给第三方公司以获取盈利。因此，在用户使用数字平台的同时，也为企业不断创造着商业价值。例如，亚马逊将用户的数据出售给外部供应商，这些供应商包括仓储、配送和售后等第三方服务平台，以优化服务质量、提升用户体验。同时，消费者在使用过程中也节省了大量时间与精力，实现了双赢的局面（见表4-7、表4-8）。

表4-7 2016～2023年亚马逊收入及利润基本情况

	2016年	2017年	2018年	2019年	2020年	2021年	2022年	2023年
营业收入	1 359.87	1 778.66	2 328.87	3 479.25	3 861.28	4 698	—	5 748
营业利润	38.02	34.6	114.44	173.7	229.5	249	—	174
利润总额	37.96	38.02	112.7	167.5	213.9	381.51	-59.36	375.57
净利润	23.71	30.33	100.73	132.8	198.7	333.6	-27.22	304.25

资料来源：亚马逊财务报告。

表4-8 2016～2023年亚马逊收入构成

	2016年	2017年	2018年	2019年	2020年	2021年	2022年	2023年
网上商店	685.13	768.63	914.31	1 083.54	1 229.87	1 813.90	1 923.90	2 221.6
占比	76.99%	71.83%	67.24%	60.92%	52.81%	38.61%	37.43%	38.65%
第三方卖方服务	117.47	160.86	229.93	318.81	427.45	113.64	125.72	136.98
占比	13.2%	15.03%	16.91%	17.92%	18.35%	24.19%	24.46%	23.83%
AWS云服务	46.44	78.80	122.19	174.59	256.55	822.15	912.86	993
占比	5.22%	7.36%	8.99%	9.82%	11.02%	17.5%	17.76%	17.28%
订阅服务	—	—	—	57.98	172.24	333.56	381.90	408.12
占比	—	—	—	3.26%	7.4%	7.1%	7.34%	7.1%
其他	13.22	17.0	29.50	46.53	101.08	14.09	43.69	47.72
占比	1.49%	1.60%	2.17%	2.62%	4.34%	0.3%	0.85%	0.83%

资料来源：亚马逊财务报告。

在网络购物平台的商业模式中，消费者（用户）、外部卖家与亚马逊相互协作，共同创造价值，这种价值的形成是全面的。外部供应商提供的服务所占收入比例高达90%。亚马逊通过网络购物模式中各个环节的价值实现过程，利用销售服务获取业务收入，这一过程也可视为价值意识的体现。亚马逊不仅在数据资源方面具有优势，同时在基础设施资源上也具备优势，从而使其线上商店的商业模式高效运转。迄今为止，亚马逊在竞争中处于领先地位，拥有庞大的市场竞争优势，这种优势又反过来提升了其对潜在客户和外部供应商的吸引力。

亚马逊向外部商家征收的费用主要包括：数据利用和数据服务的费用（佣金）、申请费（押金）以及其他相关费用。某些收入单独被记录为"卖家外部服务利润"。在2014~2023年，亚马逊的供应商对外服务收入逐年攀升，2019年更是达到了最高点，占当年全球业务总收入的19%。值得强调的是，亚马逊平台所产生的收入及其类别对整个公司来说都是极其重要的（见图4-2）。

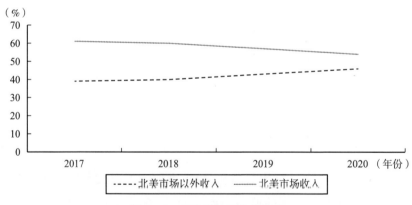

图4-2　亚马逊地区收入情况

资料来源：OECD年报。

（二）亚马逊公司国内外纳税情况

1. 法国对亚马逊征税情况

在过去的几年里，法国的国家税收收入在GDP中的占比持续增长。

为了实现国内的"税收公平",法国计划对逾 30 家互联网巨头征收数字税。主要规定是：全球数字业务总收益超过 8 亿美元或 7 亿欧元的企业,在法国的总收入至少达到 2 840 万美元或 2 500 万美元,并且总部设在欧洲的公司将面临征收 3% 的数字税。法国的互联网巨头包括苹果、亚马逊和谷歌等。数字税专门针对互联网企业,这些公司通过其网站和平台获取利润,并在公司与客户之间形成利润联系,因此有必要缴纳相应的税金。需要注意的是,数字税不涉及在互联网平台上销售自己商品的公司。这一税种通过后法国在 2024 年成功实现约 8 亿美元(大约 5 亿欧元)的税收(见图 4 - 3)。[①]

图 4 - 3 亚马逊利润率变化

资料来源：OECD 年报。

根据图 4 - 4 所示,随着公司利润率的提升,其有效税率会逐渐降低,不同的利润率对应着不同的税负情况。亚马逊的利润率一般维持在 20% 以上,然而在 2019 年,由于欧洲反垄断罚款的影响,利润率有所下降,但在其他期间保持相对稳定。因此,尽管数字税上调了 3% ,谷歌的实际税率仍为 10% ~ 15% ,这将明显提高企业的税务开支。

---

① 资料来源：中华人民共和国驻法兰西共和国大使馆官网。

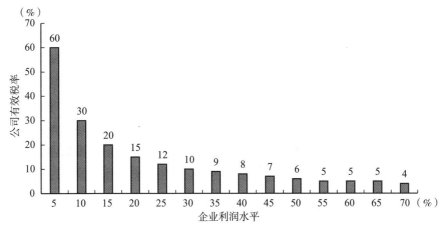

图4-4 3%的数字税对公司有效税率的影响

资料来源：Office of the United States Trade Representative.

2. 英国对亚马逊征税情况

苹果和亚马逊在英国的贸易占据了重要地位，对此英国政府于2018年10月宣布针对跨境电商公司实施新的规定。同月，作为英国财政大臣的菲利普·哈蒙德在一次讲话中指出，针对大型跨境科技公司的数字税将以2%的税率征收。他进一步提到，若各国未能达成国际技术税收制度，这项计划将于2020年实施。英国对数字税收的征收对象要求全球运营收入至少超过660万美元或至少5亿英镑的跨国公司。随着数字经济的持续增长，财政政策亟须改革。值得注意的是，在数字经济时代，互联网平台正在不断演变，改变着我们的生活方式和消费习惯，越来越多的人通过互联网平台进行消费，创造了巨大的利润。然而，大型跨国公司并不受英国数字平台税的制约，这与国际税收公平的原则存在冲突。英国政府在此时推行的数字税是全球税制改革的重要举措，也是在英国市场销售方面的重要措施。根据评估，数字税每年为英国带来的收入超过4亿英镑。因此，若英国对大型跨国科技公司征收2%的数字税，运营于英国的亚马逊平台作为一个盈利丰厚的在线平台，也将缴纳2%的数字税。

3. 欧盟对亚马逊征税情况

为了提升欧盟内部交易的税收水平，2017年1月欧盟委员会推出了新的《电子商务增值税法》提案，旨在改善在线交易服务的环境。该提案主要包括 4 项措施：第一，对网络资产及其交易按照规定征收税款；第二，规范小型企业和项目，进一步减轻增值税负担；第三，暂停征收增值税，以解决跨境经营活动中的相关问题；第四，税收政策可以与账本及合伙账本相结合，征收增值税。

新的欧洲立法草案根据年度销售额对中小型电商企业的环境进行了界定。同时，"22 欧元的增值税免征限额"被取消。欧盟委员会认为，该政策助长了部分企业的逃税现象，因此被废除。2018 年 9 月，欧盟委员会提出对年收入超过 7.5 亿欧元且欧盟内收入超过 0.5 亿欧元的大型互联网公司征收 3% 的税。在新的提案中，将对全球 150 家科技企业征收税款，包括来自美国的谷歌、脸书和亚马逊。依据这项新法规，欧洲成员国可以对在其境内运营的任何类型的互联网企业征税。如果所有欧洲成员国一致实施技术税，预计每年将增加 50 亿欧元的收益。此外，欧盟成员国还表示，计划尽快修订税收法规，以降低数字产品和服务的税负。如果欧盟对大型跨国科技公司如亚马逊征收 3% 的技术税，那么在欧洲利润平台上运营的类似亚马逊的互联网平台也将需缴纳 3% 的技术税。

4. 新西兰对亚马逊征税情况

新西兰税务部门认为，像社交媒体、电子商务平台和互联网广告平台等大型数字企业正在从新消费者那里获得丰厚的商业利益，却没有缴纳应有的所得税。2019 年 2 月，新西兰提出了一份讨论文件，旨在更新税收体系，以确保诸如谷歌和亚马逊这样的数字跨国公司支付合理的税款。目前，这些社交媒体、交易平台和数字广告公司在新西兰获取了可观的利润，却未向新西兰征税。新西兰即将加入对跨境电商进行直接征税的国家，预计其数字服务的跨境价值约为 27 亿新西兰元。理论上，数字税将占该国跨国公司总收入的 2% ~ 3%。据预测，新西兰的数字税将达到 300 万 ~ 8 000 万新西兰元。因此，对于亚马逊而言，如果新西兰对大型跨境科技企业征收 2% ~ 3% 的数字税，亚马逊将需支付其作为互联网平台运营利润的 3.3%。

5. 我国对亚马逊征税情况

2012 年 12 月，亚马逊电子图书馆在中国正式面世，这标志着亚马逊公司进入了中国市场。次年 6 月，亚马逊电子阅读器也正式在中国上市。2014 年，亚马逊中国团队将在其网站上通过翻译出版平台首次发布众多优秀的中文作品。到了 2016 年，中国市场已成为亚马逊电子阅读器最大销量的国家，许多中国出版社也愿意尝试数字出版。

根据亚马逊中国官网的数据显示，2017 年中国重要图书的纸质版与电子版之间的比例增幅超过了 2016 年的水平，同时出版版本的比例上升了 60%。此外，数据显示，在 2017 年，纸质版和电子版同时发布的图书销售总量，大大超过了同期仅有纸质版或电子版的图书销售总量。在美国，这一增长数字更是超过了 3 倍。到 2018 年 12 月，亚马逊在中国的销量已达到大约 70 万本。统计显示，2017 年亚马逊平台上的购买和下载量相比 2013 年增长了大约 10 倍，而 2017 年的付费用户数量则比 2013 年激增了约 12 倍。在中国的服务平台上，2018 年的用户数也较 2013 年增加了约 91 倍，而一月份的活跃用户数相比 2013 年则有约 69 倍的增长。

以亚马逊为例的跨境电商行业，许多国家正在不断地研究和探索税收规划和政策，以及实施跨境电商税收管辖权的途径，在这一过程中不断寻找方法和努力前行。在我国，根据税务管辖的相关规定，无论是国外的亚马逊公司，还是国内的阿里巴巴、京东等电商平台，都有义务缴纳增值税和企业所得税，并要遵循相应的缴税要求。然而，当前我国针对跨境直销电子商务的政策法规，以及交易环境，包括税务管辖等方面，还亟待进行深入研究和探讨。鉴于国外在对亚马逊征税上的做法，我国可以借鉴其成功经验，制定相应的税收对策，具体内容见表 4 – 9。

表 4 – 9　　　　　　　　国外对亚马逊征收税种借鉴

国家	新税种	税率
法国	数字税	3%
英国	数字税	2%
欧盟	科技税	3%
新西兰	数字税	2% ~ 3%
日本	消费税	8% ~ 10%

资料来源：荷兰毕马威会计师事务所官网，https：//home. kpmg/.

（三）关于亚马逊公司税收管辖权的争议焦点

1. 关于居民管辖权的争议

在当前数字经济的背景下，直接跨境征税原则与传统经济环境下的税收管辖权之间的矛盾将引发税收的不公。在本书中引用的亚马逊案例中，作为一个外国品牌，其在中国的主要销售商品是电子书阅读器，用户可以在此购买并下载所需阅读的内容。这个平台本质上是一个提供零售服务的购物中心。鉴于亚马逊在我国销售电子阅读器，因此我国也成了跨境电子商务的进口国。

通常情况下，进行直接出口的跨境电商企业多出自发达国家。为了维护本国企业的利益，发达国家通常会强烈主张实施居民国家的税务管辖。然而，从跨境电商的进口国来看，如果居民的税收权利得以施行，这样一来，跨境电商只能承担进口国非居民的有限税务义务。在某些进口国，甚至直接从事跨境电商的公司可能不需要承担任何税务义务。如果中国对居民实施税务管辖，那么我国就无权对亚马逊的商业交易征收税款。

我国的市场发展空间广阔，潜力巨大，前景良好。一旦确立居民的税收管辖权，将会对我国的税收优惠政策造成重大损害，并对税收来源造成严重损失。因此，综合考虑，我国的税收管辖规定不应对居民施加税收。此外，为了更好地维护我国的税收优惠和减免政策，应当坚持来源地管辖权的原则。

2. 关于来源地管辖权的争议

亚马逊作为一家跨国电子商务公司，直接向我国提供数字化商品和服务。长期以来，我们是否应该对亚马逊通过中国亚马逊平台获得的运营收入征收税款一直存在争议。一般来说，国际上普遍的观点是，在签约国家运营的企业的商业利润应只在该国进行纳税。然而，如果该企业或平台在签约国家设立了常驻机构，并通过该机构在其他国家开展业务，那么就有可能在进口国进行征税。因为对税源国而言，行使税权的前提条件是存在常设机构，如果该公司在原产国没有常设机构，其商业收入则可享受免税待遇。

3. 关于认定营业利润与特许权使用费的争议

作为一家向中国市场直接出口数字产品的跨境电商企业，亚马逊通过在中国出售电子书阅读器，并利用这些阅读器供消费者购买和下载所需阅读内容，从而实现盈利。然而，亚马逊的跨境交易是在其购物网站上进行的，这些交易依赖于消费者购买及下载产品。亚马逊（Amazon. com Inc）的商家平台是一个虚拟的、隐秘的、无法被直接察觉的网站。在如今的跨境电商直接交易模式下，传统的常设机构原则已经不再适用。如果中国行使其注册地的税收管辖权，便无法对亚马逊的跨境交易进行征税。针对我国市场的广阔发展前景，若居民的税收管辖权一旦确立，将会对我国的税收权益造成严重损害，使我们的税收来源面临巨大损失。若对亚马逊在中国的跨境业务征税，将与原产国的传统管辖权产生冲突。在当前跨境税务争议较为混乱的情况下，我国亟须结合自身实际情况，构建一个稳固的政策框架和公平有效的监管体系，以解决制约跨境发展的各种挑战。让电子商务跨越国界，营造良好的发展环境，将使跨境电商的前景更加稳固、持久和快速发展。

二、谷歌公司案例分析

（一）谷歌公司商业模式

作为全球领先的搜索引擎公司，谷歌的主要收益源自在线广告领域。通过精心设计的算法，谷歌广告能够实时地将广告商与潜在客户进行精准匹配，进而将用户转化为有价值的客户群。数据显示，自 2017～2023 年，谷歌的市场份额持续稳定增长。2023 年谷歌在全球搜索引擎市场的份额达到 91.5%，位居榜首，这一成就凸显了谷歌在全球搜索引擎市场中的显著地位（见图 4-5、图 4-6）。

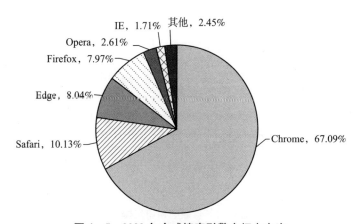

图 4-5 2023 年全球搜索引擎市场占有率

资料来源：Statieta 官网。

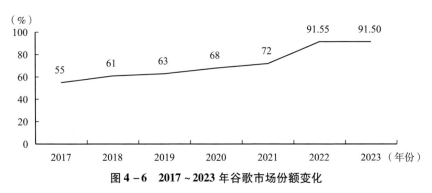

图 4-6　2017~2023 年谷歌市场份额变化

资料来源：Statista 官网。

2012 年，美国谷歌公司旗下子公司谷歌爱尔兰参与了在法国进行的一项网络广告推广活动。依据 1968 年法国与爱尔兰之间签订的税收协定第 2 (9) (c) 条款，法国税务机关认定谷歌爱尔兰在法国境内构成了一个常设机构，并据此向谷歌爱尔兰征收了相应的税款。谷歌方面则辩称，由于谷歌爱尔兰有限公司不具备独立签订合同的权利，因此其应被视为独立于谷歌的常设机构（如图 4-7 所示）。2017 年 7 月，法国税务当局对巴黎行政法院驳回谷歌爱尔兰公司缴纳公司税的裁决提出上诉。巴黎行政上诉法院于 2019 年 3 月对上诉案件进行了审理，并最终裁定维持原判。

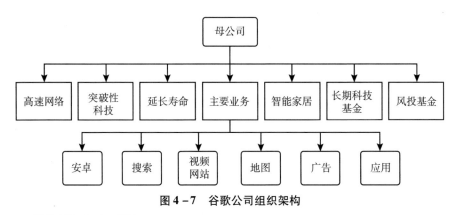

图 4-7　谷歌公司组织架构

资料来源：Statista 官网。

（二）谷歌公司国内外纳税情况

根据美国税法的规定，美国公司从海外获得的利润需缴纳 25% ~ 35% 的税收。然而，谷歌公司每年仅缴纳 2.4% 的税收。谷歌公司采用了转移定价的策略，即将不同的外部实体列为子公司，并将收入转移至避税港和低税收国家。谷歌公司的主营业务并非销售普通商品，而是知识产权使用权的许可。值得注意的是，谷歌公司的知识产权难以准确评估，且缺乏统一的税收计算公式来对其征税，同时可以利用不同国家间的税收差异。尽管美国税法要求子公司间进行知识产权交易时需遵循公平合理的交易价格原则，但对于科技企业新型产品的定价标准却未予明确规定。对于母公司而言，其倾向于以尽可能低的价格进行交易以实现减税目的。谷歌公司通过爱尔兰和百慕大等地转移应税收入。自 20 世纪 60 年代以来，爱尔兰凭借其低税率优势，吸引了众多跨国公司将其作为收入中转站，以实现收入的转移和税收的减免。跨国企业在赚取利润后，能够顺利地将利润转移至百慕大。一旦企业收入进入百慕大，美国监管机构便难以继续对这些收入进行追踪。

根据爱尔兰法律，若公司总部设在爱尔兰，其子公司则无须公开财务信息，包括损益表或资产负债表。换言之，谷歌通过将知识产权和许可证出售给位于百慕大的爱尔兰控股公司，随后这些资产又被转售给谷歌在都柏林的子公司。爱尔兰的公司税率仅为 12.5%，是美国税率的一半，但即便如此，谷歌仍能通过赚取非爱尔兰来源的收入来合法避税。为了实现收入转移，谷歌在爱尔兰注册了两家公司：一家作为百慕大管理中心，负责使用谷歌的知识产权产品和许可证；另一家是控股公司的子公司，其办事处位于都柏林，并拥有 2 000 名员工。该公司负责在世界各地销售谷歌广告，并赚取代表公司利润的海外收入，其中 88% 的利润流向了百慕大的避税天堂。结果，在 3 年的时间里，谷歌节省了 31 亿美元的税款，公司利润增长了 26%，这一切都是在法律允许的范围内进行的（见图 4 - 8）。

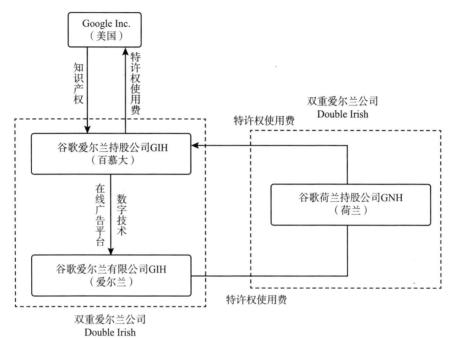

图 4 - 8　谷歌避税款框架

资料来源：OECD 报告。

（三）法国谷歌案的争议焦点

1. 谷歌法国是否构成独立代理人地位

巴黎行政法院及巴黎行政上诉法院均驳回了谷歌爱尔兰公司提出的其为独立机构的主张。巴黎行政上诉法院进一步裁定，谷歌法国并不构成谷歌爱尔兰的独立代理人。法院的判决基于以下事实：谷歌法国在法律和经济层面均无法独立于谷歌爱尔兰而存在。2004 年，谷歌航空公司与谷歌美国公司签订了销售和服务协议，协议规定谷歌爱尔兰公司将为法国市场提供互联网服务的销售支持。同时，协议明确指出，与谷歌相关的所有活动均以谷歌爱尔兰公司的利益为核心，表明双方在协议中的地位是平等的。此外，调查结果显示，谷歌爱尔兰公司并不承担由谷歌法国活动产生的风险。基于这些考量，法院认定谷歌法国不具备独立代理人的地位。

2. 谷歌法国是否为非独立代理人

法国税务机关对巴黎行政法院及巴黎上诉法院的裁决提出异议，裁定谷歌为独立实体。税务机关的立场是，鉴于法国谷歌员工已不再受 MSA 协议约束，合同中频繁提及的"供应商"和"责任交易"概念，以及谷歌作为法国客户所指定的公司，法院上诉的核心在于审视谷歌爱尔兰与谷歌在《法国民法典》框架下的协作模式。依据该协议，谷歌向谷歌爱尔兰提供服务，以协助法国广告商利用谷歌广告系统，预期谷歌爱尔兰将代表谷歌签订合同。实际上，谷歌通过电子方式自动签署这些合同。鉴于谷歌员工无权代表谷歌爱尔兰与客户订立合同，谷歌 Inc。保留了对所有权转让及合同应付金额的批准权。因此，根据《法国民法典》，客户与谷歌爱尔兰之间的合同被认定为雇佣合同，而非广告销售合同。

3. 谷歌法国是否构成谷歌爱尔兰的常设机构

依据巴黎行政法院与巴黎上诉法院的判例，两家法院均认定谷歌爱尔兰通过法国销售广告所获利润应归属于谷歌公司，但仅限于归属于单一固定实体（谷歌作为独立代理人）。巴黎行政上诉法院裁定，依据法国税法中关于常设机构定义的第 2（9）条款及公司利润征税的第 4 条款，若谷歌在法国设有常设机构，则法国税务机关有权对该机构的利润征税，仅限于归属于该常设机构的部分。然而，在当前案例中，谷歌的雇员及办公场所无法构成法国与爱尔兰税收协定意义上的常设机构。因此，位于巴黎的法国行政上诉法院驳回了法国税务当局的上诉请求。

三、案例总结及研究结论

（一）案例总结

2015 年 4 月 1 日，英国政府宣布实施"转移利得税"，该税种旨在对跨国企业采取更为严格的税务措施，特别是针对那些通过人为安排将利润转移至海外以规避本国税收的公司。在此背景下，由于谷歌公司采用的特定税务规避模式而备受关注，媒体因此将其称为"谷歌税"。法国亦曾提出类似对英国征收"谷歌税"的建议，但最终决定延后实施。跨国企业通过各种计划协议在英国开展重大经济活动，尽管它们在英国设立了子公司或永久性机构，却因英国缺乏对大型交易和利润转移至海外的税收规定而未成为应税实体。一旦企业满足上述两个条件，将被征收25%的"谷歌税"，这一税率高于美国国税局规定的20%的企业所得税。英国的这一税收政策是单边的，完全基于本国利益考虑，其"谷歌税"高于国家公司税，具有明显的惩罚性和威慑意图。然而，该"谷歌税"计划可能因对数字经济中非居民企业的歧视而违反税收中立原则。

相较于OECD的提议，英国的"谷歌税"提议显得更为激进，但其作为弥补数字经济对本国税收体系造成损失的直接手段，具有一定的合理性。然而，这种做法可能引发其他国家的效仿，从而对国际合作和传统税收理论的演进产生不利影响。2018年3月21日，欧盟委员会公布了一项数字税计划草案，旨在对谷歌、亚马逊和脸书等大型网络技术公司征收数字税。欧盟指出，在数字经济中，企业的平均税负为9.5%，而传统企业的平均税负为23.2%，这种差异导致了传统企业遭受不公平的税收待遇。

（二）数字税的适用性

当前，"支柱一"方案基于先前的电子商务报告，引入了"显著数字存在"概念，并通过制定新的起草规则以适应数字经济的重大变革，取代了原有的常设机构。该概念针对高度虚拟化的数字经济和不断变化的特性，为国家在行使征税权力时提供了适当的接触点。然而，专注于数字商品或服务的公司对这一概念的应用极为有限。在数字经济领域，大多数企业仍然沿用传统的永久性企业标准，这显然无法适应现状。此外，对数字存在标准的描述过于简略，缺乏详细的标准。在"支柱一"中，OECD提出的多种替代性税收改革方案，主要考虑了税收中立性、确定性和简化，但对联系程度的审查并不全面，也未能具体反映经济联结度。

OECD在报告中提出的预扣税计划具有现实意义。预扣税在实践中取得了一定效果，并具有现实基础。然而，所得税与流转税本质上存在差异。流转税，特别是增值税，具有可抵扣效应，能够激励企业自愿缴纳税款。而所得税则不具备此特性，主要依赖于主管部门的监督来确保企业纳税。代扣代缴制度的主要缺陷在于，它要求扣缴义务人具有高度的纳税意识和明确的交易范围，从而减少对纳税资格的争议。同时，由于数字产品和服务质量的差异，在计算总收入和净利润时存在不确定性，这可能导致税收会计准则在国内外公司的适用上违反了关税和贸易总协定或服务贸易总协定中国民待遇的规定，从而引发新的矛盾和争议。

OECD 的报告目前更多地关注来源国法律和技术上的税收管辖权，而较少地关注经济联系原则的进一步发展。经济联结度原则适用于修改常设机构的规定，或制定与"重要经济实体的存在"相关的新规则。常设机构的概念未能充分解决数字经济带来的税收挑战，因为其基础理论和经济联系原则并不完整。经济重要性原则指出，财富和居住的来源与所有经济活动的关系最为密切。然而，随着数字经济的发展，来源国对财富创造的贡献日益重要，必须重新审视经济重要性原则的初始含义。技术层面虽能解决临时性问题，但完善理论能更好地体现前瞻性，以便更好地应对未来创新商业模式带来的挑战。

（三）数字税对国外数字企业的影响

1. 积极影响

（1）提升法国数字经济竞争力之探讨。在数字技术的推动下，数字经济领域的资源高度集中于超级平台，导致市场垄断现象加剧，形成了"赢者通吃"的市场格局。鉴于法国数字经济规模相对较小，其数字企业竞争力不足，法国政府不得不采取措施以保护国内数字经济市场。数字经济的快速迭代对法国乃至欧盟的经济监管和治理模式提出了挑战。特别是，欧盟的数字经济相较于美国和中国这两个主要经济体存在明显落后。

美国数字企业凭借与欧盟的政治关系优势以及科技创新能力，迅速占领了欧盟市场。在社交媒体、电子商务、在线广告、搜索服务等众多领域，美国企业通过合法避税手段获取高额利润。根据 2018 年 OECD 发布的数据，全球最大的 100 家数字企业中，美国企业占据半数，而在排名前二十名的数字企业中，美国和中国分别占据 11 家和 9 家，欧洲企业未能进入全球前二十名。由于美国数字公司技术实力雄厚，服务模式多样，法国本土数字公司的生存空间受到严重挤压。法国政府将对数字服务征税作为主要策略，以强化监管并提升本国数字企业的竞争力。这一决策不仅助长了美国和中国等大型数字企业的合法避税行为，同时也支持了国内数字企业，增强了它们与美国和中国数字企业的竞争能力。法国的策略是首先通过数字服务征税扩大试点效果，并最终在 OECD 框架内推动统一的国际数字税收规则。此举旨在控制国际数字服务，确立主导地位，通过税收规则提升法国数字企业在欧盟的竞争力，并保护欧盟的数字主权主张。

（2）构建虚拟经济公平竞争环境之必要性。由于技术的无边界性和网络的普及，数字经济在很大程度上能够摆脱传统控制。然而，现行的税收规则基于传统经济结构，难以对数字企业形成有效约束，导致数字企业避税现象普遍。传统税收规则与数字公司之间的不对称性，使得跨国数字公司能够逃避法律义务，加剧了市场上的不公平竞争。数字价值创造的媒介是数据和数据流，而现行税法主要适用于商品和服务，不涵盖数字企业的数据和无形资产。随着商业模式、盈利方式的数字化以及企业的国际化，各国税务监管面临更大挑战，企业利润计量难度增加。欧盟委员会的数据显示，2010 年至 2018 年，大型跨国数字公司的年均增长率为 14%，而传统跨国公司的年均增长率仅为 0.3%。数字企业实际上从欧盟现行税收规定中获益，这些规定不仅低于传统法国企业，也低于法国数字企业。由于法国数字企业承担较重的税收负担，其市场竞争力无法与美国企业相抗衡。因此，法国政府对数字服务征税，旨在为真实经济和虚拟经济创造平等的竞争环境。

（四）消极影响

1. 导致欧美贸易冲突的加剧

在不同国家，数字技术的迅猛发展催生了各国间商业利益的差异。法国针对数字服务实施了税收征管政策，旨在缓解贸易利益的不对等现象。然而，该税收政策主要针对美国企业，导致欧洲与美国之间的贸易摩擦进一步激化。自 2019 年起，法国与美国在数字税收问题上多次发生冲突。尽管法国政府坚称数字税法并非针对特定国家的企业，但自 2019 年 7 月起，美国针对法国对美出口商品发起了 301 调查，认为法国的数字税收措施违反了国际贸易规则。至 2020 年 12 月，国际税法的实施使得美国数字企业遭受了不公正的待遇。作为反击，法国自 2020 年 2 月 1 日起对价值 24 亿美元的美国出口商品征收 100% 的关税。美国政府表示，若有必要，将继续采取关税措施以回应法国的数字税政策。301 调查和美国政府的关税政策导致了两国贸易争端的升级。在美国的压力下，法国不得不暂停了数字税的征收。但随着数字税的提案即将实施，税收的征收仅是时间问题。因此，预计欧洲与美国之间的贸易争端将持续存在。本质上，这是一场双方为争夺建立新的全球税收体系权利的博弈，以保护各自的优势产业。

2. 影响欧洲数字经济规则的构建

在数字税收议题上，欧盟内部难以形成统一立场，实际执行更是充满挑战，目前尚未形成共识。这对欧洲数字经济的统一规则构成了重大障碍。面对美国的数字霸权行为，欧盟提出了在维护数字主权的前提下，努力构建统一且有效的数字经济规则，并将其作为发展目标。然而，由于缺乏内部共识和规则支持，数字商务在欧盟的发展受到限制。与此同时，德国等国家在立场上显得犹豫不决，缺乏明确承诺，既没有关于如何征收数字税的具体计划，也没有针对数字经济制定统一规则。2018年6月，德国原则上支持法国政府对数字服务征税的提议，但在2019年9月却改变了态度，表示反对。这一转变主要是因为美国政府将数字税视为企业的一种障碍，并威胁要对出口到美国的德国汽车和零部件征收额外的税，德国在美方压力下立场发生了动摇。与此同时，欧盟国家在采用数字税方面出现了两极分化的立场。

对于低税负国家而言，数字跨国企业能够有效地稳定国内就业市场。然而，出于自身利益的考量，这些国家对征收数字税持有更为强烈的抵触态度。外国资本的吸引力在很大程度上会影响技术竞争力，它并不会促进传统产业与互联网经济之间的相互融合与互补发展。此外，人们还担心征收数字税可能会遭到美国的关税报复，从而触发商业纠纷。进一步来说，一些欧盟公司也反对数字税，这表明在欧盟层面上达成统一的数字税规则将面临较大的困难。

第五章　税制结构与浙江省共同富裕的现状分析

在 2012 年召开的中国共产党第十八次全国代表大会上，共同富裕被确立为中国特色社会主义的核心原则，并强调了发展成果应更加公平地惠及全体人民的重要性。基于此，本研究选取 2013 年为研究起点，以 2013 ~2022 年浙江省的样本数据为依据，对浙江省的税收体系进行了深入的剖析。同时，本研究还对浙江省 11 个地级市的共同富裕水平进行了量化评估和现状分析，旨在为后续的实证研究和政策建议提供坚实的数据支撑。本研究中所使用的样本数据主要来源于《浙江税务年鉴》和《浙江统计年鉴》，部分数据则采集自浙江省统计局官方网站等。

第一节　税制结构现状

根据前面对税制结构的概念界定，税制结构被分为税系结构和主要税种。因此，本部分税制结构的分析从税系结构和主要税种两方面进行分析。

一、税系结构现状分析

本研究采用直接税与间接税比重的分析方法，以评估其在总税收中的相对权重，进而反映我国税收体系中不同税种结构的配置状况。依据图 5 –1 所呈现的数据，2013 ~2022 年，我国税制结构显著以间接税为主导，间接税收入总额持续高于直接税。然而，自党的十八大以来，直接税的增长速率显著超越间接税，这表明直接税在税收体系中的重要性正逐步增强。此外，直接税与间接税的比率呈现出显著的上升趋势，进一步验证了直接税比重的提升。这一现象表明直接税在总体税收中的占比正逐渐上升。这些发现揭示了我国税制结构的演变过程，并强调了直接税在收入分配和财产调节功能方面作用的日益凸显。

通过图 5 - 1，我们可以更深入地洞察我国税制结构的演变趋势。尽管间接税在税收收入中依然占据主导地位，但直接税的比重逐渐上升，这表明我国对个人和企业所得、财产等领域的税收重视程度有所提升。这种变化可能是我国经济发展的一个结果，随着经济实力的增强，直接税的比重得以提升，以更有效地实现收入分配的公平性和财产的调节功能。这反映了我国税收体系的多元化趋势，旨在适应不断演进的经济和社会需求。这种变化将为我国提供更为可持续的财政基础，促进经济的稳定增长和社会的公平发展。

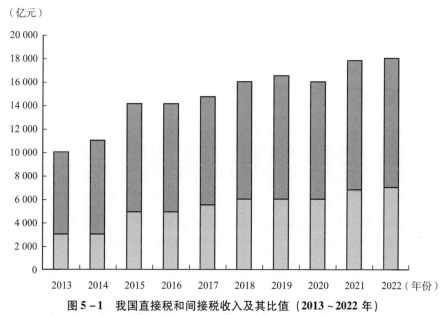

（亿元）

图 5 - 1 我国直接税和间接税收入及其比值（2013～2022 年）

资料来源：《中国税务年鉴》。

综合前述分析，不难发现，尽管间接税在税收体系中仍占据主导地位，但直接税的增长速率显著超越间接税（见图5-2），并且其在税收结构中的比重正逐步上升。这一现象揭示了我国税制结构演变过程中，直接税在收入分配及财产调节功能方面所扮演角色的日益凸显。

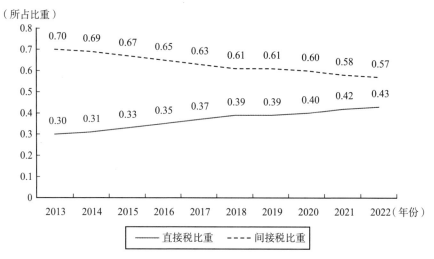

图 5 - 2 我国直接税和间接税比重（2013 ~ 2022 年）

资料来源：《中国税务年鉴 1993—2023》。

本研究继而对浙江省各城市的税系结构进行了深入分析。依据图 5 - 3 所提供的数据，本研究对我国地区税制结构的特征进行了探讨。首先，浙江省各城市的税制结构均以间接税为主导，直接税与间接税的比值大多在 0.6 左右波动，这反映出浙江省地区税制结构总体上仍以间接税为主，直接税的比重相对较低。这一现象同时暗示，在地方层面上，各地区需进一步优化税制结构，提升直接税的比重。其次，税系结构与当地经济发展水平存在相关性。经济较为发达的地区，例如杭州、宁波等，其税系结构数值均在 0.7 左右，直接税与间接税的占比相对均衡。而经济发展水平较低的地区，如丽水等，税制结构数值普遍在 0.5 左右。这表明经济发展水平较高的地区更倾向于实现税制结构的优化。税制结构的数值与当地经济发展水平呈正相关，发达地区往往能实现直接税和间接税的比重相对均衡。

（比重）

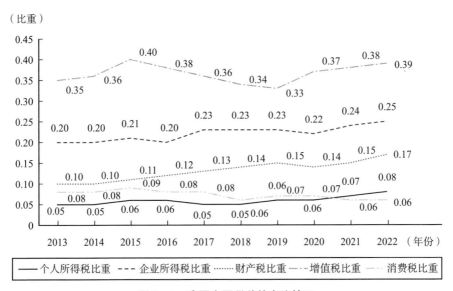

图 5 - 3　我国主要税种的占比情况

资料来源：《中国税务年鉴 1993—2023》。

综合前述分析，浙江省税制结构的特征主要表现为：间接税占据主导地位，而直接税的比重尚需提升；税制结构与地方经济发展水平紧密相关，经济较为发达的区域税制结构相对均衡。这些研究发现为深入探讨和改善浙江省税制结构提供了重要的参考依据，有助于全面掌握税制结构与经济发展之间错综复杂的关系。

二、主要税种现状分析

依据图 5 - 3 所提供的数据，本研究对浙江省主要税种的现状进行了深入分析。分析结果表明，首先，增值税在浙江省税种结构中占据核心地位，是体量最大的税种，并持续保持首位。增值税作为对商品和服务增值部分征税的税种，其庞大的收入规模反映了浙江省经济规模和消费水平的显著提升。其次，消费税在税种结构中所占比例较小，基本维持在 7% 左右的波动范围内。消费税的主要功能在于调节商品和服务的消费行为，尽管其比例相对较低，但消费税在整个税收体系中仍然发挥着不可或缺的作用。企业所得税在浙江省的税种结构中占据较大比重，稳定在25%左右。这说明企业所得税在浙江省的直接税体系中扮演着关键角色。作为对企业利润征税的税种，企业所得税的较高比重反映了企业利润对税收收入的重要贡献。它对于税收收入的稳定性以及经济发展起到至关重要的支持作用。然而，浙江省个人所得税在直接税体系中的比重相对较低，基本维持在8%左右的波动范围内。个人所得税作为对个人收入征税的税种，其比重较低可能意味着在收入分配和个人财富调节方面的作用尚有提升空间。为了实现更加公平的收入分配，促进社会的公平和经济的可持续发展，提升个人所得税的比重显得尤为重要。此外，财产税在整体税种结构中占比较小，但近年来呈现逐渐增长的趋势。财产税对个人和企业的财产征税，涵盖房产、土地、车辆、股权等多种财产形式。虽然财产税的比重相对较小，但随着财富积累和资产增值的加速，财产税的重要性逐渐显现，对于调节财富分配、促进社会公平和经济可持续发展起着重要作用。

综上所述，浙江省税种结构的现状揭示了增值税的主导地位以及企业所得税的关键作用，同时指出了个人所得税和财产税所占比例虽相对较小但呈上升趋势。为了达成更为公正的收入分配目标并推动经济的可持续发展，有必要进一步提高个人所得税的比重，并充分利用财产税在调节财富分配和促进社会公平方面的作用。这些措施将对税收体系的优化和经济社会的可持续发展产生积极影响。

本研究继而对浙江省各城市主要税种的现状进行了深入分析，结果如图5-3所示。首先，在主要税种中，杭州的企业所得税占比显著高于其他税种，而其他城市则以增值税为最高，其比例大约为25%。其次，在经济较为发达的城市中，企业所得税与个人所得税的占比相对较高，这与这些城市经济活动的集中化以及高收入人群的相对较多相吻合。然而，从全国范围来看，个人所得税在税收收入中的比重相对较低，大多数省份的个人所得税占比仅约为5%。

综合分析浙江省税种结构的特点，可以得出以下结论：增值税在税收收入中占据较大比重，经济发达省份的企业所得税和个人所得税的比重较高，消费税的比重则相对较低。为了促进税收公平和区域经济发展，建议进一步深化个人所得税的改革，并探讨将部分消费税权限下放至地方，以助力地方财政收入的提升和区域经济的进一步发展。

第二节　共同富裕测度及现状分析

一、共同富裕具体测度

1. 综合评价指标体系构建

共同富裕强调在国家综合国力持续增强的前提下，实现社会发展的成果普惠于民。因此，构建共同富裕的评估指标体系，必须同时涵盖经济增长与社会发展成果共享两个维度。

本书基于前文对共同富裕内涵的科学理论分析，在衡量指标选取上，包含发展和共享两个方面。本书在发展测算指标选取上借鉴万海远和陈基平（2021）[①] 的做法，选取生产发展、消费发展和投资发展三个指标。在共享的测度方面，则主要借鉴刘培林等（2021）[②] 研究成果，综合考虑省内城乡差距与省与省之间的差异，以科学性为准则，以可获取性为前提，选取城乡共享、区域共享、社会共享 3 个指标。鉴于此，本研究构建了共同富裕指标体系，其中一级指标包括发展与共享两个维度。在发展维度上，二级指标具体涵盖生产、投资、消费 3 个子维度。在共享维度上，一级指标则选取了城乡共享、区域共享、社会共享 3 个子维度，具体指标体系如表 5 - 1 所示。

---

① 万海远，陈基平．共同富裕的理论内涵与量化方法 [J]．财贸经济，2021，42（12）：18 - 33.

② 刘培林，钱滔，黄先海，等．共同富裕的内涵、实现路径与测度方法 [J]．管理世界，2021，37（8）：117 - 129.

表 5 – 1　　　　　　　　　　　　共同富裕指标体系构建

一级指标	二级指标	衡量方式	指标属性
发展	生产发展（人均生产总值）	地区生产总值/年末常住人口	+
	消费发展（社会消费零售额）	全社会消费品零售总额	+
	投资发展（社会固定资产投资）	全社会固定资产投资额	+
共享	城乡共享（城乡收入差距）	农村人均可支配收入/城镇人均可支配收入	+
	区域共享（区域收入差距）	各省人均 GDP/全国人均 GDP	+
	社会共享（公共服务差距）	地方财政预算支出/地方 GDP	+

资料来源：文献手工整理。

在发展指标体系中，生产发展水平通过人均 GDP 进行量化评估。人均 GDP 作为衡量指标，能够揭示社会财富积累程度以及国家或地区的经济发展状况。较高的数值表明社会财富的丰富和经济活动的活力，从而反映出经济的繁荣和市民生活的富裕水平。

投资发展水平则通过固定资产投资额来体现，投资作为经济增长的关键驱动力之一，固定资产投资额是扩大再生产的重要支撑，为经济的持续发展提供坚实基础。消费发展水平可通过全社会消费品零售总额来衡量，该指标是反映全社会消费品市场规模的关键指标。消费品零售总额的增长与居民消费能力紧密相关，体现了居民生活水平的提升和物质生活的丰富程度，对经济运行产生正面效应。

共享指标体系中，城乡共享水平通过城乡收入差距的缩小来体现，共同富裕的目标在于确保城镇与乡村居民均能共享经济发展成果，实现人民生活水平的均衡提升。城乡人均可支配收入比作为衡量指标，能够反映城乡收入差距的大小及变化趋势。该比值越小，表明城乡收入差距越小，城乡居民收入分配更为均衡。这表明乡村居民在经济发展中能够获得更多的收入增长和福利提升，从而实现与城镇居民的共同富裕。区域共享旨在体现共同富裕的均衡性，确保各地区均能共享改革和发展的成果，通过比较不同地区的人均 GDP 比值，可以评估各地区相对于全国平均水平的发展状况。社会共享则涉及社会服务水平的提升，包括基础保障的完善和社会保障制度的健全等方面。政府财政支出中，教育投入、医疗资源和住房保障等方面的支出能够有效衡量，这些支出的增加有助于推动社会服务水平的提升和社会共享的实现，进而促进社会公平正义的实现，推动社会的稳定、繁荣和可持续发展。

2. 测算方法具体应用

本书首先对数据进行标准化处理，采用王常凯等（2016）提出的数据处理方法。为了消除量纲差异，本书选择全序列极值法进行标准化处理。样本量总共有 300 个（30 个地区的 10 年数据）。如果用 i 表示样本量，j 表示指标个数，则 x_{ij} 表示第 i 个样本中的第 j 个指标的评价值。下面是具体的计算公式：

$$正向指标：X_{ij} = \frac{x_{ij} - \min(X_j)}{\max(X_j) - \min(X_j)}$$

$$负向指标：X_{ij} = \frac{\max(X_j) - x_{ij}}{\max(X_j) - \min(X_j)}$$

接下来，进行熵值法处理，确定各指标的权重。

第一步，经过无量纲化处理后，计算第 j 项指标的第 i 个样本值的比重大小：

$$P_{ij} = \frac{X_{ij}}{\sum_i \sum_j X_{ij}}$$

第二步，定义第 j 个指标的熵值。首先计算出 $P_{ij} \times \ln(P_{ij})$，其次计算 $k = 1/\ln(n)$，（$n = 10$），最后得到 $e_j = \dfrac{\sum_{ij} P_{ij} \times \ln(P_{ij})}{\ln(n)}$

第三步，计算第 j 个指标的差异程度：$d_j = 1 - e_j$

第四步，得到权重大小：$W_j = \dfrac{d_j}{\sum_j d_j}$

第五步，得到评价结果：共同富裕综合指数 $F_j = \sum_{ij} W_j \times P_{ij}$

二、浙江省共同富裕现状

共同富裕目标的达成并非一朝一夕能实现，必须深入理解共同富裕的现实发展状况，并采取针对性措施以促进其进程。基于此，本研究将从发展基础、政策环境、水平结构及指数分析 4 个维度，对浙江省共同富裕的现实发展状况进行详尽阐释。

（一）浙江省共同富裕整体概况

截至 2020 年，浙江省城市居民恩格尔系数达到 27.4%，符合联合国粮农组织定义的"最富裕"类别；农村居民恩格尔系数为 32.3%[1]，属于"富裕"类别[2]。此外，浙江省人均生产总值达到 100 738 元，是全国人均国内生产总值（71 828 元）的 1.40 倍，显著高于全国平均水平。

1. 群体差距缩小趋势略缓

依据浙江省统计局发布的《2022 年浙江统计年鉴》所提供的数据，2020～2021 年，规模以上单位的就业人员平均工资在不同行业之间存在显著的差异性[3]。具体数据可见表 5 - 2。以行业类别为基准进行分析，2020 年规模以上单位就业人员的平均工资中，信息传输、软件和信息技术服务业（表中标记为浅灰色）位居最高，而住宿和餐饮业（表中标记为黑色）则处于最低水平，两者之间的工资比值达到 4.08。至 2021 年，最高工资行业未发生变化，而最低工资行业则为水利、环境和公共设施管理业，其与最高工资行业的比值为 4.07。这些统计数据显示，尽管浙江省行业间工资差距依然显著，但整体上呈现下降趋势[4]。

---

① 参见浙江省人民政府：《浙江省国民经济和社会发展第十四个五年规划和二〇三五年远景目标纲要》，https：//www. zj. gov. cn/art/2021/2/5/art_1229463129_59083059. html，最后访问时间：2023 年 2 月 18 日。

② 恩格尔系数通常表示为家庭食品支出/家庭总消费，能够反映一个家庭消费支出分配结构。根据联合国粮农组织的标准：恩格尔系数在 60% 以上为贫困，在 50%～59% 为温饱，在 40%～49% 为小康，在 30%～39% 为富裕，在 30% 以下为最富裕。

③ 参见浙江省统计局：《2022 年浙江统计年鉴》，http：//zjjcmspublic. oss－cn－hangzhou－zwynet－d01－a. internet. cloud. zj. gov. cn/jcms_files/jcms1/web3077/site/flash/tjj/Reports1/2022%E6% B5%99% E6% B1%9F% E7% BB%9F% E8% AE% A1% E5% B9% B4% E9% 89% B4/indexcn. html，最后访问时间：2023 年 3 月 20 日。

④ 黄祖辉，傅琳琳. 浙江高质量发展建设共同富裕示范区的实践探索与模式解析 ［J］. 改革，2022（5）：31.

表 5 - 2　　　　　依行业分类，规模以上单位就业人员工资情况

依行业分类，规模以上单位就业人员平均工资	2020 年	2021 年
采掘业	71 670	83 304
制造业	74 599	84 663
电力、燃气及水的生产和供应业	161 014	172 732
建筑业	61 336	68 307
批发和零售业	88 763	102 252
交通运输、仓储和邮政业	83 996	106 887
住宿和餐饮业	524 900	58 809
信息传输、软件和信息技术服务业	214 269	236 649
房地产业	90 439	98 572
租赁和商务服务业	68 748	79 841
科学研究和技术服务业	149 398	157 201
水利、环境和公共设施管理业	65 327	58 086
居民服务、修理和其他服务业	55 358	60 844
教育	110 063	133 540
卫生和社会工作	106 048	116 421
文化、体育和娱乐业	107 044	122 711
最高/最低	4.08	4.07

资料来源：《浙江省统计年鉴》。

2. 群体差异缩减趋势显著

通过审视 2014～2021 年的统计数据，浙江省城乡居民收入差异自 2014～2021 年已展现出显著的缩减趋势。至 2021 年，城乡居民人均可支配收入比值达到 1.95，这一数值低于全国平均水平的 2.56。此现象归因于浙江省坚持推进城乡一体化的空间布局策略，在医疗、公共服务、社会保障等领域促进城乡要素的融合性发展，从而有效缩小了城乡之间的收入差异（见图 5 - 4）。

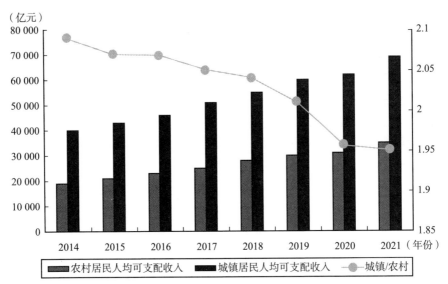

图 5 - 4 2014～2021 年浙江省城乡居民人均可支配收入及差距情况

3. 区域差距缩小趋势平稳

针对区域协调发展议题，通过分析 2019～2021 年浙江省各市全体居民可支配收入数据，可以观察到最高与最低收入城市间的比例逐年下降，这一现象表明"山海协作工程"在缓解区域差异方面已取得显著成效（详细数据见图 5 - 5）。

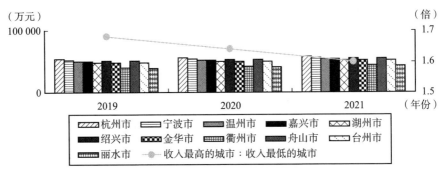

图 5 - 5 2019～2021 年浙江省各市全体居民可支配收入情况

资料来源：《浙江省统计年鉴》。

（二）浙江省共同富裕发展基础

浙江省被选定为共同富裕示范区，其原因在于该省在推动共同富裕方面取得了显著成就。首先，浙江省在建设示范区方面具备独特的地理优势和坚实的经济基础。2023 年，浙江省人均 GDP 达到 12.5 万元，人均可支配收入超出全国平均水平的 1.63 倍，城乡居民收入连续多年位居全国首位。同时，浙江省的共享程度较高，城乡居民收入倍差为 1.96，最高、最低居民收入倍差为 1.67，显著低于全国平均水平（详细数据见图 5 - 5）。

其次，浙江省的自然条件为其开展示范区提供了优越的条件。浙江省兼具陆地与海洋资源，拥有"七山一水二分田"的地理特征，以及杭州、宁波两个副省级城市。随着市场经济的深入发展，浙江省形成了杭甬温三地鼎立的格局，而相对而言，浙南、浙西山区的经济发展较为滞后。浙江在地理、经济结构上与中国整体相似，具有西高东低的地势、西陆东海的地理位置以及西穷东富的经济发展模式，因此，浙江建设共同富裕示范区具有示范意义和普遍适用性。

最后，浙江省在建设示范区方面具有广阔的空间和潜力。浙江坚定实施"山海协作""飞地经济"等战略，推动经济发达地区与落后山区的共同富裕，缩小区域发展差距。在经济发展过程中，浙江注重产业集聚发展，形成了"块状经济"。

同时，浙江城乡差距较小，这得益于改革开放初期优先发展县城，重点推动城乡一体化发展。早在 1980 年，浙江农民就开始从事非农生产，鼓励农民开展小工业作坊，推动农民从农业向工业转型，从家庭小工业向制造业升级，为农民创造了良好的发展环境，有效缩小了收入差距。进入新发展阶段后，浙江开创了乡村旅游模式，进一步缩小了城乡差距。此外，浙江积极扩大中等收入群体，真正实现了"让利于民"，为实现共同富裕的伟大目标奠定了坚实基础。

（三）浙江省共同富裕政策环境

自浙江省被指定为共同富裕建设示范区以来，该省陆续颁布了一系列旨在推动共同富裕高质量发展的政策（见表5-3）。2017年7月，为积极推进共同富裕示范区的建设，浙江省推出了一系列政策举措，坚持改革创新，致力于缩小城乡、区域、收入三大差距，将建设重点向农村地区倾斜，以解决不平衡不充分的发展问题。浙江省在理论、实践、制度、文化等多方面率先创新，以实现共同富裕，力争到2025年取得实质性进展。自此，浙江省共同富裕的建设路径正式步入正轨。浙江省内各机构均重视共同富裕的建设工作，省纪委省监委、交通运输厅、农业农村厅等相继发布文件，以支持共同富裕的高质量建设。至2022年，浙江省致力于打造共同富裕现代化单元，在实践、制度、理论和数字化4个层面取得了显著成就。同时，浙江省制定了《共同富裕现代化基本单元规划建设集成改革方案》，确立了基本单元建设的"1352+N"总体架构。依据民众实际需求，构建了城乡风貌数字化体系，并规划在2023年于顶层设计、工作体系、改革创新和理论成果等方面持续推动共同富裕现代化基本单元的发展。

表5-3　　　　　　　　　　浙江省共同富裕相关政策

发布时间	文件名称	发布单位
2017年7月	《浙江高质量发展建设共同富裕示范区实施方案（2021—2025）》	浙江省人民政府
	《关于监督保障高质量发展建设共同富裕示范区的意见》	省纪委省监委
	《支持"四好农村路"建设推动山区26县跨越式高质量发展的政策意见》	浙江省交通运输厅
2021年8月	《浙江省人社领域推进高质量发展建设共同富裕示范区实施方案（2021—2025年)》	浙江省人力资源和社会保障厅
	《浙江高质量发展建设共同富裕示范区水利行动计划（2021—2025年)》	浙江省水利厅

发布时间	文件名称	发布单位
2021 年 8 月	《浙江省统一战线助力高质量发展建设共同富裕示范区实施方案（2021—2025 年）》	中共浙江省委统一战线工作部
	《浙江省文化和旅游厅推进文化和旅游高质量发展促进共同富裕示范区建设行动计划（2021—2025 年）》	浙江省文化和旅游厅
	《高质量创建乡村振兴示范省推进共同富裕示范区建设行动方案（2021—2025 年）》	农业农村部
	《浙江省经济和信息化领域推动高质量发展建设共同富裕示范区实施方案（2021—2025 年）》	浙江省经济和信息化厅
	《支持浙江高质量发展建设共同富裕示范区行动计划》	中国银行
2021 年 9 月	《浙江省山区 26 县跨越式高质量发展实施方案（2021—2025 年）》	浙江省发展和改革委员会
2021 年 10 月	《关于支持浙江省卫生健康领域高质量发展建设共同富裕示范区的合作协议》	国家卫生健康委员会、浙江省人民政府
2021 年 11 月	《农业农村领域高质量发展推进共同富裕行动计划（2021—2025 年）》	浙江省农业和农村工作领导小组办公室、浙江省农业农村厅、浙江省乡村振兴局

资料来源：文献手工整理。

在中央与省级政府的联合指导下，浙江省的 11 个地级市陆续颁布了《高质量发展建设共同富裕行动（实施）方案（2021—2025 年）》，见表 5 - 4。这些方案主要涵盖了目标设定、建设重点任务以及保障措施三个核心部分，其工作重点主要围绕省级实施方案所确定的七大重点任务展开。各市在遵循省级既定目标的基础上，进一步细化了各自的目标指标，不仅包括了省级层面的共性指标，还融入了体现地方特色的个性化指标。

表 5 - 4　　　　　　　　　浙江省的 11 个地级市共同富裕行动方案

发布时间	行政区域	文件名称	发布单位	特色指标数量	共同富裕目标定位
2021 年 7 月	杭州	《杭州争当浙江高质量发展建设共同富裕示范区城市范例的行动计划（2021—2025 年）》	中共杭州市委杭州市人民政府	12	城市范例
2021 年 8 月	宁波	《宁波高质量发展建设共同富裕先行市行动计划（2021—2025 年）》	中共宁波市委宁波市人民政府	4	先行市
2021 年 9 月		《共同富裕乡村建设行动方案（2021—2025 年)》	宁波市农业农村局乡村振兴局		
2021 年 7 月	温州	《温州打造高质量发展建设共同富裕示范区市域样板行动方案（2021—2025 年）》	中共温州市委温州市人民政府	5	市域样板
2021 年 9 月	嘉兴	《嘉兴深化城乡统筹推动高质量发展建设共同富裕示范区的典范城市行动方案（2021—2025 年)》	中共嘉兴市委嘉兴市人民政府	5	典型城市
	湖州	《湖州争创高质量发展建设共同富裕示范区的先行市实施方案（2021—2025 年）》	中共湖州市委湖州市人民政府	10	先行市
2021 年 7 月	绍兴	《绍兴奋力打造浙江高质量发展建设共同富裕示范区行动方案（2021—2025 年）》	中共绍兴市委绍兴市人民政府	12	市域范例
	金华	《金华高质量发展推进共同金华　富裕先行示范实施方案（2021—2025 年）》	中共金华市委金华市人民政府	5	先行示范
	衢州	《衢州高质量发展建设四省边际共同富裕示范区行动计划（2021—2025 年）》	中共衢州市委衢州市人民政府	13	无
2021 年 8 月	舟山	《舟山高质量发展建设共同富裕示范区先行市实施方案（2021—2025 年）》	中共舟山市委舟山市人民政府	4	先行市
	台州	《台州高质量发展建设共同富裕示范区先行市行动方案（2021—2025 年）》	中共台州市委台州市人民政府	8	先行市
2021 年 10 月	丽水	《丽水加快跨越式高质量发展建设共同富裕示范区行动方案（2021—2025 年）》	中共丽水市委丽水市人民政府	11	无

资料来源：文献手工整理。

　　根据表 5 - 4 的分析，首先，杭州市被定位为"城市范例"，宁波市、湖州市、舟山市、台州市则被赋予"先行市"的角色，温州市定位为

"市域样板",嘉兴市定位为"典型城市",绍兴市则为"市域范例",金华市定位为"先行示范",而衢州市和丽水市目前尚未有明确的定位。这些定位反映了各市的特色与独特性。其次,各市在实现省级设定的56个目标指标的基础上,还加入了体现本地特色的指标,例如衢州市的特色指标多达13个,绍兴市有12个,丽水市有11个,湖州市有10个。这表明浙江省各市在共同富裕的高质量建设发展中,不仅遵循省级指导,还结合了本地实际情况,融入了地方特色。

(四)浙江省共同富裕水平结构

依据浙江省的具体情况,共同富裕可划分为三大模式:其一为经济基础雄厚地区带动其他领域共同进步的先富引领模式;其二为依托地方独特资源,明确发展重点的特色示范模式;其三为经济社会发展相对滞后,通过创新挖掘后发优势,精准定位发展路径的后发追赶模式,具体分析见表5-5。

表5-5   **浙江11市高质量建设共同富裕类型**

共同富裕建设类型	区域	主要实现路径
先富带领型	杭州	跨区域协作、创新驱动发展、畅通双循环
	宁波	畅通双循环、民营经济创富、创新驱动发展
	温州	民营经济创富、跨区域协作、畅通双循环、数字化社会治理
	嘉兴	数字化重塑社会治理、畅通双循环、统筹城乡发展
特色示范型	湖州	数字化重塑社会治理、统筹城乡发展、公共服务提升
	绍兴	实现精神富足、数字化重塑社会治理、创新驱动发展
	金华	数字化重塑社会治理、畅通双循环、创新驱动发展
	舟山	公共服务提升、统筹城乡发展、畅通双循环
后发努力型	台州	畅通双循环、民营经济创富、创新驱动发展
	衢州	统筹城乡发展、数字化重塑社会治理、畅通双循环
	丽水	生态富民惠民、畅通双循环、跨区域协作、实现精神富足

资料来源:文献手工整理。

先富引领模式特指经济发达区域实现共同富裕的路径，在浙江省主要体现为杭州和宁波两大城市。这些地区的发展重点在于经济的高质量发展与社会和谐稳定。先富引领地区在完成省级层面设定的 7 个任务和 56 个指标的基础上，积极利用自身优势，通过先富带动后富，探索共同富裕的高质量发展新途径。杭州在协作共富方面的示范作用尤为显著，如图 5 - 6 所示，2022 年杭州市和宁波市的 GDP 分别达到 18 753 亿元和 15 704.3 亿元，经济实力在全省范围内处于领先地位。

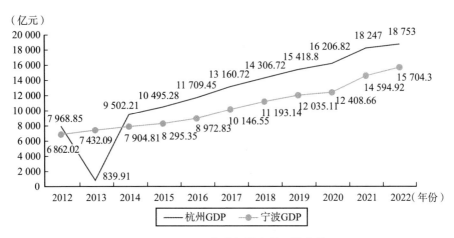

图 5 - 6 2012 ~ 2022 年浙江排名前 2 城市的 GDP

资料来源：《浙江省统计年鉴》。

特色示范模式强调根据地方特色优势优先发展，以实现共同富裕。例如，温州、金华、台州在实施方案中大量内容聚焦于民营经济的发展，显示出其特色即为民营经济。舟山则侧重于海洋经济的发展，利用其独特的海岛地理优势，开拓海洋经济发展新路径，强化内外双循环，促进市场流通，形成具有双循环特色的示范模式。因此，特色示范模式主要是通过发挥本地资源优势，推动共同富裕的高质量发展。

后发追赶模式则适用于经济欠发达地区共同富裕的建设。衢州、丽水与其他九市相比，总体发展水平相对落后，但凭借自然资源的优势，在全域美丽建设和城乡区域协调发展方面取得了显著成就。因此，各市共同富裕的结构与水平并无绝对的高低之别，我们应避免单一维度的评价标准，而是要发掘其发展优势，认识到它们在高质量建设共同富裕过程中的独特性。

（五）浙江省共同富裕指数分析

促进共同富裕的实现是构建具有中国特色的社会主义现代化强国的必然要求。我国在众多会议和规划文件中均强调了推动共同富裕的重要性，例如在"十四五"规划中明确提出了取得更为显著的实质性进展的目标，并且在实践中也积极行动，如 2021 年 5 月设立了浙江省作为共同富裕的先行示范区[①]。本书在前述章节中对共同富裕的发展基础、政策环境以及水平结构作了详细阐述，并在此基础上构建了相应的评价指标体系，以科学地评估共同富裕的发展水平，从而更准确地反映浙江省在共同富裕建设方面的实际状况，见表 5 - 6。

表 5 - 6　　　　　　　　　浙江省共同富裕指标体系

一级指标	二级指标	三级指标
富裕程度（发展性）	物质生活富裕	城乡居民收入水平
		城乡居民消费水平
		恩格尔系数
	精神生活富裕	教育文化娱乐消费支出程度
		公共图书馆藏量
共享性	发展协调平衡	城乡收入差距
		城乡消费差距
		城镇化水平
	公共服务完善	教育投入程度
		医疗健康资源丰富程度

---

① 黄毅峰，叶好. 促进全体人民共同富裕的历史进路、现实逻辑与实践路径 [J]. 甘肃理论学刊，2021，267（5）：5 - 12，2.

续表

一级指标	二级指标	三级指标
共享性	公共服务完善	社会保障强度
		住房保障程度
		基础设施完善程度
		数字应用效率
		就业保障
可持续性	经济高质量发展	人均 GDP 增长
		R&D 经费投入增长
		数字经济产业增长
		专利数
		进出口/固定资产增长
	生态持续发展	单位 GDP 能耗 森林覆盖率

资料来源：《浙江省统计年鉴》。

共同富裕议题主要涉及富裕与共享两个核心维度，并着重探讨其可持续性发展。本研究在文献回顾章节中对共同富裕的评价体系作了详尽阐述，重点参考了 2021 年及以后的研究成果，并在继承现有文献的基础上，构建了一个包含富裕程度（发展性）、共享性、可持续性 3 个维度的共同富裕评价体系。

在发展性维度上，本研究特别强调了富裕程度的重要性。基于此，本研究构建了物质与精神两个二级指标。首先，选取了人均可支配收入、消费水平及恩格尔系数 3 个指标来代表物质层面的富裕程度，这与共同富裕的广泛定义相吻合。根据图 5-7 所示，2022 年浙江省城镇与农村居民人均可支配收入分别达到 71 268 元和 37 565 元，呈现出稳定的增长态势，并显著高于全国平均水平，表明浙江省城乡居民的可支配收入在全国范围内处于领先地位。

图 5 - 7　2012～2022 年全国及浙江城镇、农村人均可支配收入

图 5-8 揭示了 2012～2021 年浙江省城镇、农村居民消费水平指数均呈现整体上升态势，反映出城乡居民的消费能力在这十年间持续增强。从具体数据来看，2012 年城市居民消费水平指数为 1 722.5，农村居民为 912.5；2013 年城市居民消费水平指数为 1 885，农村居民为 947.5；2015 年城市居民消费水平指数为 2 068.3，农村居民为 983.4；2016 年城市居民消费水平指数为 2 296.5，农村居民为 1 001.8；2017 年城市居民消费水平指数为 2 507.9，农村居民为 1 026.1；2018 年城市居民消费水平指数为 2 687.1，农村居民为 1 095.3；2019 年城市居民消费水平指数为 2 906.3，农村居民为 1 160.3；2020 年城市居民消费水平指数为 3 168，农村居民为 1 210.2；到 2021 年，城市居民消费水平指数攀升至 3 168，农村居民则达到 28 991。

这一增长趋势不仅体现了城乡居民消费能力的稳步提升，更反映出浙江省在推动共同富裕进程中，城乡居民的物质生活水平在不断改善。结合教育文化娱乐支出等数据来看，这种消费能力的增长也为精神层面的富足奠定了基础，显示出浙江省在物质与精神双重维度上推动共同富裕的成效。

图 5 - 8　2012～2021 年浙江城镇、农村居民消费水平指数

资料来源：《浙江省统计年鉴》。

同时，必须着重指出，共同富裕的内涵亦应包括精神层面的富足。传统意义上，共同富裕主要指涉物质层面的普遍丰裕，然而在新时代背景下，共同富裕的概念已经扩展至精神与物质两个维度。教育、文化及娱乐消费水平是衡量民众精神文化需求满足程度的重要指标，而图书藏量则反映了文化资源的丰富程度。从表 5 - 7 所示数据，浙江省 2012～2021 年城市、农村居民消费水平、教育文化娱乐支出及恩格尔系数能清晰洞察浙江省在推动精神层面共同富裕上的努力。

以教育文化娱乐支出为例，2021 年浙江省城镇居民在教育文化娱乐方面的平均消费支出为 4 537 元，这一数值高于全国平均水平的 3 322 元；农村居民的相应支出为 2 205 元，亦超越了全国平均的 1 645 元。回顾十年间的数据趋势，浙江省城乡居民教育文化娱乐支出整体呈上升态势。如 2012 年城镇居民教育文化娱乐支出为 2 586 元，到 2021 年增长至 4 537 元；农村居民 2012 年支出为 881 元，2021 年攀升至 2 204 元。这一持续上扬的趋势在 10 年间一直保持，显示出浙江省不仅在物质层面，而且在精神层面亦致力于推动共同富裕。

为了进一步提升居民精神文化生活水平，浙江省持续增加教育文化等领域的财政投入。大量的财政资金投入到图书馆、文化馆、文化广场等公共文化设施的建设中，为居民享受丰富的文化资源筑牢了硬件基础。例如，宁波鄞州图书馆新馆建成开放后，定期举办作家见面会、主题展览等活动，年接待读者量超百万人次，居民借阅量激增，有力丰富了当地民众精神文化生活，使得周边居民无论是在文化知识获取还是休闲娱乐方面都有了更多选择，极大地满足了居民的精神文化需求，助力精神层面共同富裕目标的实现。

表 5 - 7　　　　2012 ~ 2021 年浙江省城市、农村居民消费水平、

教育文化娱乐支出及恩格尔系数

年份	人均消费水平（元）		恩格尔系数（%）		教育文化娱乐支出（元）	
	城镇居民	农村居民	城镇居民	农村居民	城镇居民	农村居民
2012	28 259	13 724	28.3	31.89	2 586	881
2013	30 101	15 458	28.2	31.84	2 493	1 222
2014	32 186	17 057	28.3	31.86	2 643	1 355
2015	33 359	19 561	28.2	31.09	2 963	1 486
2016	35 159	21 492	28.2	31.80	3 452	1 611
2017	39 858	242.07	27.9	31.00	3 521	1 591
2018	43 283	26 456	27.1	30.27	3 684	1 788
2019	45 484	28 607	27.1	30.58	4 342	2 226
2020	42 065	24 539	27.4	32.25	3 450	1 776
2021	—	—	26.7	30.98	4 537	2 204

资料来源：《浙江省统计年鉴》。

根据图 5 - 9 所示，浙江省公共图书馆的藏书总量达到 10 619 万册，显示出稳定的增长趋势。这一数据充分证明，在提供高质量的公共文化服务以及推动精神富裕的进程中，浙江省始终保持着积极的前进姿态。除了省级政府的不懈努力，地级市政府亦在精神层面的共同富裕方面进行了积极的探索。嘉兴市创新性地构建了"精神富裕指数"，并举办了多样化的

文化活动平台，为精神富裕的实现提供了新的发展途径。

图 5 - 9　浙江省 2012 ~ 2021 年公共图书馆藏量

资料来源：《浙江省统计年鉴》。

共同富裕的核心在于其共享性，即在实现经济繁荣的过程中，全体社会成员是否能够普遍受益，这一点是衡量共同富裕的关键指标之一。若以公平与效率为视角审视共同富裕，效率体现为经济的繁荣，而公平则体现为成果的共享性。本研究从发展协调性与公共服务两个维度对共享性进行阐释。首先，缩小城乡、区域间以及收入分配的差异是实现共同富裕的必要条件。城乡一体化的推进不仅能够改善收入分配结构，还能促进城乡经济的均衡发展，促进社会公平正义，为共同富裕的实现注入强劲动力。

表 5 - 8 展示了 2012 ~ 2022 年浙江省城乡人均收入与消费水平的变化情况。2012 年浙江省农村人均收入为 14 552 元，至 2022 年增长至 37 565 元，增长额达 23 013 元；同期农村人均消费支出从 10 208 元增至 27 483 元，2022 年为 2012 年的 2.69 倍。2022 年城镇居民人均可支配收入为 71 268 元，农村居民为 37 565 元，城乡收入比为 1.9，为近 10 年来首次低于 2，并且连续 10 年呈现下降趋势，这表明浙江省城乡发展均展现出积

极态势。然而，农村人均消费与收入的绝对值依然显著低于城镇水平，这表明浙江省仍有空间进一步推动农村经济发展，实现城乡区域的协调发展，以期进一步缩小城乡收入差距。

表5－8　　浙江省2012～2022年城镇农村人均消费支出及收入水平（元）

年份	人均消费支出		城乡消费差距	人均收入水平		城乡收入差距
	城镇居民	农村居民		城镇居民	农村居民	
2012	21 545	10 208	11 337	34 550	14 552	19 998
2013	25 254	12 803	12 451	37 080	17 494	19 586
2014	27 242	14 498	12 744	40 393	19 373	21 020
2015	28 661	16 108	12 553	43 714	21 125	22 589
2016	30 068	17 359	12 709	47 237	22 866	24 371
2017	32 598	18 093	13 831	51 261	24 956	26 305
2018	37 598	19 707	14 891	55 574	27 302	28 272
2019	37 508	21 352	16 156	60 182	29 876	30 306
2020	36 197	21 555	14 642	62 699	31 930	30 769
2021	42 193	25 415	16 778	68 487	35 247	33 240
2022	44 511	27 483	17 028	71 268	37 565	33 703

资料来源：《浙江省统计年鉴》。

此外，城镇化率作为衡量一个地区城乡协调发展水平的关键指标，具有重要的指示作用。从2012～2021年这十年间，浙江省城镇化率稳步提升，为其城镇化发展成果提供了有力支撑。根据图5－10所示，2012年，浙江省城镇化率为63.2%，此后逐年上升，2013年达到64.0%，2014年为64.8%，2015年提升至65.8%，2016年达到67.0%，2017年进一步上升到68.0%，2018年为68.9%，2019年达到70.0%，2020年提升至72.1%，至2021年，浙江省的城镇化率已达到72.7%，显著高于全国平均水平的65.22%。

这一数据反映出浙江省城市具有较强的包容性，能够吸纳更多农村居民，有效缓解了城乡之间的矛盾。同时，歧视性制度与政策正逐步被消除，基础设施建设日益完善，公共服务水平持续提升，这些因素共同促进了该地区的快速发展。

图 5 - 10　浙江省 2012 ~ 2021 年城镇化率

资料来源：《浙江省统计年鉴》。

此外，为巩固发展成果并预防返贫现象，必须确保公共服务体系的完善，实现城乡基本公共服务的均等化。同时，应在教育、科技、医疗、社会保障等多个领域推动共同富裕的进程。表 5 - 9 展示了 2012 ~ 2021 浙江省公共财政支出情况，数据显示财政支出从 2012 年的 4 161.88 亿元增长至 2021 年的 11 016.86 亿元，增长额达到 6 854.99 亿元。具体而言，教育支出增加了 1 432.12 亿元，社会保障和就业支出增长了 940.69 亿元，卫生健康支出增长了 602.13 亿元，农林水支出增长了 387.06 亿元。这些数据反映出浙江省在公共服务完善方面投入了大量资金。

表 5 - 9　　　　　　　　2012 ~ 2021 年浙江省财政各项支出　　　　　　单位：亿元

年份	财政支出	财政教育支出	科学技术支出	文旅体支出	社会保障和就业支出	医疗卫生支出	农林水支出
2012	4 161.88	877.86	165.98	94.18	345.44	305.91	408.20
2013	4 730.47	950.07	191.87	106.00	397.06	350.73	513.03
2014	5 159.57	1 030.99	207.99	115.36	435.54	433.80	524.59

续表

年份	财政支出	财政教育支出	科学技术支出	文旅体支出	社会保障和就业支出	医疗卫生支出	农林水支出
2015	6 645.98	1 264.92	250.79	165.36	541.70	485.50	739.08
2016	6 947.25	1 300.03	269.04	158.72	631.19	542.44	722.41
2017	7 530.32	1 430.15	303.50	159.66	801.78	584.17	696.69
2018	8 629.53	1 572.47	379.66	174.59	929.72	625.94	724.46
2019	10 053.03	1 764.69	516.06	203.26	1 073.94	735.61	744.24
2020	10 082.01	1 879.90	472.13	229.62	1 129.60	838.85	764.84
2021	11 016.87	2 309.98	578.58	249.35	1 286.13	908.04	795.27

资料来源：《浙江省统计年鉴》。

　　根据图 5-11 所示数据，浙江省医疗资源呈现持续增长趋势。具体而言，2012 年该省医疗卫生机构床位总数为 213 267 张，至 2021 年已增至 369 806 张，增长量达到 156 539 张。这一增长趋势反映出浙江省对民众健康保障的高度重视。健康作为发展的基石，对于民众参与共同富裕的建设以及享受其带来的福祉具有至关重要的作用。

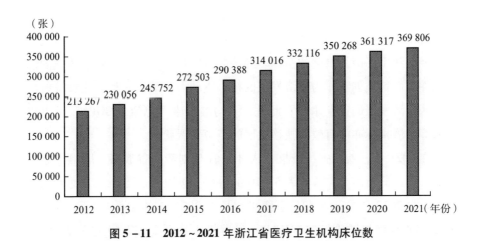

图 5-11　2012～2021 年浙江省医疗卫生机构床位数

资料来源：《浙江省统计年鉴》。

失业率与民众幸福感之间存在密切的关联性。具体而言，较低的失业率通常预示着民众能够享有稳定的职业和经济收入，进而确保其基本生活标准，提升居民的幸福感。根据图 5 - 12 所示，浙江省城镇失业率维持在 3% 以下，这一数值低于全国平均水平的 4%。浙江省在教育、社会保障、就业、医疗及农业等领域均展现出持续增长的财政投入。在成功解决绝对贫困问题的基础上，浙江省致力于通过完善基本公共服务体系来巩固脱贫成效，缓解相对贫困现象，促进贫困地区经济的持续发展，缩小区域城乡发展差距，进而推动实现共同富裕的目标。

图 5 - 12　2012 ~ 2021 年浙江省城镇登记失业率

资料来源：《浙江省统计年鉴》。

可持续性主要体现在共同富裕与绿色高质量发展上。因此，本研究选取了经济和生态两个维度的指标。经济的高质量发展是实现可持续性的前提条件，而科技创新作为经济发展的核心驱动力，其投入程度能够映射出该地区经济发展的创新水平。此外，人均国内生产总值（GDP）、进出口总额等经济指标亦能有效反映该地区的经济发展状况。

在 2021 年，浙江省积极推行人才强省与创新强省战略，取得了显著成效。通过分析图 5 - 13 与表 5 - 10 的数据，可以观察到浙江省的专利授权数量自 2012 年的 188 431 项稳步增长至 2021 年的 465 468 项。同时，2021 年的研究与试验发展（R&D）经费投入达到 2 157.69 亿元人民币，同比增长率为 16.1%，R&D 投入强度达到 2.94%。这些数据充分展示了科技创新在推动高质量发展和实现共同富裕目标中的重要作用。

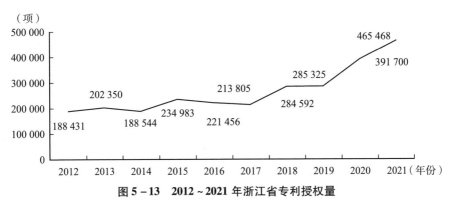

图 5－13　2012～2021 年浙江省专利授权量

资料来源：《浙江省统计年鉴》。

表 5－10　　　　2012～2021 年浙江省科研投入、单位 GDP 电耗

年份	GDP（亿元）	R&D 经费投入情况（亿元）	R&D 人员投入情况（万人）	科研投入强度（%）（R&D 经费支出/GDP）	全社会用电量（亿千瓦时）	单位 GDP 电耗（亿千瓦时/亿元）
2012	34 382. 39	722. 59	27. 81	2. 10	3 210. 55	9. 34
2013	37 334. 64	817. 27	31. 10	2. 19	3 453. 05	9. 25
2014	40 023. 48	907. 85	33. 84	2. 27	3 506. 39	8. 76
2015	43 507. 72	1 011. 18	36. 47	2. 32	3 553. 90	8. 17
2016	47 254. 04	113. 0. 63	37. 66	2. 39	3 873. 19	8. 20
2017	52 403. 13	1 266. 34	39. 81	2. 42	4 192. 63	8. 00
2018	58 002. 84	1 445. 69	45. 80	2. 49	4 532. 82	7. 81
2019	62 462. 00	1 669. 80	53. 47	2. 67	4 706. 32	7. 53
2020	64 689. 06	1 858. 59	58. 28	2. 87	4 829. 68	7. 47
2021	73 515. 76	2 157. 69	57. 53	2. 94	5 514. 11	7. 54

资料来源：《浙江省统计年鉴》。

根据图 5 - 14 所示,从 2012 ~ 2021 年这十年间的数据看,浙江省人均 GDP 始终在全国处于领先地位。2012 年,浙江省人均 GDP 就已展现出强劲的发展势头,紧跟江苏省之后,远超全国人均 GDP 平均水平,同时也领先于广东省和山东省。在此期间,浙江省民营经济持续发力,私营经济模式不断创新拓展,不仅在本地生根发芽,还向周边地区辐射影响。

随着时间推移,到 2015 年,浙江省人均 GDP 进一步增长,得益于浙江省个体经济的茁壮成长。特别是外贸行业的快速发展,商品远销国内外,极大地带动了地方经济发展,进而推动全省人均 GDP 稳步上升。至 2021 年,浙江省人均 GDP 在全国排名依然稳居第二,与江苏省的差距保持在合理区间,且领先广东省、山东省的优势更为明显。在这十年间,浙江省凭借民营经济的活力,在全国经济版图中占据重要地位,人均收入水平也随人均 GDP 的增长而不断攀升,为全省经济的可持续发展奠定了坚实基础。

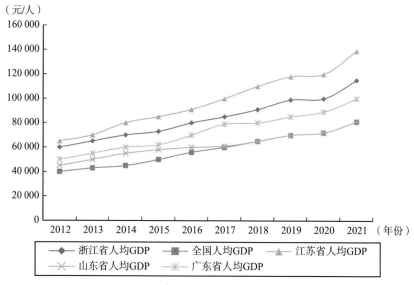

图 5 - 14 2012 ~ 2021 年全国排名前 4 地区的人均 GDP

资料来源:《浙江省统计年鉴》。

随着自由贸易试验区和综合保税区等开放平台的建设,浙江省的外贸发展踏上了高速增长的轨道。2012～2021 年间，浙江省进出口总额呈现出持续上扬的态势（见图 5 – 15）。2012 年，浙江省进出口总额为 3 124.03 亿美元，此后一路稳步增长。到 2021 年，进出口总额已飙升至 6 410.92 亿美元，相比 2012 年增长了约 2.1 倍。在此期间，各年度进出口总额数据不断攀升，每一年都在前一年的基础上实现了不同程度的增长，有力地彰显了浙江在对外贸易领域的强大实力。而浙江省对我国进出口增长的贡献率达到了 18.0%，在全国范围内位居第二，这一数据更是凸显了浙江在全国进出口格局中的重要地位，充分反映了浙江省经济的持续繁荣和活力，也表明这些开放平台对浙江经济发展起到了显著的推动作用。

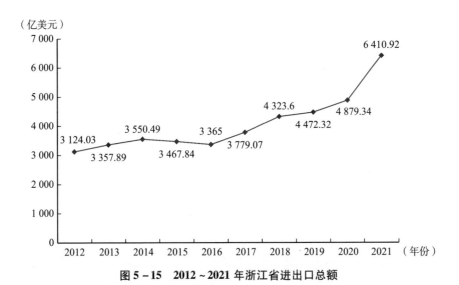

图 5 – 15　2012～2021 年浙江省进出口总额

资料来源：《浙江省统计年鉴》。

在追求经济高质量发展的过程中，推动绿色、生态和高效发展同样至关重要。森林覆盖率是衡量一个地区生态发展水平的关键指标。较高的森林覆盖率表明该地区森林绿化程度较高，经济与生态环境的协调性也更强。图 5 – 16 显示，浙江省的森林覆盖率在过去 10 年中一直稳定在约 59%，显著高于全国平均水平的 23%。自成为共同富裕建设示范区以来，浙江省坚定地贯彻"两山理念",积极弘扬森林生态精神,重视环境保护和修复工作,致力于提升生态富民水平,不断推进经济与生态环境的可持续发展。

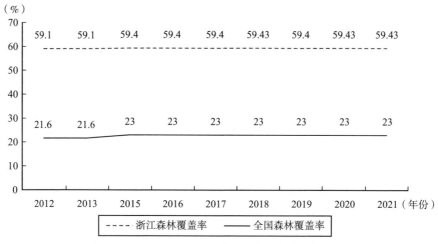

图5 - 16   2012 ~ 2021 年全国及浙江省森林覆盖率

资料来源:《浙江省统计年鉴》。

此外,依据表5 - 11 所示,浙江省单位 GDP 电耗呈现逐年下降的趋势,同时农业化肥施用量亦逐年递减。进一步分析,2021 年浙江省农村用电量为424.46 亿千瓦时,相较于 2020 年的 1 038.14 亿千瓦时,减少了613.68 亿千瓦时。此现象可归因于浙江省电网结构的持续优化,城乡电网的协调发展,以及城乡差距的进一步缩小,导致农村用电量实现了历史性的大幅下降。上述数据表明,浙江省在绿色可持续发展方面取得了显著成效,为实现共同富裕目标提供了更为坚实的基础。

表5 - 11   2012 ~ 2021 年浙江省农业能源及农业化肥施用量

年份	农村用电量（亿千瓦时）	农药使用量（万吨）	农业化肥施用量（万吨）
2012	86 987	6. 29	92. 15
2013	904. 91	6. 22	92. 43

续表

年份	农村用电量（亿千瓦时）	农药使用量（万吨）	农业化肥施用量（万吨）
2014	905.34	5.87	89.62
2015	905.56	5.65	87.52
2016	926.09	4.95	84.48
2017	976.65	4.63	82.63
2018	1 008.31	4.37	77.76
2019	1 026.73	3.86	72.50
2020	1 038.14	3.66	69.91
2021	424.46	3.46	68.26

资料来源：《浙江省统计年鉴》。

第六章　数字税影响浙江省共同富裕的效应经验

本章将以浙江省2013～2022年11个城市的数据作为实验样本，采用Stata15.0软件使用固定面板模型的方法检验假设，研究税制结构对共同富裕发展的影响。

第一节　变量选取与数据描述

一、数据来源

本部分研究使用的样本数据主要来自《浙江税务年鉴》和《浙江统计年鉴》，部分数据来自国家统计局网站、各省市统计年鉴等。共同富裕是党的十八大以来我国社会主义重点建设内容。2012年党的十八大会议明确提出共同富裕是中国特色社会主义的根本原则，并强调要使发展成果更多更公平地惠及全体人民。同时，考虑到数据的可获取性，本书以2013年为起点，以2013～2022年的全国及30个省市样本数据为基础，据此展开实证分析。

二、变量选取

（一）被解释变量

共同富裕（CP）。本书研究税制结构对共同富裕的影响，因此被解释变量是共同富裕，使用共同富裕发展指数来衡量，记为 CP（$Commonpros-perity$）。

（二）解释变量

本研究的核心解释变量为税制结构，旨在深入探讨其对实现共同富裕目标的影响。研究中，税制结构的衡量采用各税系及其主要税种在总税收收入中所占比例作为主要解释变量，涵盖税系结构变量与各税系税种变量。税系结构（Tax）的衡量标准为直接税与间接税的比例（Tax）。直接税范畴包括企业所得税、个人所得税及财产税等，其中财产税以房产税、土地增值税、车船税、车辆购置税等的总和来衡量。间接税则由增值税与消费税之和构成。直接税（Dir）以直接税在税收总收入中的比重来表示，间接税（$Indir$）则以间接税在税收总收入中的比重来表示。企业所得税（$Enterprise$）以企业所得税在税收总收入中的比重来衡量，个人所得税（$Individual$）以个人所得税在税收总收入中的比重来衡量，财产税（$Property$）以财产税在税收总收入中的比重来衡量。

（三）控制变量

人力资本水平（$Education$），教育作为提升个体技能与知识储备的关键途径，对于增强就业能力和创业机遇具有显著作用。教育的普及不仅为人们提供了更多机会，促进了社会地位与经济收入的提升，而且有助于打破贫困循环，推动社会公平与包容性的增强。当教育普及程度提高时，社会整体的人力资源与创新能力亦将得到显著提升。因此，提升教育水平、强化教育服务能力，通过教育投资培养人才，对国家经济的可持续发展和共同富裕目标的实现具有深远意义。本研究采用人均受教育年限作为衡量指标。

市场化水平（$Marketization$），市场化进程对共同富裕目标的实现具有显著影响。市场化能够促进资源的高效配置，激发经济活力，进而提升民众生活水平。在市场化经济体制下，资源配置主要由市场供求关系决定，而非政府行政指令。价格机制与市场竞争的运作，使得资源能够自由流动并配置至效益最高的领域与项目，从而提高资源利用效率，推动经济发展。资源配置的有效性亦意味着更多的经济机会与收入来源，为实现共同富裕创造了条件。此外，市场化还能够促进自主创业与个体经济的发展，个人与企业得以自由选择经营领域与方式，发挥创新与创业精神。这为个人提供了更多机会与平台，通过自主创业与个体经济实现经济独立与收入增长。因此，市场化水平对于共同富裕目标的实现具有重要意义。本研究采用樊纲市场化指数作为衡量指标。

对外开放水平（Exinsum），对外开放程度对共同富裕目标的实现具有显著影响。对外开放能够提供广阔的发展机遇与经济增长动力，促进资源优化配置，提高居民生活水平。通过与他国和地区进行贸易合作、投资合作以及技术交流，能够吸引外来资金与技术，推动产业发展与就业机会增加。外国企业的进入与合作能够带来新的市场需求与竞争，促进本地产业的发展与壮大，进而带动经济增长，创造更多就业机会，提高民众收入水平。其次，对外开放亦能促进资源优化配置。通过与其他国家和地区的贸易与合作，实现资源互补与优势互补。国内企业通过引进先进技术和管理经验，能够提高生产效率与质量水平，这种资源优化配置有助于提升经济效率与竞争力。因此，对外开放水平对于共同富裕目标的实现具有重要意义。本研究采用进出口总额与国内生产总值的比值作为衡量指标。

金融发展水平（Financial），作为实现共同富裕的关键因素，其重要性不容忽视。在金融发展水平较高的地区，经济活动通常更为繁荣，资金流动性增强，为居民提供了更多的收入途径。金融发展对经济增长和就业机会的创造具有显著的促进作用。金融机构的发展为融资和投资服务提供了支撑，从而促进了企业的成长与创新。这不仅推动了经济的增长，还创造了更多的就业机会，进而提升了民众的收入水平。居民通过金融渠道参与投资和理财活动，能够获得额外的收入来源。此外，金融发展亦能提升资源配置的效率，促进经济的均衡发展。金融市场的发展使得资金的流动性和自由度增加，从而支持了优质项目和产业的发展。因此，金融发展水平对于实现共同富裕具有显著影响，本研究采用存贷款额与国内生产总值的比值作为其衡量指标。

基础设施水平（Road），基础设施在实现共同富裕方面具有显著的影响力。优质的交通条件能够促进城市化进程，吸引人口、资本和产业的集中，进而为城市创造丰富的经济机遇。同时，合理规划城乡道路建设，确保交通网络的有效衔接，有助于缩小城乡发展差异，实现资源的合理分配和均衡发展。因此，高品质的交通网络对于推动城市经济增长和缩小城乡收入差距具有显著的促进作用，基础设施特别是交通网络的建设对于实现共同富裕具有深远的影响。通过增加基础设施投资，尤其是提升交通运输的品质和便捷性，可以促进经济发展，减少区域发展差异，提升民众的生活水平和幸福感。这将为公众提供更广阔的发展机会，促进社会的公平与包容，推动共同富裕的实现。本书采用人均道路面积作为衡量指标。

　　医疗保障水平（Medical），医疗保障在实现共同富裕中扮演着关键角色。通过实施全面的医疗保障体系，涵盖医疗费用报销、基础医疗服务提供及健康管理等多方面，确保民众能够享有平等的医疗待遇和基本的医疗保健权益。医疗保障的实施不仅能够降低因病致贫的风险，还能提升社会整体的健康水平，从而促进共同富裕的实现。医疗卫生机构的床位数作为衡量医疗资源丰富程度的关键指标，反映了医疗机构的规模和基础护理人力资源配置。充足的床位数表明医疗机构能够提供更广泛的服务和康复护理，更好地满足公众的健康需求。通过提供充足的医疗资源和全面的医疗保障，民众能够获得更优质的医疗服务，减轻疾病负担，提升生活质量和健康水平。医疗保障的实施体现了社会公平与正义，是实现共同富裕的重要标志之一。本书采用单位人口医疗卫生机构床位数作为评价指标。本书变量汇总表见表6-1。

表6-1　　　　　　　　　　变量选取及测算方法

	变量	变量名称	测算方法
被解释变量	CP	共同富裕指数	构建指数所得
	Tax	税系结构	直接税/间接税
	Dir	直接税	直接税税收/税收总收入
解释变量	Indir	间接税	间接税税收/税收总收入
	Enterprise	企业所得税	企业所得税税收/税收总收入
	Individual	个人所得税	个人所得税税收/税收总收入
	Property	财产税	财产税税收/税收总收入

变量	变量名称	测算方法
控制变量		
Marketization	市场化水平	樊纲市场化指数
Exinsum	对外开放水平	进出口总额/国内生产总值
Financial	金融发展水平	存贷款额/国内生产总值
Education	人均教育水平	人均受教育年限
Road	基础设施水平	人均拥有道路面积
Medical	医疗保障水平	单位人口医疗卫生机构床位数

第二节 实证分析

一、直接税与间接税的比较

(一)固定效应模型设定

本研究旨在通过实证分析探讨税系结构对共同富裕效应的影响。为此,选取了浙江省 11 个城市的 2013~2022 年的样本数据,构建了一个短期面板数据集。在进行回归分析之前,本研究首先执行了豪斯曼检验以确定模型的选择。基于检验结果,本研究采用了固定效应面板模型,并进一步考虑了个体效应与时间效应的存在,最终选择双向固定效应模型进行分析。该模型旨在深入探究税系结构、直接税与间接税对共同富裕效应的具体影响,模型设定为:

$$CP_{it} = \beta_0 + \beta_1 Tax_{it} + \alpha X_{it} + \mu_t + \mu_i + \varepsilon_{it} \tag{1}$$

$$CP_{it} = \beta_0 + \beta_2 Dir_{it} + \alpha X_{it} + \mu_t + \mu_i + \varepsilon_{it} \tag{2}$$

$$CP_{it} = \beta_0 + \beta_3 Indir_{it} + \alpha X_{it} + \mu_t + \mu_i + \varepsilon_{it} \tag{3}$$

在此研究中,i 和 t 分别指代特定地区和时间序列。CP_{it}、Tax_{it}、Dir_i 和 $Indir_{it}$ 分别代表第 i 地区在第 t 年的共同富裕水平、税系结构、直接税比重以及间接税比重。X_{it} 代表一组控制变量,μ_t 表示时间虚拟变量,μ_i 表示城市虚拟变量，ε_{it}为随机扰动项。模型（1）旨在检验税系结构对共同富裕发展的影响，结果显示β_1显著为正，这表明税系结构的优化对共同富裕的发展具有显著的正向促进效应。模型（2）与模型（3）则分别用于检验提高直接税比重与间接税比重对共同富裕水平的影响。

（二）模型估计与分析

首先对模型（1）至模型（3）进行普通面板回归，具体见表6-2。

表6-2　　　　　　　　　税系结构对共同富裕的影响

变量	（1） CP	（2） CP	（3） CP
Tax	0.031 *** (3.74)		
Dir		0.128 *** (4.946)	
Indir			-0.0998 *** (-3.902)
Financial	-0.016 *** (-7.63)	-0.0156 *** (-7.676)	-0.0161 *** (-7.834)
Exinsum	-0.097 *** (-7.70)	-0.0983 *** (-7.959)	0.0978 *** (-7.779)
Road	-0.002 *** (-5.30)	0.00221 *** (-5.270)	0.00235 *** (-5.520)
Medical	0.011 *** (4.10)	0.0111 *** (4.283)	0.0112 *** (4.262)
Education	-0.001 (-0.21)	-0.00124 (-0.277)	-0.00141 (-0.310)
Market	0.005 *** (3.01)	0.00494 *** (2.871)	0.00520 *** (2.971)

续表

变量	(1) CP	(2) CP	(3) CP
Constant	0.260 *** (5.16)	0.235 *** (4.684)	0.346 *** (6.739)
城市固定效应	Yes	Yes	Yes
年份固定效应	Yes	Yes	Yes
Observations	300	300	300
Number of id	30	30	30
R-squared	0.504	0.522	0.506

注：括号内为 t 统计量，***p < 0.01，**p < 0.05，* p < 0.1。

依据表 6 - 2 所呈现的固定效应模型回归分析结果，本研究得出以下结论：在模型（1）中，系数 β_1 显著性检验结果为正，表明税系结构对共同富裕的发展具有显著的正向影响。具体而言，增加直接税在税收结构中的比重，同时降低间接税的比重，对共同富裕的发展具有促进作用。因此，优化税系结构，提升直接税比重，对于推动共同富裕进程具有积极意义。在模型（2）中，系数 β_2 同样显示出显著的正向影响，其回归系数为 0.128，进一步证实了直接税比重的提升对共同富裕发展具有显著的促进效应。这表明提高直接税比重对共同富裕的发展具有积极的促进作用。在模型（3）中，系数 β_3 显著性检验结果为负，其回归系数为 - 0.1，揭示了间接税比重的提升对共同富裕的发展具有显著的抑制效应。这说明增加间接税比重会对共同富裕的发展产生阻碍。

基于前述分析，本研究的回归结果与理论预期相一致，揭示了直接税对共同富裕进程具有显著的正向推动作用，而间接税则表现出对共同富裕进程的显著负向影响，从而验证了研究假设 1。从宏观税制的视角审视，我国过往主要依赖间接税以实现财政收入的快速增长及居民生活水平的提升。然而，随着我国经济总量跃居世界第二，经济发展重心已逐步向公平分配转移。在此背景下，税收体系的公平性问题日益凸显。间接税的累退性质及税负转嫁特征，导致中低收入群体承受较重税负，而高收入群体税负相对较轻，这与公平原则相悖。相对而言，直接税的累进性质及不易转嫁的特性，更有利于缩小收入差距，激发消费潜力，促进国内市场循环，进而提升共同富裕水平。直接税的征收依据个人或企业的收入水平，使得高收入者承担更高税负，而低收入者则享有更多税收减免或免税额度，从而有效实现收入再分配的目标。

综上所述，合理的税收体系结构对于经济的快速增长和收入的合理分配具有显著影响。为了推动共同富裕的进程，必须持续对现行税收体系结构比例进行调整与优化，提升直接税的比重，同时降低间接税的比重。此举不仅能够促进经济发展水平和整体消费水平的提升，为实现共同富裕奠定坚实的物质基础，而且有助于优化税收结构，增强税收的公平性和可持续性，有效缩小城乡及地区间的收入差异，从而实现共同富裕的目标。

二、不同税种的比较

首先，在前面的研究中，通过固定效应模型的设定，我们发现直接税比重的提升对共同富裕的促进作用是积极的，而间接税比重的增加则对共同富裕产生抑制效应。因此，以直接税为核心的税制结构更有利于推动共同富裕的发展。本研究将进一步深入探讨直接税内部主要税种对共同富裕影响的实证分析。研究中同样应用了双向固定效应模型，其模型构建如下：

$$CP_{it} = \beta_0 + \beta_4 Enterprise_{it} + \alpha X_{it} + \mu_t + \mu_i + \varepsilon_{it} \tag{4}$$

$$CP_{it} = \beta_0 + \beta_5 Indivtdual_{it} + \alpha X_{it} + \mu_t + \mu_i + \varepsilon_{it} \tag{5}$$

$$CP_{it} = \beta_0 + \beta_3 Property_{it} + \alpha X_{it} + \mu_t + \mu_i + \varepsilon_{it} \tag{6}$$

在本研究中，变量 i 与 t 分别指代特定地区与时间序列。变量 CP_{it}、$Enterprise_{it}$、$Individual_{it}$ 以及 $Property_{it}$ 分别代表第 i 地区在第 t 年的共同富裕水平、企业所得税比重、个人所得税比重以及财产税比重。模型（4）至模型（6）旨在检验主要税种对共同富裕发展所产生的影响。

其次，模型估计与分析。对模型（4）至模型（6）进行普通面板回归，具体见表6　3。

表 6 - 3   主要税种对共同富裕的影响

变量	(4) CP	(5) CP	(6) CP
Enterprise	0. 0766 ** (2. 496)		
Individual		0. 538 *** (6. 297)	
Property			0. 0687 ** (2. 089)
Financial	− 0. 0170 *** (− 8. 160)	− 0. 0144 *** (− 7. 184)	− 0. 0166 *** (− 7. 929)
Exinsum	− 0. 100 *** (− 7. 708)	− 0. 0564 *** (− 4. 216)	− 0. 0939 *** (− 7. 340)
Road	− 0. 00239 *** (− 5. 525)	− 0. 00237 *** (− 5. 821)	− 0. 00231 *** (− 5. 279)
Medical	0. 0114 *** (4. 238)	0. 0118 *** (4. 654)	0. 0109 *** (4. 063)
Education	− 0. 00218 (− 0. 472)	− 0. 00204 (− 0. 470)	− 0. 00341 (− 0. 734)
Market	0. 00615 *** (3. 503)	0. 00321 * (1. 857)	0. 00627 *** (3. 563)
Constant	0. 274 *** (5. 394)	0. 256 *** (5. 367)	0. 289 *** (5. 725)
城市固定效应	Yes	Yes	Yes
年份固定效应	Yes	Yes	Yes
Observations	300	300	300
Number of id	30	30	30
R-squared	0. 489	0. 547	0. 485

注: 括号内为 t 统计量, ***p < 0. 01, **p < 0. 05, *p < 0. 1。

依据表 6－6 所呈现的固定效应模型回归分析结果，本研究得出以下结论：在模型（4）中，企业所得税比重的系数 β_4 显著为正，其值为 0.0766，这表明企业所得税比重每增加 1%，共同富裕水平将显著提升 0.0766%，且该结果在 5% 的显著性水平下具有统计学意义。因此，增加企业所得税比重对共同富裕具有积极的促进效应。在模型（5）中，个人所得税比重的系数 β_5 显著为正，其值为 0.538，意味着个人所得税比重每增加 1%，共同富裕水平将显著提升 0.538%，且该结果在 1% 的显著性水平下具有统计学意义。因此，提高个人所得税比重对共同富裕的发展具有显著的正面影响。在模型（6）中，财产税比重的系数 β_6 显著为正，其值为 0.0687，表明财产税比重每增加 1%，共同富裕水平将显著提升 0.0687%，且该结果在 5% 的显著性水平下具有统计学意义。因此，增加财产税比重对共同富裕的发展具有显著的促进作用。

经过深入分析，本研究得出的回归结果与理论预期相一致，即企业所得税、个人所得税以及财产税对共同富裕的推进具有显著的正面影响。其中，个人所得税的正面影响最为显著，这为假设 2 提供了实证支持。从理论层面阐释这些实证发现，企业所得税的征收能够扩充政府财政收入，政府随后将这些资金用于公共项目和社会福利计划的投资与支出，从而推动经济发展和共同富裕目标的达成。此外，企业所得税通过税收政策的调整，能够影响企业行为和资源配置，进而进一步促进经济增长和共同富裕水平的提升。个人所得税通过税率的调整实现财富的再分配，有效缩小收入差距，推动社会公平与正义。通过增加高收入群体的税负，个人所得税为社会中的弱势群体提供更多的支持和福利，从而促进共同富裕的实现。财产税作为一种调节财富存量的税收工具，与所得税形成协同效应，有效缩小贫富差距。财产税的增加确保了富裕阶层对财富承担相应的社会责任，为社会提供更多的公共资源和服务，从而促进共同富裕的实现。

综上所述，税制结构的优化需要进一步深化企业所得税和个人所得税制的改革，扩大财产税的征收范围，并加速完善财产税体系。这些措施旨在实现税收的公平分配，进而促进社会共同富裕的实现。这不仅有助于实现可持续发展目标，还能为经济的可持续和公平发展提供更坚实的支持。

三、内生性处理

在本研究中，鉴于潜在遗漏变量可能引起的内生性问题，尽管双向固定效应模型已在一定程度上缓解了该问题，但反向因果关系导致的内生性问题仍可能引起结果偏差。为了进一步确保研究的合理性和结果的稳定性，本研究采用了系统广义矩估计（GMM）方法以消除内生性问题。

表 6 - 4 内生性检验回归结果

变量	(1) CP	(2) CP	(3) CP	(4) CP	(5) CP	(6) CP
LCP	1. 247 *** (4. 57)	0. 301 *** (3. 89)	0. 237 ** (2. 73)	0. 261 *** (5. 31)	0. 113 *** (4. 20)	0. 229 *** (4. 74)
Tax	0. 731 *** (3. 85)					
Dir		2. 706 *** (3. 93)				
Indir			- 3. 126 *** (- 3. 53)			
Enterprise				3. 822 *** (3. 81)		
Individual					6. 805 *** (8. 33)	
Property						0. 228 * (2. 02)
控制变量	Yes	Yes	Yes	Yes	Yes	Yes
省份固定效应	Yes	Yes	Yes	Yes	Yes	Yes
年份固定效应	Yes	Yes	Yes	Yes	Yes	Yes
可识别检验	18. 448	18. 427	14. 532	18. 212	59. 645	4. 786

续表

变量	(1) CP	(2) CP	(3) CP	(4) CP	(5) CP	(6) CP
<p值>	<0.0000>	<0.0000>	<0.0001>	<0.0000>	<0.0000>	<0.0286>
弱 IV 检验	18.735	18.712	24.502	18.476	74.409	47.924
[10%临界值]	[16.38]	[16.38]	[16.38]	[16.38]	[16.38]	[16.38]
Observations	300	300	300	300	300	300

注：使用 Kleibergen-Paap rk LM stati stic 作可识别检验，使用 Kleibergen-Paap rk Wald F stati stic 作弱 IV 检验；此外，所有模型均通过了 AR（2）检验和 Hansen 检验。

表 6 - 4 展示了应用 GMM 方法后的估计结果：核心解释变量的系数符号与先前双向固定效应模型的回归结果一致，这表明在调整税系结构时，提高直接税比重对促进共同富裕发展至关重要。此外，企业所得税、个人所得税和财产税对共同富裕具有显著的正向影响，其中个人所得税的促进作用较企业所得税和财产税更为显著。因此，在调整税制结构时，应着重考虑增加个人所得税的比重。上述结果表明，内生性问题不会对基准回归结果的稳定性造成影响，回归结果具有可信度。

四、异质性分析

鉴于样本对于研究结果的敏感性差异，以及共同富裕发展的地域性特征，本研究将浙江省样本划分为省内发达地区与省内欠发达地区，旨在探讨税制结构对共同富裕发展的影响。依据表 6 - 5，个人所得税、财产税及企业所得税在两个地区对共同富裕发展的影响效应具有相似性。在省内发达地区，个人所得税的估计系数为 0.501，显著性检验通过 1% 水平，表明个人所得税比重的提高有利于共同富裕水平的提升。而在省内欠发达地区，个人所得税的估计系数为 0.087，显著性检验通过 10% 水平。相较于省内欠发达地区，省内发达地区的回归系数较大，暗示省内发达地区个人所得税比重的提升对共同富裕水平的促进作用较省内欠发达地区更为显著。

表6-5 异质性分析回归结果

变量	东部 CP	中西部 CP	东部 CP	中西部 CP	东部 CP	中西部 CP
Individual	0.501 *** (4.77)	0.0868 * (1.99)				
Property			0.229 *** (3.75)	0.0463 (1.80)		
Enterprise					0.127 ** (2.67)	0.0641 * (1.96)
Financial	0.0150 *** (-5.85)	-0.00721 *** (-3.47)	0.0175 *** (-6.88)	-0.00731 *** (-3.56)	-0.0196 *** (-7.07)	-0.00641 *** (-3.05)
Exinsum	-0.0296 * (-1.82)	0.125 *** (4.83)	0.0685 *** (-4.25)	0.121 *** (4.70)	-0.0589 *** (-3.35)	0.115 *** (4.40)
Road	-0.000444 (-0.68)	-0.000798 ** (-1.98)	-1.00e-06 (-0.00)	-0.000864 ** (-2.16)	0.000138 (0.19)	-0.000957 ** (-2.35)
Medical	0.0127 ** (2.41)	0.0207 *** (8.83)	0.0129 ** (2.36)	0.0210 *** (9.001)	0.00983 (1.63)	0.0207 *** (8.92)
Education	0.00595 (0.92)	0.000482 (0.11)	0.00232 (0.34)	0.00163 (0.38)	0.00848 (1.16)	0.000440 (0.11)
Market	0.00420 (1.63)	0.00151 (0.83)	0.00943 *** (3.52)	0.00189 (1.05)	0.00693 ** (2.36)	0.000997 (0.57)
Constant	0.239 *** (3.15)	0.0891 * (1.92)	0.260 *** (3.28)	0.0781 * (1.69)	0.252 *** (2.96)	0.0794 * (1.73)
Observations	120	170	120	170	120	170
Number of id	12	17	12	17	12	17
R-squared	0.797	0.666	0.780	0.672	0.746	0.673

注:括号内为 t 统计量,***p<0.01,**p<0.05,*p<0.1。

分地区回归分析揭示,省内发达地区的财产税对共同富裕具有促进作用,而省内欠发达地区财产税对共同富裕的促进作用不显著。此现象可能归因于财产税体系的不完善，实际征收的财产税税种较少，导致省内欠发达地区财产税的税基较小。因此，为了发挥财产税在缩小财富差距方面的作用，必须加快推进财产税制度的改革，确保财产税能够更全面地发挥作用。只有通过改革和完善财产税制度，确保财产税能够公平地缩小财富差距，才能更好地实现共同富裕的目标。

在分地区回归结果中，省内发达地区企业所得税在5%的显著性水平下对共同富裕存在正向影响，省内欠发达地区企业所得税在10%的显著性水平下对共同富裕存在正向影响。企业所得税在不同地区对共同富裕的促进效应存在差异，省内发达地区的影响较省内欠发达地区显著高。这种差异可以解释为地区经济发展水平、企业收入水平以及企业所得税税基等因素的影响。同时，与个人所得税和财产税相比，企业所得税在直接税内部税种中对共同富裕的促进影响最低。这意味着提高企业所得税的比重可以引导企业注重质量，提高创新水平，并把握市场发展机遇。通过持续提供新的技术产品，企业能够促进社会效益的多元化发展，进而带动经济增长和共同富裕水平的提高。

综上所述，税制结构优化对共同富裕发展的促进效应是比较稳健的。个人所得税、财产税和企业所得税在不同地区对共同富裕的促进效应存在一定的异质性。在省内发达地区，个人所得税、财产税和企业所得税都对共同富裕具有正向影响，且个人所得税的影响效应较为显著。这可能是因为省内发达地区经济发达，居民收入水平较高，企业利润较大，税收收入较多，因此相关税种对共同富裕的促进作用较为明显。而在省内欠发达地区，个人所得税对共同富裕的促进作用相对较弱，财产税对共同富裕的影响并不显著，而企业所得税的影响略低于个人所得税。这可能与省内欠发达地区的经济发展水平较低、居民收入水平较为有限以及企业所得税税基的情况有关。

五、稳健性检验

1. 替换被解释变量

本书在对共同富裕内涵进行科学理论分析的基础上，运用熵权法构建了综合指标体系。为增强研究结果的稳健性，本部分采用主成分分析法对共同富裕发展指数进行了重新测算，并以此作为衡量和估计的依据。如表所示，本书利用新测算的共同富裕发展指数进行了回归分析，分析结果详见表6－6。

表6－6 稳健性检验结果

变量	(1) CP	(2) CP	(3) CP	(4) CP	(5) CP	(6) CP
Tax	0.0598 *** (3.19)					
Dir		− 0.0717 *** (− 15.24)				
Indir			− 0.179 *** (− 3.06)			
Enterprise				0.0352 * (1.98)		
Individual					0.358 * (1.73)	
Property						0.242 *** (3.20)
Financial	− 0.0717 *** (− 15.2)	− 0.0717 *** (− 15.24)	− 0.0724 *** (− 15.38)	− 0.0738 *** (− 15.49)	− 0.0721 *** (− 14.90)	− 0.0721 *** (− 15.33)
Exinsum	− 0.0958 *** (− 3.34)	− 0.0969 *** (− 3.39)	− 0.0967 *** (− 3.36)	− 0.0926 *** (− 3.10)	− 0.0646 ** (− 1.99)	− 0.0875 *** (− 3.06)
Road	0.00240 ** (2.46)	0.00243 ** (2.50)	0.00223 ** (2.30)	0.00209 ** (2.11)	0.00211 ** (2.15)	0.00245 ** (2.51)
Medical	0.0435 *** (7.21)	0.0439 *** (7.31)	0.0442 *** (7.32)	0.0439 *** (7.121)	0.0442 *** (7.22)	0.0431 *** (7.14)
Education	− 0.0145 (− 1.39)	− 0.0156 (− 1.51)	− 0.0156 (− 1.49)	− 0.0179 * (− 1.69)	− 0.0177 * (− 1.67)	− 0.0191 * (− 1.84)

变量	(1) CP	(2) CP	(3) CP	(4) CP	(5) CP	(6) CP
Market	0.0131 *** (3.27)	0.0129 *** (3.25)	0.0131 *** (3.27)	0.0152 *** (3.79)	0.0132 *** (3.16)	0.0137 *** (3.45)
Constant	0.307 *** (2.68)	0.278 ** (2.39)	0.467 *** (3.97)	0.363 *** (3.11)	0.347 *** (3.00)	0.357 *** (3.15)
Observations	300	300	300	300	300	300
Number of id	30	30	30	30	30	30
R-squared	0.644	0.646	0.643	0.630	0.634	0.644

注：括号内为 t 统计量，***$p<0.01$，**$p<0.05$，*$p<0.1$。

依据表6-6所呈现的实证分析结果，模型（1）、模型（2）与模型（3）中的系数均在1%的显著性水平上通过了统计检验，其中 β_1 与 β_2 系数显著为正，而 β_3 系数显著为负，与先前研究结果保持一致。这表明提升直接税的比重对于促进共同富裕具有积极效应。进一步地，模型（4）、模型（5）与模型（6）的回归分析结果揭示，企业所得税、个人所得税以及财产税的回归系数均显著为正，并且均通过了显著性检验，这说明增加企业所得税、个人所得税及财产税的比重对共同富裕具有显著的正面影响。上述回归系数的正负方向与先前研究中的回归系数保持一致，从而验证了本研究结论的稳健性，并再次证实了研究假设的正确性。

2. 剔除特殊样本

为确保研究的精确性和可信度，本研究决定排除直辖市样本。直辖市在中国行政体系中具有独特性，其经济发展水平、收入分配状况以及税收政策可能与其他地区存在显著差异。因此，在探讨税制结构优化对共同富裕影响的研究中，剔除直辖市样本能够使研究结论更具普遍性和一致性。

依据表6-7的实证分析结果，模型（1）、模型（2）与模型（3）中的系数在1%的显著性水平上均通过了检验，其中 β_1 与 β_2 显著为正，β_3 显著为负，与先前研究结果相一致。这表明实证数据支持提高直接税比重能够促进共同富裕的假设，并与基准回归结果保持一致。进一步地，模型

（4）、模型（5）与模型（6）的回归分析结果表明，企业所得税、个人所得税与财产税的回归系数均显著为正，并且通过了显著性检验，这说明即便在剔除直辖市的影响后，增加企业所得税、个人所得税与财产税比重对共同富裕仍具有显著的促进效应。回归系数的正负与先前研究保持一致，从而验证了本研究结论的稳健性，并再次确认了假设的有效性。

表 6 - 7　　　　　　　　　　稳健性检验结果

变量	(1) CP	(2) CP	(3) CP	(4) CP	(5) CP	(6) CP
Tax	0.0765 *** (7.32)					
Dir		0.207 *** (7.10)				
Indir			-0.164 *** (-5.61)			
Enterprise				0.189 *** (4.99)		
Individual					0.457 *** (4.46)	
Property						0.0387 * (1.93)
Financial	-0.0120 *** (-5.41)	-0.0128 *** (-5.79)	-0.0137 *** (-6.03)	-0.0146 *** (-6.38)	-0.0141 *** (-6.05)	-0.0162 *** (-6.79)
Exinsum	-0.0545 *** (-3.34)	-0.0574 *** (-3.51)	-0.0626 *** (-3.69)	-0.0735 *** (-4.34)	-0.0566 *** (-3.18)	-0.0777 *** (-4.36)
Road	0.00244 *** (-5.61)	0.00260 *** (-6.01)	0.00284 *** (-6.38)	0.00302 *** (-6.72)	0.00298 *** (-6.55)	0.00301 *** (-6.17)
Medical	0.00934 *** (3.52)	0.00910 *** (3.42)	0.00932 *** (3.37)	0.00929 *** (3.31)	0.00958 *** (3.37)	0.00866 *** (2.93)
Education	-0.00794 * (-1.70)	-0.00788 * (-1.68)	-0.00748 (-1.54)	0.00853 * (-1.73)	-0.00630 (-1.26)	-0.00950 * (-1.83)

变量	(1) CP	(2) CP	(3) CP	(4) CP	(5) CP	(6) CP
Market	0.00678 *** (3.90)	0.00697 *** (3.99)	0.00725 *** (4.00)	0.00917 *** (5.06)	0.00536 *** (2.69)	0.00854 *** (4.43)
Constant	0.232 *** (4.56)	0.207 *** (3.96)	0.386 *** (7.12)	0.256 *** (4.76)	0.262 *** (4.83)	0.303 *** (5.45)
Observations	260	260	260	260	260	260
Number of id	26	26	26	26	26	26
R-squared	0.535	0.530	0.494	0.481	0.470	0.425

注：括号内为 t 统计量，$***p < 0.01$，$**p < 0.05$，$*p < 0.1$。

六、个人所得税机制检验

通过实证分析，本研究揭示了企业所得税、个人所得税以及财产税对于实现共同富裕具有积极的推动作用。随后，本书着重探讨了以个人所得税为核心的主要税种如何通过特定机制促进共同富裕。基于先前的理论探讨，个人所得税在调节收入分配、缩小城乡经济差距方面发挥着关键作用，从而推动共同富裕的实现。因此，本书采用城镇与农村人均可支配收入之比作为衡量城乡收入分配差异的指标，以检验城乡收入差距是否作为个人所得税促进共同富裕的中介变量。

基于模型（5），本书引入城乡收入分配差距作为调节变量（cn），并将两者的交互项（$individual \times cn$）纳入模型（5）中，以检验城乡收入差距对个人所得税促进共同富裕的调节效应。若交乘项（$individual \times cn$）的系数为负，则说明个人所得税通过缩小城乡收入差距，进而促进共同富裕。

依据表 6 - 8 所呈现的回归分析结果，个人所得税的回归系数呈现正值且统计显著性显著，而收入差距的回归系数则呈现负值且同样具有显著性，同时交互项个人所得税与收入差距的回归系数亦为负值且显著。此结果表明，个人所得税在调节城乡收入差距方面发挥着积极作用，有助于推动社会共同富裕的实现。因此，本书所提出的理论分析框架得到了实证数据的支持。

表6-8　　　　　　　　　　　机制检验回归结果

变量	CP	CP
Individual	0. 538 *** (6. 297)	1. 089 *** (5. 29)
cn		- 0. 092 *** (- 3. 24)
Individual × *cn*		- 0. 275 *** (- 3. 52)
Financial	- 0. 0144 *** (- 7. 184)	- 0. 0120 *** (- 5. 598)
Exinsum	- 0. 0564 *** (- 4. 216)	- 0. 0561 *** (- 3. 938)
Road	- 0. 00237 *** (- 5. 821)	- 0. 00177 *** (- 3. 834)
Medical	0. 0118 *** (4. 654)	0. 0106 *** (3. 882)
Education	- 0. 00204 (- 0. 470)	0. 00390 (0. 940)
Market	0. 00321 * (1. 857)	0. 00297 (1. 406)
Constant	0. 256 *** (5. 367)	0. 177 *** (2. 664)
城市固定效应	*Yes*	*Yes*
年份固定效应	*Yes*	*Yes*
Observations	300	300
Number of id	30	30
R-squared	0. 547	0. 533

注：括号内为 t 统计量，***p < 0. 01，**p < 0. 05，*p < 0. 1。

第七章　浙江省数字税法治路径的构建

由于各国在经济利益上的需求差异，短时间内统一国际税收规定面临困难。此外，数字税在法律上缺乏合法性、正当性，同时也存在公平性不足等问题。因此，数字税仍被视为各国应对数字税收挑战的临时解决方案。目前，我国的开放程度还有上升空间，对数字税立法的需求也并不迫切。作为一个拥有庞大数字经济的大国，以及数字经济发展第一强省浙江，应充分意识到数字税对数字经济发展的潜在影响，正视其重要性，并借鉴其他国家的立法经验，以不断推动完善税收法律体系。本章在分析目前数字税法律制度中存在的问题后，进一步探讨了构建数字税收法律制度的必要性和可行性，最后基于数字税的立法经验，提出了对符合国情、省情的数字税收法律制度的改进建议。

第一节　浙江省现行数字税收法律制度存在的问题

为了更好地适应全球数字经济的发展趋势，我国不断推出各类新政策，除了鼓励企业拓展海外市场外，还通过立法手段填补数字经济领域的立法空缺。例如，2018年我国颁布了《中华人民共和国电子商务法》，该法律旨在规范电子商事活动中的民事法律关系，这标志着我国在电子商务治理方面取得的重要进展。尽管我国目前的开放程度依然有限，数字税的立法需求尚不迫切，但随着数字经济的不断发展，现行税收制度中一些问题逐渐显露。因此，我国可以借鉴数字税相关的立法经验，进一步完善税收法律体系。

一、税收法律制度内容不完善

目前，数字经济背景下传统的税收法律体系无法跟上我国数字经济快速发展的步伐，揭示出国家税收法律制度中存在的多项问题，具体涵盖以下几个方面：

首先，传统的税收体系以"供应"为理论支撑，未能充分考虑到消费者的影响。在数字经济发展的环境中，互联网数字公司通过收集用户信息来整合资源、预测用户可能的需求，并精确投递信息以引导用户作出选择，从而创造出价值。然而，依照现行的常设机构原则，以"用户参与"为主要价值创造来源的数字公司并不需要在市场国缴纳税款，这一现象严重削弱了市场国的税收基础。用户群体的广泛互动产生了无法估量的数字网络效应，为日益壮大的数字平台和网站带来了快速增长的流量。将"用户参与"视为一种生产要素，其商业利用价值不可小觑，能够为数字企业带来丰厚的经济收益。由此可见，跨境数字公司的盈利主要源自市场国用户参与所产生的数据价值，这是一种以"用户参与"为要素资源所创造的价值。因此，传统的税收理论未能充分认识到"用户参与"所产生价值的贡献。

其次，数字经济的收入来源认定尚不明确。目前，我国在国际贸易中与其他国家签订的税收协议，条款对于常设机构的认定与现行国际税收协议的标准是一致的。然而，根据我国《中华人民共和国企业所得税法》的相关规定，即使非居民企业未在国内设立任何机构或场所，但如果其收入来源于中国境内，依然需要缴纳企业所得税。这与国际税收规则中征税国依据"常设机构"判断所得来源的标准存在着不一致的问题。此外，我国现行税法不仅缺乏对数字经济收入来源的清晰界定，还使用了"机构或场所"这一表述，这意味着非居民企业在中国境内设有"机构"或"场所"的情况下，就需要为其所得向我国缴税。这一概念的界定与国际税收协议中"常设机构"的定义有所不同，且无法确定两者在实质上是否完全一致，因此在实际适用中难免会引发争议。除了保留条款之外，当我国税法中"机构、场所"与税收协议中的"常设机构"规定存在法律适用的矛盾时，应优先适用国际税收协议，这将导致在征收数字企业税方面面临挑战，为企业创造了逃税的机会。

最后，关于数字经济征税的相关内容尚显不足。尽管我国企业所得税规定了非居民企业如果在国内未设立机构或场所，仍需对源自中国境内的收入缴纳税款，但相应法律对"机构和场所"的界定采用了列举方式，在数字经济所得的征税适用上，我国税法并未提供清晰的指导。由于现行税法缺乏对数字经济所得征税的可操作性条款，实践中依据我国所得税法对数字经济所得进行征税时，可能会面临被质疑的风险。目前，我国对外国互联网数字企业的开放程度有限，随着进一步扩大市场开放，外国数字企业进入我国市场将导致上述法律适用的冲突风险增加。因此，我国税法与国际税收协定的衔接存在不当等问题，这在一定程度上降低了对外资的吸引力，对数字经济的国际化发展造成阻碍。因此，建议深入探讨数字税制度，借鉴其他国家的立法经验，完善数字经济相关的税收制度，解决当前国内数字经济发展与滞后税收制度之间的矛盾，确保与国际税收规则实现有效衔接，制定符合法律与国情的数字税收法律体系。

二、数字税收征管能力不足

随着我国数字经济的持续扩张，传统的税收管理方式已无法适应数字经济时代企业的运营模式，国家对数字化税收治理能力的要求也不断提高。一方面，我国的《中华人民共和国企业所得税法》并未对数字经济征税进行详尽说明。如果大型互联网企业能够在我国运营，则它们完全可以通过数字技术实现在线业务，而不必在国内设立永久的营业实体。虽然根据我国的所得税法，能够对其在我国境内获得的收入征税，但由于缺乏实体营业机构，税务机关在实际征管时也很难精准获取经营所得相关数据，导致税收征管面临困难。

另一方面，我国税务机关的征管能力在数字技术迅速发展的背景下显得滞后。由于数字经济具有高度流动性和数字化程度高的特点，因此对税务部门有效识别纳税主体和判别相关收入归属等方面造成了较大挑战。按照传统的税收制度来管理数字经济下的新兴商业模式，进一步加大了征管的难度。此外，传统的税收征管方式低效，在处理大量数据的同时也提升了税收管理的成本，同时，企业与政府之间的信息不对称也为企业逃避税负提供了方便。因此，为了更有效地应对数字经济带来的税收新挑战，我国亟须进一步完善税收管理体系，提高数字化治理的能力。

三、国际税收规则制定中参与度不高

从国内的视角来看，我国在关于数字税问题的国际谈判中表现出较为谨慎的态度。与美国等数字经济高度发达的国家相比，我国在制定数字贸易新规范、限制国内的税费征收以及对数字产品实施非歧视待遇等方面，依然集中在传统议题的讨论上，例如电子商务平台的交易和便捷货物贸易等问题，对数字税相关议题的关注程度不高。根据"十四五"规划，我国计划在未来加强网络空间的国际交流与合作，积极参与数字税等国际规则的制定及数字技术标准的建立。2023 年开始，我国的数字经济规模仅次于美国，位居全球第二，数字经济在这段时间内实现了显著的突破，达到53.9 万亿元，GDP 增速也达到了 2.76%，数字经济增长对 GDP 增长的贡献率达 66.45%。[①]

换句话说，数字经济的成长与数字税制的调整，会对我国经济发展的利益产生深远的影响。因此，积极参与全球对数字税收制度的重建，是我国当前经济进步的一项必然举措。从国际视角来看，美法之间关于数字税的竞争中，我国处于一个外部观察者的角色，参与和关注的程度较低。欧盟所提出的两项方案以及 OECD 在包容性框架内所制订的解决方案，将成为未来国际税制改革的两种备选方案。然而，我国在数字税方面的立场与欧盟有所不同，且由于不是 OECD 的成员国，暂时无法参与其方案的制订。因此，为了打破现有的壁垒，改变我国被动参与的局面，我国应当在完善数字税收法律制度和构建数字税收征管体系的同时，积极主动地在国际社会展开多方位的谈判。

---

① 中国信息通信研究院. 全球数字经济发展研究报告（2024 年）［R］. 北京：中国信息通信研究院，2024.

四、数字经济专门税种的缺失

目前，数字税收法律框架呈现出混合型特征，即在现行税收体制的基础上，将与数字经济相关的税收融入，并分散于增值税、企业所得税等多种税类中。然而，由于缺乏专门针对数字经济的税种，这种独特的经济形态在税收法律体系中并未得到充分体现。具体来说，数字企业的主要盈利来源是提供数字服务，而数字服务平台的核心竞争力依赖于用户数据，其中蕴含着巨大的经济利益，现有的税收法律体系对此却未给予应有的重视，未将其单独列入征税的对象范畴[①]。数字企业与消费者通过数据交互形成了互动经济模式，二者之间存在交易行为。在这种情况下，用户既是数字产品或服务的消费者，同时也是数据的生产者，形成了"产消者"的新概念[②]。"用户参与理论"已经成为数字经济的重要特征，因此，税收国家是否能根据该理论对数字经济实施专门征税就成为一个突出的问题。如果没有征税国的数字企业利用征税国的用户数据创造经济价值，同时又未在征税国纳税，那么用户为其创造利润的贡献就未能纳入征税国的征收范围。因此，欧盟认为应当根据用户参与创造的收入占欧盟总收入的比重来征收专门的数字税。这一理论进一步强调了设立专门数字税种的必要性[③]。然而，传统税法将税收对象"物化"，通常包括所得、商品和财产三类，尚未对以数据为核心生产要素的数字经济进行考虑，因此未被现有税收对象所涵盖。

五、数字税收征税范围偏窄

目前，数字经济的税收法律框架所覆盖的征税范围相对较窄。根据国

---

① 侯卓. 数字税开征的正当性及其思路——基于互联网反垄断视角的考察 [J]. 江海学刊, 2022（2）：151–160.

② 尹莉，臧旭恒. 消费需求升级、产消者与市场边界 [J]. 山东大学学报（哲学社会科学版），2009（5）：18–27.

③ 齐萌，刘博. 数字税：理论阐释、国际实践与中国进路 [J]. 上海财经大学学报，2022（3）：139–152.

家统计局发布的《数字经济及其核心产业统计分类（2023）》中的分类标准，目前的税制只是能够涵盖数字经济五大类产业中的数字产品生产和服务行业，对于数字技术应用行业、数据要素驱动行业以及数字化销售提升行业，则未能全部或部分纳入现有的税制之中。同时，在征税范围内，数字企业所涉及的设备、产品批发和销售、物流成本等支出较少，加之许多数字企业的投入成本并不明显，因此在现行税制下，数字企业的税负显得缺乏公正性。这些企业往往采取零费用策略以吸引客户，虽然牺牲了自身的某些利益，可能造成一种隐性支出，而对于这类隐性支出是否应纳入税收征收范围，仍然是个值得探讨的问题，显然也是当下征税范围未曾考虑到的一个方面。

综上所述，现有的征税范围未能涵盖数字经济的所有产业，同时仅关注到部分数字产业链的低端环节，并且也未考虑数字经济的独特性，因此在当前的数字经济环境中，这一征税范围显得过于狭隘和不够全面。

六、数字税收征管难度增加

与传统经济的经营方式相比，数字经济中的商业交易通常依赖互联网、数字平台和数据，使其突破了传统模式的可预测性、可调试性和可追溯性，体现出快速性和虚拟化等特点。数字经济模式的创新也为税收管理的数字化带来了许多挑战。首先，纳税主体的分布较为分散，获取相关信息较为困难。在数字经济的背景下，用户不仅能够在数字平台上获益，还能够进行消费，用户的消费者与经营者身份可以灵活转换。直播带货和网络代购的兴起，进一步加剧了税收界限的模糊性。尤其在直播带货的情况下，针对那些没有实体经营场所的个人，如何判断其纳税主体的身份仍然存在疑问[①]。其次，与传统的交易方式不同，数字经济中的所有交易都是在互联网端完成，这意味着发票凭证大多存储在平台上。而在线平台通常基于个人隐私和商业秘密的考虑对交易信息进行加密，这使得税收机构难

---

① 邓学飞，新华，吕敏. 平台经济下直播带货税收治理问题研究［J］. 税务与经济，2022（5）：45－47.

以获取纳税人的涉税数据。再次，传统的税收管辖权一般根据收入来源地与实际消费地来确定，即遵循属地主义原则。然而，数字经济的发展显然对税收管辖权的稳定性产生了影响。数字经济企业的虚拟特性使其难以符合传统税收中对"常设机构"的要求，从而导致难以明确征税的管辖权。

第二节　浙江省推进数字税所遭遇的障碍

尽管在全球范围内，许多国家已经开始征收数字税，但作为一种新兴的税种，数字税在各国的推进过程仍然面临着许多挑战。这些挑战包括如何确保税收的公平性、如何避免重复征税以及如何应对跨国公司的避税行为等。尽管如此，各国政府仍在积极探索和尝试，以期找到最佳的解决方案。

在我国，数字税的价值导向与其他国家存在一定的差异。未来，我国在推进数字税的过程中，将主要关注以下几个方面。首先，平衡国内的税收体系，确保数字税的征收不会对现有的税收体系产生负面影响。其次，我们需要促进数字产业的均衡发展，避免因税收政策的不公平而导致某些企业或行业的过度发展。最后，优化收入分配结构，通过数字税的征收，实现财富的合理分配，减少贫富差距。

然而，推行数字税仍然面临一系列挑战。首先，数字业务模式的多样性使得税收政策的制定变得复杂。不同的业务模式可能需要不同的税收政策，这无疑增加了政策制定的难度。其次，数字产业尚处于成长阶段，许多企业尚未实现盈利，过早征收数字税可能会对这些企业的发展产生负面影响。此外，跨国公司利用各国税收政策差异进行避税的现象屡见不鲜，如何应对这一问题也是推行数字税过程中需要面对的重要挑战。

总之，尽管数字税在全球范围内推进的过程中面临着诸多挑战，但只要我们能够充分考虑各种因素，制定出科学合理的税收政策，就能够有效地推动数字税的发展，实现税收公平和社会财富的合理分配。

第一，在当前的税收体系中，推行数字税将不可避免地面临与现有税收制度的衔接难题。

具体来说，现行的增值税制度在一定程度上已经能够对数字业务进行征税，这包括对数字产品和服务的交易征税，同时覆盖那些通过数字平台进行的新型交易模式。然而，引入数字税可能会导致与现行税收体系的交叉和重叠，从而引发一系列问题。关于如何推行数字税，目前存在两种主要的观点。第一种观点主张通过完善现有的税收体系，利用现有的增值税和所得税来实现对数字经济的税收管辖。这种方法的优势在于能够利用现有的税收框架，减少制度变革的复杂性。然而，可能需要对现行的税收体系进行大规模的调整和优化，以适应数字经济的特点。第二种观点则建议将数字税作为一个全新的税种单独征收。这种方法在国际上得到了较为广泛的采纳，因为它相对简单易行，便于操作。然而，将数字税作为一个独立的税种，必然会产生与现行税法体系的衔接问题。这需要对数字税与现行的增值税、企业所得税之间的关系进行细致的协调，并且可能需要对现行的税收征管体系作进一步的完善和调整，以确保税收体系的完整性和效率。

第二，在制定科学和合理的税收规则方面，确实存在诸多困难。

首先，需要解决的一个现实问题是如何确定对哪些主体和业务进行征税。数字业务的市场主体数量庞大，业务类型繁多且复杂，其中一些业务已经被纳入增值税的征管范围。然而，要明确纳税主体和征税业务的具体范围，还需要进行深入的研究和探讨。其次，征税对象的确定也是一大难题。由于数字业务的类别繁多且不断有新的业务类型涌现，很难通过归纳这些业务的共性特征来明确征税对象。再次，税收基数的确定也是一项极具挑战性的工作。在数字业务中，用户的价值创造是一个重要的组成部分，如何合理评估用户价值创造的具体金额是一个难题。由于用户价值创造的评估存在诸多不确定性和复杂性，使得税收基数的确定变得更加困难。如何在数字业务中合理地确定税收基数，需要进一步的研究和探讨。

第三，征收数字税的过程中，容易出现税负转嫁的现象。

从国际上的实践经验来看，数字税本质上属于间接税的范畴，其税负更容易被转嫁到其他环节。这就导致消费者在使用数字服务的过程中，不得不支付更高的费用，从而间接承担了相应的税费。此外，税负的转嫁过程还受到供求关系的影响，其中处于强势地位的一方更容易实现税负的转嫁。而在数字经济领域，由于其天然的垄断特性，数字企业往往拥有较强的定价权。这些企业可以通过提高服务价格的方式，将税负转嫁给消费者，使得用户最终不得不承担数字税的税负。这种情况显然与数字税实施的初衷背道而驰。

第四，征收数字税可能会对数字经济的发展活力产生一定的抑制作用。

近年来，我国的数字经济呈现出迅猛发展的态势，大数据、云计算、人工智能、区块链、5G 等新兴业态如雨后春笋般涌现，并蓬勃发展。这种繁荣景象在很大程度上得益于优良的营商环境和税收政策的支持。目前，数字经济已经成为推动我国经济社会发展进入新阶段的重要力量，成为新时代发展的新引擎。然而，在这种形势下，如果突然推行数字税，将会不可避免地增加数字企业的经营成本。这种增加的成本可能会打击企业的积极性，削弱他们对数字经济发展的信心，从而影响我国数字产业在国际竞争中的地位，使其处于不利的境地。因此，在推行数字税的过程中，如何在支持创新和实现税收公平之间找到一个平衡点，将是一个亟待解决的重要难题。

第三节　浙江省数字税制度构建的必要性和可行性

一、数字税制度构建的必要性

（一）开拓税源充盈财政的需要

一方面，数字经济的快速发展意味着传统的税制模式无法直接适用于数字企业。由于这些企业的运营地点不固定，股权结构较为复杂，并且其实体与经营架构常常脱节，因此某些数字企业通过一些人为手段将利润转移至低税率甚至免税的国家，以此实现不缴或少缴企业所得税的目的。

近年来，一些研究者专注于电商行业，并对电商平台的税收损失情况进行了评估。数据显示，在 2012～2017 年，消费者之间交易模式下增值税和个人所得税的损失估计为 692 亿～973 亿元。学者梅德祥指出，由于税收监管体系的不完善和法律制度的脱节，我国平均每年税收流失为 3 950 亿～4 550 亿元。此外，部分企业每年将收入转移至国外，导致的逃税金额超过 1 000 亿元①。同时，随着技术手段的不断进步，偷税漏税的行为和动机也随之增强，进一步加剧了税收流失的现象。在这一数字经济时代，这种现象亟须通过系统性的法律进行治理，尤其是在针对大型互联网企业的税收方面。一份来自国家工业信息安全发展研究中心的报告显示，我国的一些互联网巨头，包括阿里巴巴、腾讯、百度等，均选择将企业注册地设在税收优惠地区，如开曼群岛，而其他 80% 的大型数字企业也不在国内注册，这无形中加剧了我国的税收流失②。

另一方面，征收数字税能够有效地填补国家的财政缺口，并维护国家的主权利益。根据德国《经济周刊》的数据，目前欧盟各成员国对数字企业施加的实际税率，仅为传统企业税率的 50%。因此，实施数字税每年将为欧盟带来 50 亿欧元的财政收入③。由此可见，数字税的征收在一定程度上能够有效缓解新冠疫情对财政支出的影响。鉴于此，为了解决大型数字平台企业因注册在海外而造成的税收流失，增加国内财政收入，同时开拓新的税收来源，以应对未来政府在教育、医疗和交通等领域的公共财政支出，建立数字税制度已经成为时代发展的必然要求。

（二）建立科学税制框架的需要

通过对我国数字经济在国内立法领域的现状进行分析，我们可以发现，目前税收方面针对数字经济的法律法规仍然不够健全，且缺乏前瞻性。数字经济的特点在于渗透率高和覆盖面广，许多数字化企业通过全球范围内开展业务并获取利润。现行的常设机构认定标准和利润分配问题与数字服务的特性相结合，导致了现有制度的监管失效。我国颁布的《中华

① 参见梅德祥，何鸿，李肖萌. 洗钱对我国逃税规模的影响研究［J］. 西南金融，2020 (8)：37.

② 参见洪联英，周天宇. 共同富裕导向下数字税征税逻辑与推进思路——基于数据要素融入收入分配制度改革的思考［J］. 财会通讯，2023 (4)：3-5.

③ 王威. 德美贸易摩擦的新特征、成因与趋势［J］. 德国研究，2020，35 (1)：115-125.

人民共和国电子商务法》虽然对电子商务、电商平台及平台经营者实施了一定的登记和申报规定，但这些主体的具体适用范围不明确。此外，从税收法律的角度来看，电子商务、社交媒体、在线广告等新兴商业模式也缺乏明确的税法界定和区分。在税收相关的法律法规中，对数字经济相关业务的定义缺失，且未对数字企业的纳税义务作出清晰的规定，使得在数字经济业务税收管理中，存在制度规则不完善和系统性不足的问题。在数字化的进程中，虽然我国现行的税收体系尚未将数字服务收入纳入系统性的监管范围，但鉴于我国数字经济稳中向好的发展态势，以及全球经济一体化的进程，数字企业必然会不断壮大，现有国际数字税的实践措施将会影响我国大型数字企业未来的国际化发展。因此，我国亟须对税收基础范围作适时调整，建立完善的数字税制度，并构建科学合理的税制框架，以使"引进来"的企业顺利实现"从量变到质变"的转型，同时在"引进来"和"走出去"的过程中继续推进税收制度改革。

（三）实现产业均衡发展的需要

在保护本国产业利益的同时，我们还应减少外来数字服务行业对本土产业的影响，以维护税基并完善税收管理制度。从数字产业和文化产业的政策演变中，可以明显看出我国对文化产业与经济增长、数字产业与实体经济之间关系的认识逐步加深①，这有助于推动各产业的均衡发展。从国家战略的角度看，中国可以效仿其他国家实施数字税，以应对外部的"新贸易保护主义"。

因此，推动我国数字产业的均衡发展，建立数字税制度是必不可少的：首先，需要加强数字税的基础研究，广泛学习和借鉴已经实施数字税的国际经验，并对数字税制度可能给国内外各类企业，包括传统企业和数字企业所带来的正负面影响展开讨论，关注数字技术进步所带来的劳动分工和产业链变化，以及对适合我国国情的数字税征收模式进行深入研究②。

①　参见黄永林，宋俊华，张士闪，等. 文化数字化的多维观察与前瞻（笔谈）[J]. 华中师范大学学报（人文社会科学版），2023，62（1）：56.

②　岳云嵩，齐彬露. 欧盟数字税推进现状及对我国的启示 [J]. 税务与经济，2019（4）：95.

其次，以爱尔兰和卢森堡等国为例，它们通过较低的税率吸引外资，如果我们引入数字税，必然会触动这些国家的利益，从而影响它们的税收和产业发展。实际上，数字税的竞争实质上是两个国家为了自身的优势产业，争夺经济利益，并争取全球经济治理权。我们需要对数字化产品、运营模式、产业链和价值创造等方面有深入的认识，明确数字税的基本逻辑、理论依据和实际利弊，系统分析数字税的税制要素，理性判断其对传统企业、互联网企业及全球数字经济产业链可能产生的影响，并对预期收益进行准确预测，从而为数字税制度的设计提供有力支持。

（四）促进数字经济发展的需要

党的二十大报告指出："要加快数字经济的发展，推动数字经济与实体经济的深入融合，打造具有国际竞争力的数字产业集群。"数字经济的显著特点包括虚拟性和隐蔽性，以及能够及时反馈和迭代。本书基于数字经济的定义和特征，分析我国税务机关在管辖权限、纳税主体、征税范围及涉税信息领域中存在的问题。通过扩展"常设机构"的定义、推进数字税务制度的建设、强化数字税务信息的协同治理和优化数字税务征管的思路，来寻求改进。这些努力旨在为数字经济时代的税收征收提供全新的思路和方法。

阿里巴巴和美团作为国内互联网领军企业，涉及的巨额反垄断罚款为行业发出了警示，针对不正当竞争、滥用市场支配地位等涉及垄断行为，以及大型企业利用客户数据不当获利等重要议题，相关法律法规已经开展了一系列的调整和限制。然而，这些规范在实际实施过程中面临新一轮挑战：如何明确监管与创新之间的界限、制定统一的监管标准，以及在统一监管的框架下如何满足消费者、用户、生产者和经营者的不同需求。则需要通过数字税的调节机制来监管大型数字企业的不正当竞争行为。通过对占有市场主导地位的数字企业征收数字税，有效解决区域发展不均、企业税负不公等问题，从而形成一个公平、有序的市场发展环境，规范竞争行为，让企业的关注点放在技术创新而非"合理避税"上，从而推动数字经济的繁荣。在此背景下，建立一个公正、合理的数字税制度，是税制适应经济发展的必然要求，同时对于重构国际税收规则、协调各国税权冲突和利益也具有十分重要的现实意义。

（五）创造公平竞争环境的需要

数字经济企业的运作依赖于无形生产要素，这意味着它们对固定资产的投入相对较小，且成本显著低于传统的实体经济。这导致资本在数字企业和传统产业之间的配置出现了扭曲。数字化的发展速度远远超过了传统行业，并且在整体经济中占据了越来越大的份额。数字企业在市场竞争中获得了优势地位，这不仅给现行的税收体系带来了严峻的挑战，同时也使得实体经济承受了相对更重的税负，这严重违背了税负公平原则，进一步加剧了贫富差距。因此，征收数字税能够为传统产业与数字经济创造一个公平的竞争环境。此外，各个产业中无形资产（如软件、专利等）的比重也在不断上升，成为全球经济中重要的价值驱动因素。

全球有数十个国家实施了"专利盒"或类似的激励政策，以促进这些资产的吸引。在很多情况下，"专利盒"给公司的税率提供超过一半的优惠，这使得一些公司享受到了较低的税收水平，从而导致拥有专利的公司与从事服务和贸易的公司之间税负的不公平。可见数字税能够为以无形资产为主的企业与实体企业创造一个公平的竞争环境。数字经济本身具有较强的避税能力，加之相关税收法规的滞后，通过税务规划，数字企业往往能够降低生产成本。有些数字企业的税收规划所带来的成本降低，可能会引发整个行业的模仿。而跨国数字企业也可能选择以更低的市场价格在某国提供数字服务，从而压制该国本土的数字企业。征收数字税有助于保障本土数字企业在一个公平的竞争环境中生存。

二、数字税制度构建的可行性

（一）课税基础扎实

数字经济正引领中国在质量、效率和动能等方面发生变革。经过数十年的卓越发展，我国的数字经济不仅在规模上不断突破，同时在创新模式上也取得了显著进展，甚至在多个领域内处于世界领先地位。根据中国信通院的相关统计数据，2025 年底中国的数字经济投入产出的效率将提升至 3.5，数字经济规模突破 60 万亿元[①]。在疫情之后的时期，互联网、大数据、人工智能、区块链等新兴数字技术迅速发展，积极推动着产业转型的数字化进程。数字税是以数字经济下的数字服务收益作为税收基础，考虑到我国庞大的数字经济规模，为数字税制度的建立和实施提供了坚实的依据。"十四五"规划系统分析了我国经济的发展路径，伴随着《网络强国战略实施纲要》和《数字经济发展战略纲要》等文件的发布，数字经济决策在全国范围内得以大力推进，数据驱动的数字经济逐渐成为我国经济发展的中坚力量。在网络效应和规模效应的影响下，我国数字经济的发展潜力愈加显现，产业的数字化与数字产业化的融合，推动着数字经济涉足的行业和领域不断扩展。通过构建和实施数字税制度，不仅可以缓解国家近年来的巨额财政支出，还能将税收收入用于基础设施建设、养老医疗等方面。因此，基于数字经济在我国的强劲韧性和巨大市场潜力，数字税的征收具备了一定的课税基础，为数字税制度的构建提供了可能性。

（二）课税要素明确

数字企业通过利用技术和市场的双重优势获取丰厚的利润，但其税收贡献率相对较低。数据成为数字企业价值创造的基础，依靠用户的参与程度进行分配，已然成为数字服务市场的重要组成部分，这关系到新经济业务或者新税收制度的形成。从税务部门的角度看，数字税制度不是凭空而来，而是可以借鉴现行制度的构成要素，融合税务与海关等专业人员进行税制要素的探讨。从税收体系的角度而言，数字税可以基于现有的间接税或直接税设计过程，对现有的纳税主体、征税客体、征税范围、税率、应纳税额计算与税收优惠等具体因素进行升级和调整。

在纳税主体方面，鉴于我国对外资企业市场准入的放宽，一批已经发展壮大的海外公司会将目标锁定为中国庞大的用户。受到"一带一

---

① 韩文龙，晏宇翔. 平台经济发展的趋势、挑战与治理［J］. 新理财，2022（12）：23 – 26.

路"倡议的影响，越来越多的传统企业将加速其"国际化"和"数字化"进程，因此，在未来的全球市场竞争中，中国企业与海外企业之间的数量关系将更加趋于平衡。在征税范围方面，目前尚未确立一个能够完全涵盖整个数字经济中所有商业活动的统一概念。因此，可以将数字服务的范围进行简化，设定为某一特定区域内，并对这些商业活动在国内市场产生的应税收益进行征税，税制的明晰化使得系统性制度的建立成为可能。

（三）征管手段完善

随着智慧税务在不同层级、部门和地区的不断发展，税收征管的技术也在逐渐成熟。为了增强对企业信用的监管，国家实施了统一的社会信用代码制度，这在明确税源、加强税款征收管理以及实现网络信息共享方面发挥了积极作用。同时，这也有助于明确税务机关的征管职责，避免部门之间的相互推诿，从而有效提升工作效率。此外，还可以通过智能化的税务稽查方式，例如建立涉税信息平台、自动选案系统以及第三方信息共享机制，来高效整治互联网行业的偷漏税现象。利用网络化与智能化手段对企业的日常现金流进行审查和追踪，进而核算企业的实际营业利润，精准打击偷漏税行为。这些措施旨在为我国的税收征管提供有力支持，促进企业之间税负的公平分担，并实现地区收入的合理分配。税收征管在征税政策与技术的进步中，扮演着至关重要的角色。

自 2015 年我国对《中华人民共和国税收征收管理法》进行修订以来，税收征管工作进入了一个崭新的阶段。国税与地税的融合将有助于培养一支既掌握技术又懂得业务的高素质人才团队，以便积极推动税务数字化的迅速转型，确保妥善解决与数字经济相关的税收治理问题。同时，电算化、信息化、数字化、金税四期和电子发票管理系统也在逐步完善中。基于区块链的新稽查体系的建立，以及多部门协同纳税服务的全面升级，将为未来数字征税的全面实施提供保障。通过不断利用先进技术改善中国的税收征管方式，有望有效应对数字税收征管过程中的实际挑战。

第四节　浙江省数字税顶层设计分析

数字税的设立，首要任务在于平衡市场国与注册地国、产品生产国与最终消费国之间的税基分配关系。具体而言，即应将数字企业注册地所在辖区的利润及所得税的大部分归属于市场国，同时将数字企业产品生产国所在辖区的销售及间接税的大部分归属于最终消费国。这样的措施旨在确保各国在数字经济中能够公平地分享税收收益，避免税收流失，并促进全球税收体系的公平性。其次，政府应针对跨国数字企业的跨境交易征收基于营销总额的数字服务预提税。这一措施的实施，一方面基于对数字企业所依赖的用户数据等无形资产进行明确的定价并据此征收预提税，另一方面基于对跨境数字企业之间的跨境利息支付、股息和特许权使用费征收预提税。通过这种方式，政府能够更加有效地对数字经济中的价值创造进行税收征管，确保税收的合理分配。最后，市场国和注册地国的政府需建立专门的数字税征收部门常设机构，对辖区内无实体经营的数字企业及其提供的数字服务和用户数据进行精确监控，以配合政府进行数字税的征收和跨国结算工作。这样的机构将负责收集和分析数据，确保税收的准确计算和征收，同时与国际合作伙伴进行信息共享和协作，以应对数字经济带来的跨境税收挑战。

一、数字税设计的价值取向、基本原则

在对我国数字服务收入实施法律规制以及构建完善的数字税体系的过程中，必须坚守税收法定原则、税收公平原则以及税收效益原则。同时，亦需关注经济法领域内的"三对价值"：效率与公平、自由与秩序、安全与发展。这些法律价值在数字税体系中同样具有指导意义。唯有在这些原则和价值的指导下，方能有效地确保并推进数字税体系的科学构建与平稳实施[1]。

---

① 张守文. 人工智能产业发展的经济法规制 [J]. 政治与法律，2019 (1)：2－10.

（一）价值取向

1. 效率与公平的价值平衡

正义乃现代经济法之核心价值取向，税收法律体系作为经济法的重要组成部分，在其目标实现过程中，亦需恪守正义之价值原则①。迄今为止，在中国税收学术界，关于税收公正性的理解尚未达成共识，然而，对于横向公平与纵向公平的传统诠释，学界普遍持认同态度。具体而言，横向公平原则强调，在同等条件下，个体应承担等额的税收负担；而纵向公平原则则认为，在不同条件下，个体应根据其经济能力缴纳相应差异化的税款②。在实际操作中，累进税率、差异化比例税制、税收减免以及加成征收等手段被广泛采纳，以确保税收公平原则得到贯彻执行。这些措施体现了税收分配机制在调动劳动者积极性和主动性方面的重要作用，进而促进了社会资源的最优化配置。

效率一词，特指在特定时期内，市场经济主体对其所掌握的各类资源进行高效利用的能力。该效率具备可量化及比较性，通常以产出或收益为基准，资源利用的高效性与产出呈正相关性③。其在税收法律体系中的具体体现，是指以最小的征税成本实现税收收入的最大化，充分发挥税收的调节作用，以最大限度促进经济发展并降低税收对市场经济的负面影响。该原则的核心要义在于，一方面能够提升税收征管的行政效率，降低征税成本，并减少税收所引发的超额负担；另一方面，它有助于优化市场资源的配置效率④。实现帕累托最优⑤，在税收效率的实施效果中，涵盖了课税程序的高效性、课税成本的降低以及课税方式的简便性等关键要素。这些要素对企业经营效益和运转效率产生深远影响，进而充分实现其经济调

---

① 敖白浪. 试论经济法的价值 [J]. 商场现代化，2006（32）：285.

② 参见谷彦芳，宋凤轩. 税收理论与制度（第二版）[M]. 北京：人民邮电出版社，2020.

③ 胡兰玲. 追求公平下的效率：和谐社会的经济法解读 [J]. 科学·经济·社会，2006（1）：91−93.

④ 蒋文超，周丽颖，刘玉龙. 税收效率、税收中性与税制改革——以浙江艾特公司为例 [J]. 财会月刊，2016（26）：71−75.

⑤ 帕累托最优：分为帕累托效率和社会福利公平两个层面，意指经济效率和社会公平同时达到最大化。参见梅宁东. 帕累托最优涵义之辨 [J]. 中国经贸导刊，2014（14）：57−59.

节功能。

在探讨公平与效率的价值关联时，可以明确指出效率构成了公平实现的前提条件，而公平则是效率提升的内在要求。面对经济数字化的宏观背景，对现行税收体系的改革必须将效率作为核心审查要素。特别是，数字税制的简化问题应成为关注焦点，尤其是在征管能力受限的情况下，数字企业及其数据的抽象特性可能导致数字税制过于复杂，进而影响税制的整体效能①。因此，若税收制度设计过于复杂，将降低税收效率和税法的公平性。为解决此问题，应从简化税收制度要件、精选税收工具、提升税制透明度、减少例外条款、降低税收征管成本、拓展税收救济途径以及确保内外税收政策协调统一等方面入手。同时，在数字技术迅猛发展的背景下，交易活动变得更加便捷，交易范围突破了传统实体限制，显著降低了交易成本并提高了交易效率。这种变化摒弃了以物理存在为依托的连接点，对以物理实体存在为基础的税收法律体系造成了重大冲击，导致相关国家的税收管辖权面临失效风险，进而对税收收益的合理分配产生了负面影响。

我国实现对跨境数字企业的全面、平等征税，以及确保参与国间税源收益的合理分配，是税收公平问题的关键所在。因此，在数字税的制定过程中，必须充分考虑数字经济发展的效率，同时对税收公平和征税收入分配公平予以高度重视，实现效率与公平价值的有机融合。鉴于税收基础的显著削弱，对数字企业收入进行法律规制显得尤为迫切和必要，这也是各国相继开征数字税的主要动因之一。为了平衡效率与公平的价值，首先需要确认数字企业所带来的效益，确保税收法律体系能够促进经济发展，而非成为阻碍数字经济进步的障碍。同时，适时调整税权架构，解决相关税负不公问题也是必要的。由于各国数字经济发展阶段、水平及税法制度规则存在差异，市场主体可能会利用这些差异追求更大利润，导致相关国家依据现行税法制度所预期的收益受损，进而对国家利益和社会公共利益产生负面影响。因此，针对税负不公问题，必须进行改善与修正，以促进社会资源的再优化配置。

---

① 参见许安平. 现代税法的构造论［M］. 北京：光明日报出版社，2021.

例如，互联网平台的蓬勃发展引发了数据垄断、算法歧视以及对信息权的侵害等系列问题，这些问题不仅妨碍了企业间的公平竞争，还可能对参与者的权益产生负面影响。因此，必须从理论和制度两个维度出发，寻求解决方案。在实践中，税法体系若未能对数字经济带来的技术革新作出及时反应，将导致税法体系出现漏洞，进而偏离既有的税法框架和税源预期。面对税制框架无法有效适应数字经济所导致的与现行税法体系的不匹配问题，唯有及时推进税法体系的改革，才能实现经济效率与税收公平的有机结合。鉴于此，在制定数字税制度时，应综合考量效率与公平原则，并对数字经济的发展趋势及税收分布进行动态调整。这样不仅能够促进数字经济的健康发展，还能在不同企业之间、不同国家之间实现税负的均衡。

　　2. 自由与秩序的价值权衡

　　在法律制度的演进历程中，自由始终是法律追求的核心价值之一。然而，在税法领域，自由的价值并未得到充分体现。税法的主要职能在于保障社会整体利益的公平分配，维护社会经济秩序及税收秩序。尽管如此，这并不意味着对个体自由的否定，而是通过适度的规制以促进社会整体自由的实现。国家对社会经济活动的调控，并非取代个体的经济行为，而是对其加以优化调整，确保个体自由得以充分实现。由此可见，自由价值与税法价值并非对立，自由应被视为税法的基本价值之一[①]。

　　秩序构成了法律价值体系中不可或缺的一环，与法律紧密相连，相互依存。法律常被视为维护社会经济、政治及文化秩序的关键工具。对于法律制度而言，秩序价值本质上既具有应然性也具备实然性。特别是在税法领域，作为国家宏观调控经济的关键手段，其秩序价值尤为凸显。关于法律秩序的本质，学界存在不同观点：一种观点将其视为一系列规则的集合，而另一种观点则认为法律秩序是法律实施的产物[②]。从宏观视角审视，将法律秩序简化为单一的条文，无法充分展现人们对秩序价值的持续追

---

　　① 于梦蝶. 经济法价值论中的自由与秩序 [J]. 市场周刊，2022，35（6）：154-157.

　　② See Direction générale des finances publiques, présentation de la taxe sur les servicesfournis par les grandes entreprises du secteur numérique, https：//www. impots. gouv. fr/actualite/presentation - de - la - taxe - sur - les - services - fournis - par - les - grandes - entreprises - du - secteur.

求。国家公权力介入社会经济活动，并非旨在消解市场经济的自由价值，而是为了在一定程度上限制竞争自由的滥用，确保市场经济中各参与主体的竞争自由得到保障，从而在宏观层面上维护市场竞争的有序性。因此，在行使公权力之前，必须明确权力的界限与范围，并制定相应的法律规范以进行规制。若缺乏有效的干预措施，公权力可能会无限制地扩大，进而扰乱市场秩序。

在探讨自由与秩序的辩证关系时，我们认识到，为了推动数字经济的高质量发展，确保市场参与主体享有充分的行为自由是至关重要的。这种自由为企业的创新性发展提供了更为广阔的时间与空间。然而，市场机制的"无形之手"并不能完全自发地维护经济秩序，因此，必须通过完善的法律制度来规范市场主体的经济自由，以构建一个公平竞争和公平分配的社会秩序，确保数字经济的有序发展。为了达成这一目标，首先，必须充分贯彻税收中立原则，确保企业经营活动的独立性，以便它们能够充分利用市场机制进行资源配置。其次，应充分利用税收的调节功能，以保持社会收入的合理分配，从而维护社会整体的稳定。

当前，税收法律体系与数字经济发展的不适应性日益凸显，这在数字服务的征税问题上尤为明显。数字服务的征税方式与范围将对数字企业和非数字企业产生深远影响。在数字经济无序扩张的背景下，金融秩序和税收秩序亦可能受到冲击。因此，将数字经济的发展纳入法制框架内是至关重要的。通过法制手段，可以合理平衡自由与秩序，确保在有序发展的环境中，企业的经营活动与国家利益、社会公众利益保持一致。

国家的有序发展与税收制度的完善程度紧密相关，体现了自由价值与秩序价值的权衡。税收制度的价值取向对于数字税体系的构建具有深远的影响。基于经济体系、法律体系、经济发展战略与国家法治发展战略之间的相互作用与协调，数字税立法的滞后有时并非源于征税权的懈怠，而是由于相关技术手段的不完善。在此过程中，必须兼顾效率与公平的价值，同时深入理解税收中性与公平竞争的内涵。总体而言，在自由与秩序的价值维度上，税收中性价值理念应得到更多重视；而在公平性与秩序性的基础上，我国数字税立法机构应更加注重公平的竞争规则。基于此原则，对这两种不同类型的规则作适当调整，成为我国数字税体系构建面临的关键课题。具体而言，在我国税收立法层面，从企业竞争的角度出发，通常更关注公平竞争，并强调对数字企业和非数字企业实施同等税负，避免对数字企业采取特殊税收政策，这与传统税收法治精神更为一致。在国际税法管理层面，通常以各国间的相互博弈为视角，强调经济发展策略的重要性。在国家发展过程中，对"自由"与"秩序"的认识和重视程度的差异，将直接影响国家税收法律体系与国际贸易规则的制定。可见，一个国家的数字经济发展态势、发展阶段、发展战略与其税收法治体系之间存在密切联系。这一过程不仅涉及自由与秩序的价值权衡，也体现了效率与公平的价值导向，并反映了法律价值之间错综复杂的内在关系。

3. 安全与发展的价值制衡

安全是人的基本需要。美国杰出的社会学家马斯洛曾对人类的需求进行排序，提出著名的需求层次理论，其中安全的需要位居第二①。在以个体为核心的社会结构中，自我保障需求构成了其价值体系的核心要素。历史演进揭示，经济繁荣与社会进步往往伴随着社会结构的稳定性。相反，社会动荡与安全感的缺失将导致发展停滞乃至倒退。在社会主义和谐社会的建设过程中，安全成为促进国家与法律演进的价值驱动力。当前，我国正处于关键的转型发展阶段。在此期间，从宏观经济制度、社会结构、利益格局到微观层面的思维方式，均经历着深刻的变革。这场前所未有的社会变革为我国的经济、政治、文化和社会建设注入了新的活力，但同时也引入了诸多新的社会不稳定因素。可以断言，安全构成了社会主义发展的核心要素②。

习近平总书记强调："发展是解决我国一切问题的基础和关键，发展必须是科学发展，必须坚定不移贯彻创新、协调、绿色、开放、共享的新发展理念"③。

---

① 马斯洛需求层次理论包括生理需求、安全需求、爱与归属、尊重需求以及自我实现，安全需求位列第二。资料来源：［美］马斯洛：动机与人格［M］.许金声，等，译，北京：华夏出版社，1987：25.

② 安东. 论法律的安全价值［J］. 法学评论，2012，30（3）：3-8.

③ 参见李晓华. 以新发展理念引领制造业高质量发展［J］. 人民论坛·学术前沿，2021（13）：51-59.

立足于百年未有之大变局及中华民族伟大复兴战略全局的现实高度，创造性地提出了"加快构建以国内大循环为主体、国内国际双循环相互促进的新发展格局"这一新构想①。国家发展模式的形成，是特定文化背景、时代主要矛盾、社会价值导向以及内外部环境等多重因素综合作用的结果。该模式对国家经济发展的总体趋势产生深刻影响②。

在探讨数字经济对国家发展与安全的影响时，首先需认识到数字经济对提升经济运行效率的积极作用，进而促进国家整体发展。然而，数字经济的快速发展也伴随着技术、伦理、经济及法律等多方面的风险，尤其在税收领域，其潜在的征税风险不容忽视，这对于确保国家经济安全至关重要。在信息技术迅猛发展的当下，网络化、数字化、智能化带来的挑战和潜在负面影响不容小觑，因此，加强相关法律法规的制定显得尤为必要。通过法制框架的构建，可以有效降低这些问题带来的风险，保障国家经济及个人信息安全。

在此背景下，对数字经济活动进行税法规制成为一项关键的制度安排，即数字税制度的构建。该制度不仅有助于维护税收秩序，而且对于税收体系的高效构建和合理运行具有重要意义，从而有效预防与数字经济相关的税务问题。

基于"安全乃发展之基石，发展为安全提供必要保障"的核心共识，本研究旨在确保基础安全的同时，促进技术经济的发展。鉴于此，本书认为，在构建数字税制度的过程中，应当兼顾风险防范与安全维护，这体现了数字税制度构建的核心价值。为了有效防范风险，必须认识到安全发展对经济的积极影响。数字经济被认为是推动经济增长的关键力量，其发展状况能够映射出国家经济发展的趋势，并对产业链、供应链、价值链产生深远影响。因此，在数字税制度的构建过程中，必须把握机遇，完善相关制度。特别是在具体征税制度设计的决策上，应依据不同数字企业的盈利模式和价值创造方式，进行深入分析，明确税收范围及税制要素。在税收

---

① 习近平. 在企业家座谈会上的讲话 [N]. 人民日报，2020 - 07 - 22 (2).
② 参见蒋博，李明. 习近平关于构建"双循环"新发展格局重要论述的四维价值向度 [J]. 江西财经大学学报，2022 (1): 3 - 11.

体系的构建上，要实现"安全"与"发展"的双重目标，必须建立一个包容性的税收制度，以促进数字经济的健康持续发展。

当前，我国正处于构建"双循环"新发展格局的关键阶段。数字经济的迅猛发展，不仅是国内经济循环的重要支撑，而且对于缓解疫情冲击、逆全球化趋势、单边主义和保护主义等对经济的负面影响具有显著作用。它有助于消除这些因素带来的障碍，进而促进全球经济的发展。因此，无论是在国内还是国际"双循环"体系中，数字化手段的运用都显得至关重要。在此背景下，探讨和实施数字经济相关的税收征管体系构建，以及是否应征收特定的"数字税"，成为一个亟待解决的问题。这需要在不同价值之间寻求平衡，审慎选择立法的时机与技术，同时注重国家立法与国际治理的协调性，以期构建一个以"发展为核心"的包容性"数字税制"。该税制不仅能够弥补产业革命时期税收制度体系的不足，还将推动数字经济乃至整个社会的进步，实现税收法律体系的进一步完善与规范化。

（二）基本原则

根据《2023年数字经济报告》的分析，全球数字巨头企业主要分布于美国和中国，两国在数字经济领域的比重合计超过全球总量的70%。全球七大数字经济"超级平台"占据了数字经济企业市值的三分之二。此外，报告明确指出，南美洲、非洲和大洋洲的数字经济尚未形成规模效应，即便是发达经济体欧盟，其数字经济的发展亦相对滞后。基于此，可以断言，若当前趋势持续，势必导致数字经济欠发达的国家（地区）税收基础的显著流失，进而引发全球范围内政府间财政定位的失衡，加剧发达国家（地区）与欠发达国家（地区）之间收入分配的不均衡性。

根据《中国数字经济发展与就业白皮书（2023年）》数据显示，2023年我国数字经济的增加值已达到53.9万亿元人民币，占国内生产总值（GDP）的比重为42.8%，较上年提升1.3个百分点，这一增速超过了同期GDP名义增速约2.76个百分点。数字经济的蓬勃发展已经成为推动我国GDP增长的关键因素之一，其规模之庞大不容忽视。然而，由于数字企业所依赖的无形资产价值评估存在困难，导致许多企业的利润和销售收入未能征收相应的企业所得税、增值税和消费税。目前，我国因逃税和漏税而受到处罚的数字型企业与个人数量较多，单纯通过处罚手段来实现税款的征收显然无法从根本上解决问题。现行的税收体制已无法适应数字经济发展的需求，这不仅体现在税基和税源的不确定性增加削弱了数字经济的预期功能，还表现在税收政策的不完善导致其激励功能未能充分发挥，应有的外部性问题内部化功能未能得到良好发挥。因此，迫切需要政府进一步深化税制改革，制订一套既注重效率又兼顾公平的数字税征收方案，以增强对数字经济发展的适应性。这对于我国经济的健康持续发展以及促进全体人民共同富裕目标的实现具有极其重要的意义。

在国际视野中，数字税的架构相较于国内税制更为复杂。多数国家倾向于依据税源地原则来征收数字税。在此原则的指导下，关于数字税实施的具体方式，即是否通过设立新的税种（例如数字税）或从现行税种（如企业所得税、增值税、消费税等）中划分出一部分作为数字税，目前尚无定论。技术层面上，由于剥离式方法与各国现行税制存在较大冲突，难以实施；同时，数字税的征收比例也受到注册地国的质疑。如何在这些因素之间进行有效平衡，成为当前国际社会亟待解决的难题。

因此，鉴于国际各国利益的均衡以及国内税收征管的实际情况，数字税的顶层设计应遵循共同富裕和构建人类命运共同体的理念，确立以下原则：首先，以各国统一征收的数字税率为基准；其次，税收归属应以市场所在地为主导，辅以国际补偿机制；最后，对于税种和税率的国际差异，数字经济企业应在注册地国依照当地税法进行相应的补偿或获得国家的适当补贴。

1. 谦抑性原则

谦抑是一种自我克制和谦虚的美德，它与扩张、干预等概念形成鲜明对比，强调行为的收敛与克制。该术语最早源于日本，并被日本学者引入我国的刑事立法，形成了我国的刑法谦抑。在理性、自由、博爱思想的广泛传播之后，谦抑的原则逐渐被纳入行政法等公法领域。其核心观点是，执法者应以最小的危害手段防止对公民权利的重大侵害，并借助禁止滥用权力的规则来制约行政权①。税法部分应对自身作为公法的"扩张性"保

---

① 王婷婷. 从恣意到谦抑：税权运行的法治化路径［J］. 现代经济探讨，2016（10）：79.

持谦抑，遵循比例原则，尽量减少对私法稳定性的干扰，同时也不应被私法的形式规范所束缚，而应坚持私法精神的实质，遵循经济生活秩序的内在本质，贯彻税法的基本原则，从而实现二者间的和谐①。现代民主社会中，合理且为社会普遍认可的法律规则，理应具备公正、谦抑和人道性②，这已成为现代法治的三个基本价值目标。税法谦抑不仅体现了现代法律的一大特征，也是现代法律与传统法律之间的重要区别。它指的是在税权行使过程中，征纳双方所表现出的自我约束和克制，通过这种方式实现能力适应的课税及良好的纳税遵从，从而营造和谐的税收征管环境③，这主要体现在税收立法、法律解释、执法及税款分配等环节。税收权力的内涵颇为丰富，各位学者对此的解读也略有不同。普遍观点认为，税收立法权、征管权与收益权是税收权力的三大基本组成部分。现代国家的功能日益依赖于行政权力的运作，通过政府权力来实现国家的目标。

税收权的谦抑性体现为一种双向的有机整合。无论是国家税权之间的相互影响，还是国家与纳税者之间出现的矛盾与冲突，都不能仅仅基于某一方的立场来分析税法④。较为完善的方式应是将税权的谦抑贯穿于整个税收法律框架中，制定法律制度时需要合理划分国家与纳税者的税权，以确保税法能够公正地平衡征税主体的利益。在实践中，立法、行政和司法的倾向往往是以国库的利益优先于纳税人的权益，税制的形成正符合这一现实，作为一种扩张性极强的法律工具，在实际运用中必须坚持谦抑，以适应量能课税的原则⑤。

目前，数字经济正在迅猛发展，各类数字企业和新型商业模式如雨后春笋般不断涌现。在具体的数字税制定过程中，税法的适度性可以通过界定收入门槛、设定不同的税率比例以及实施税收优惠等具体政策措施来落实，从而尽量减少税负过重对产业发展的负面影响。在未来的数字税执行

---

① 王家俊. 信托税制中税负主体的确定性研究 [J]. 江汉论坛, 2020 (7): 112-118.

② 罗敏. 现代财政制度视域下我国退税制度之检讨与法治化改造 [J]. 税务与经济, 2020 (4): 81.

③ 王惠. 再论税法谦抑性——兼论税权谦抑与结构性减税 [J]. 江西社会科学, 2012, 32 (4): 138.

④ 张守文. 人工智能产业发展的经济法规制 [J]. 政治与法律, 2019 (1): 8.

⑤ 欧阳天健. 税法拟制条款的证成及反思 [J]. 法学, 2019 (9): 132.

中，难免会面临许多质疑和反对意见。要想有效监管数字经济和数字企业，促进行业的健康与有序发展，就必须通过法律手段进行规范。同时，还需要在具体的制度内容层面上，对纳税主体的收入门槛、用户活跃度，以及企业的实际盈利能力作全面且综合的评估设计。

2. 协调性原则

从国内税收制度的角度来看，应该在系统性视角下促进税法各个层级文本规范的相互协调①。数字税的制度设计应与增值税、所得税、消费税和关税之间保持一致的协调关系，以此来确保税收法律体系的法定性和权威性。在缺乏《税法总则》等基本税收法律的背景下，推动税收立法制度的类型化，有助于更有效地解决税种之间的立法协调问题，持续提升立法的质量，推进税收法律体系的高质量发展。将税法的价值观念纳入法律制度的规范之中，并加强各类征税要件的协调，致力于使税法的规范结构充分反映税收法治的逻辑，从而增强税收体系的内在一致性和稳定性，以确保纳税人的遵从。

在狭义的税收制度规范中，税基、税种的法律定位以及税收制度框架之间的逻辑关系至关重要。只有通过强化数字税制度与税法体系中相关法律制度的衔接，并协调数字税制度内部的各个要素，才能有效实现数字税制度以及整体税法制度的系统效能②。

另外，数字税制度通过引入用户参与的价值创造理论，能够有效解决数字经济背景下消费地与征税地的税权关系矛盾，并且在中央财政层面对地方财政进行全面协调。当前的协作立法趋势和类型化，充分展现了我国地区立法实践的多样性，也彰显了其广阔的发展前景。

从国际税收框架来看，数字税的制度设计可能面临两种法律冲突。一是不同国家法律之间的矛盾，二是各类国际条约之间的冲突。为了在立法时机和立法技术等方面作出合理决策，首先需要对数字税的管辖权作统一的规定，并将其纳入两个多边税收协定，这要求所有成员国进行相应的立

---

① 刘剑文. 税法典目标下税法总则的功能定位与体系安排 [J]. 法律科学（西北政法大学报），2023，41（1）：118.

② 张守文. 税收立法要素探析——以印花税立法为例 [J]. 政治与法律，2022（5）.

法。在此过程中，数字税制度的构建须清晰界定数字经济领域的税收管辖权，并合理规范纳税义务与纳税权益的分配规则。同时，也需要强调国内立法与国际税收规则之间的协调，进而全面打造一个"以发展为导向"且具备包容性的"数字税制"①。

自 2017 年起，在 G20 的授权下，OECD 组织了世界各国就 BEPS 框架内的"数字税收挑战"进行全球性的磋商，旨在促使各国提出多边一致的数字税规则建议，并借助 OECD 的技术专家共同研究与完善数字税相关的规则。税收协定的宗旨并不在于决定应否征税、征税金额或征税方式，而是协调各国之间的税收管辖权冲突。这可以理解为在国际税收协调中，尽量保留各国自身税制的独立性。

在推动我国税收国际协调及应对时，必须创造出一个具备创新性、包容性和开放性的税务营商环境，积极促进税收改革，努力在全球税收制度的演变中担任领导角色，这将有利于不断推动数字经济及整体经济的进步。包括我国在内的 137 个签署国承诺在 2023 年底前参与"支柱一"计划中的"金额 A"规则谈判，并将根据谈判达成的协议，执行相应的国内立法，以确保一旦各国达成多边税收协定，数字税的国内法和国际法可以同时发挥效力。在这个过程中，可以借鉴我国参与的多边国际组织及贸易协议，以推动数字税收相关的国际与国内法律法规的发展。同时在当前协调发展理念的指导下，通过法律来引导地区的发展方向与路径，促使国际税收法律与国内税收法律之间形成良性互动，助力各区域的数字经济实现均衡发展。

从税务信息系统的角度来看，参与税务信息共享的主要是政府及财政部门，而它们在提供与接收的税务信息上存在差异，因此不可避免地会出现分歧、争议和冲突。在这种情况下，成立一个专门的协同管理机构显得尤为重要，以便在税务信息共享中出现矛盾时，能够听取各方意见，将其整合统一，从而有效地解决问题②。

---

　　① 张守文.数字税立法：原理依循与价值引领［J］.税务研究，2021（1）：38.
　　② 薛建兰，李洲，单云慧.大数据时代下纳税人涉税信息保护研究［J］.经济问题，2022（6）.25　33.

此外，协调的关键有两个方面：（1）从税务信息管理的角度来看，现有的协调力度不够，监管措施不够完善。仅仅依赖税收执法机构的监督，既缺乏必要的强制性，又难以全面治理违法违规的行为，从而使得相关的监督及奖惩机制的实施效率大打折扣。（2）在税务信息流通的层面，通常第三方机构都拥有独立的信息管理系统，用于信息的收集、传递和发布，因此难以在第一时间实现涉税信息的共享与兼容。为了改善这一状况，需要就数据的传递、共享及系统的连接和兼容性进行深入交流与讨论，这就要求相关的协作管理部门进行全面统筹，以明确各自的职责，促进共享系统的构建与优化，建立一个能够高效协同、有序运作的第三方税务信息系统，从而完善涉税信息共享机制。

3. 适用性原则

在制定数字税的相关规则时，需要对数字服务领域的基本问题和共性问题进行抽象和总结。例如，要清晰界定数字经济中新的商业模式，以及设定双重收入门槛的具体标准。这些内容应该是明确且普遍适用的。

内容主要涵盖了数字税的基本原则，税法的适用主体，纳税人的权利与义务，以及征税的对象、范围、税率与税收优惠、税务机构的职权与责任、税款征收程序、税收的保全与救济，以及对税收进行监督等方面。由于各类单行税法的调整对象较为集中，随着经济的不断发展，立法上难免出现一些缺陷，因此亟须扩大单行税法的应用范围，以增强税法的明确性。为了实现这一目标，政府通过制定多项较低层级的规范性文件来进行管理，以期提升法律的适用性和稳定性。在实行税法的过程中，既要遵循税收法定的原则，保证税法的稳定执行，又要与实质征税原则相契合，以防止纳税人借节税之名来避税，从而导致税负的不公平。

未来可以关注的深入参与税制改革和突破的领域包括：跨境流动及其规则的涉税数据、数据分级与分类的相关规章、个人和企业隐私数据的保护措施、针对国际电子商务中"小企业、小批量、多批次"特点的新型通关制度安排，以及全球普遍适用的数字税征收方式和标准等①。

---

① 赵英臣. 论统筹普遍安全与共同发展［J］. 陕西师范大学学报（哲学社会科学版），2022，51（2）：33.

在数字经济的背景之下，仅仅采用目前的税收构成要素会给理论与实践的适用带来困难。而根据要素分配理论，当前的税法规定无法直接运用于数字经济领域。因此，在设计数字税制时，可以参考国内外其他税种的相关规则。在国际与国内协调发展的大背景下，我国的数字税规则可以委托省级政府在一定范围内确定和调整特定数字服务的适用税率，并需提交省级人大进行审议，这样可以赋予地方政府有限的税收立法权。考虑到大部分税种的合法化与现代化已基本完成，纳税主体的税收选择权和税收收益的调整权也应在其他增值税、消费税、关税及税收征管法中得到明确规定，甚至在未来税法总则中也应包括纳税主体的选择权，相关的立法应当进行详细规定，并通过对相应立法的确认或指导，逐步将选择权纳入不同层面，从而为纳税主体的税收选择权提供法律保障。除了现有的税种外，在具体的设计过程中还可以借鉴营改增的成功经验。

首先，通过适度的税收优惠政策来激励企业，避免因税负过重而导致的发展阻碍。其次，以数字税收为基础，利用数字化的征管手段推进跨省税款的征收，并在贵州、京津冀、珠江三角洲等国家大数据综合试验区开展试点①，在改革方案成熟后，逐步推广至其他地区。最后，对税率结构进行简化，并在一定程度上适当降低，以防止因税率等级过多或过高而导致征管效能下降及偷逃税问题的出现。

二、数字税设计的基本立场

OECD/G20 包容性框架所提出的"双支柱"数字税改革方案，是当前在多边框架下解决数字税收问题的核心提案。我国作为全球化和多边合作的坚定支持者与引领者，始终积极参与 OECD/G20 包容性框架下的国际协调工作。然而，鉴于国际税收规则直接关联跨境利润分配与国家税收主权，我国在参与数字税改的国际协商过程中，必须明确我国的原则与立场。

---

① 参见中华人民共和国国家发展和改革委员会. 探索数字税调节数据收益再分配. https://www.ndrc.gov.cn/wsdwhfz/202304/t20230410_1353437.html，最后访问时间：2024 - 06 - 17.

在全球市值排名前二十名的互联网企业中，中国企业占据 7 席。我国孕育了全球三分之一的"独角兽"企业（市值超过 10 亿美元的非上市初创企业），已成为全球数字技术投资与应用的领先国家，并且在"走出去"战略的推动下，步伐正日益加快。与此同时，截至 2024 年 12 月我国拥有近 11.08 亿互联网用户，互联网普及率超过 78.6%，网络支付用户比例超过 92.6%，且海外购物规模持续扩大①。因此，尽管国内税收问题是我国在经济数字化进程中亟待解决的首要问题，但其解决策略须与国际税收问题相协调。鉴于中国既是国际大市场，也是数字经济的输出国，我国在处理国际税收问题时，不应仅限于居民国和来源国原则，而应更加注重税收公平，并致力于推动经济数字化税收的整体解决方案，以期达成国际共识。

（一）积极参与经济合作与发展组织经济数字税改，维护我国税收权益

首先，我国的立场坚持单边的行动从来都不是解决问题的应有之义。我国始终维护和支持多边框架下的国际税收规则，也始终维护多边体系下的国际税收调整。在当前的全球经济形势下，一个能够平衡各方面利益需求，兼顾公平与发展目标的共识性解决方案，显得尤为重要。如果经济合作与发展组织的双支柱方案能够达成多边共识，并且能够得以在全球范围内实施，那么百年国际税收规则从理念到方法、从内容到形式、从深度到广度都将发生深刻的变化，而这些变化在国际税收的发展史上具有重要的里程碑意义。近年来，我国以财政部、国家税务总局相关部委牵头，积极参与经济合作与发展组织经济数字化税收多边规则的制定，也组建了专门的团队全程参与包容性框架下"双支柱"方案的一些技术讨论和研究。在2021 年数字经济最终报告出台之前，应该密切关注经济数字化税收研究的国际动态以及各国采取的相应措施，在经济数字化的国际会议、学术期刊、媒体宣传上积极发声。

其次，应该积极宣传我国积极参与和支持经济数字化国际税收协调的

---

① 第 55 次中国互联网发展状况统计报告，https：//xdjy.sqzy.edu.cn/info/1067/1926.htm.

态度，坚决反对违反数字税收的单边措施。反对针对常设机构标准进行的小修小补，积极探索采用"显著数字存在"认定常设机构的可能性。仅仅增加仓储等准备性、辅助性活动是不够的，因为仓储对于跨境电子商务更为重要，而对于其他的经济数字化模式，如在线广告、在线中介平台等却并不必需，会产生新的不公平。"显著性"数字存在应该适用于所有的经济数字化活动。反对临时性地为了保证市场国的收入而采取的预提所得税和对收入征税等方式。这些方式主要是从收入角度考虑，经济数字化已经渗透到方方面面，越来越多的传统企业也采取了数字化的方式，可以说数字化是整体的企业发展趋势，仅仅对于高度数字化企业征税是不公平的。这部分收入国的税收收入应该主要通过间接税的征管加以弥补，而不应该为了收入破坏直接税的一些基本原则。

最后，国际税收新规则需要凝聚共识，我国应该贡献更多的中国智慧和中国经验。历经一年多的艰苦细致工作，两个支柱的技术研究都取得了很大的进展，在形成应对经济数字化税收挑战共识性解决方案的道路上，应该说迈出了一大步。但是，"双支柱"方案还没有达成共识，方案本身仍然还有很多技术问题需要解决，谈判的前景还存在很大的不确定性，需要各方共同努力。具体的立场包括：

1. 审慎考量市场地管辖区课税权的扩展

在"支柱一"提案中，一个核心议题是扩展市场地管辖区的课税权。此议题与我国近年来在转让定价规则制定与实践探索方面存在相似性。我国税务部门曾借助市场溢价或营销型无形资产概念，主张跨国企业应对市场地子公司分配更多利润，并在判定企业及其关联方对无形资产价值贡献与收益分配时，除考虑经济合作与发展组织提出的要素外，还应加入"推广"要素，即市场地分销公司推广活动的成本应获得合理回报。然而，"支柱一"提案将市场地是否构成集团经营活动的市场地作为课税权分配的先决条件，但市场地的界定问题又回归至"支柱一"提案新设的课税连接点，表明经济合作与发展组织在该问题上的立场尚不明确。

以脸书公司在我国境内的隐形经营为例，从保护我国税基的角度出发，我们需明确我国能否基于统一规则中金额 A 赋予市场地管辖区的课税权参与税权分配。鉴于脸书公司日前在我国市场的经营状况，我国难以通过其市场地主张金额 A 项下的收入来源于我国。用户与客户所在地分离的现象，与我国国内企业借助海外广告平台进入国外市场的"刚需"以及我国对互联网行业采取的有限开放政策紧密相关。因此，我国政府应审慎考量如何回应经济合作与发展组织提出的课税连接点，并参与所得来源地规则的设计。

2. 合理设定"支柱二"最低税率，维护我国数字税收主权

"支柱二"提案能有效解决我国外资企业对外支付大额资金的问题，维护我国税基安全，并在一定程度上体现我国对恶意税收筹划的立场与态度。鉴于数字经济的复杂性及不同国家在利益链条中的不同诉求，目前各国在对数字经济征税方面尚未达成统一方案。部分国家已出台单边主义措施，但我国仍主张加强国际协商合作，共同推进公平合理的国际税收规则的建立，并不放弃对跨国企业征税的权利。当前，"支柱二"提案中的关键因素之一是"最低税率"的确定。我国可通过对全国外资企业进行调研，构建模型测算企业税收的"盈亏平衡点"，以此确定最终最低税率，而非被动接受经济合作与发展组织提出的"支柱二"方案中的税率。鉴于各国对数字经济征税态度差异及利益链条中的不同诉求，我国应充分考虑国内外数字经济发展情况，在积极参与国际税收规则制定、加强国际税收合作的同时，制定符合我国特色的数字税收应对方案，以维护我国在数字经济高速发展背景下的税收主权。

（二）优化国内税收体系，为数字经济的发展做好税制准备

随着数字经济的持续发展，我国政府在修订税收相关法律法规时，应更加重视解决数字经济的税收问题。数字经济所涉及的跨境交易问题，在各方面都高度依赖网络平台等第三方所提供的数据信息。因此，在税收立法的角度，制定相关方提供信息的义务显得尤为重要。《税收征管法》中规定：线上交易的纳税人有义务依法进行税务登记；网络交易平台与第三方支付服务机构有义务对税务机关的检查予以配合，并向其提供充分的涉税信息等。同时，新规还对委托代征税款、纳税人或者代理人向税务机关提供筹划安排等方面也提出了新的规定。如果上述新规能够得到立法通过，将会在很大程度上提高数字经济商业模式下的涉税行为的管理规范以

及税收遵从度。在数字经济高速发展的当下，我国的税收法律法规应积极适应形势的变化，积极地在现有税制中加入数字经济要素，并随着数字经济的发展不断完善补充。国家在税收立法时应充分考虑数字经济所蕴含的新兴经济业态与特殊商业模式的现实冲击，综合考量数字经济产业的发展趋势以及社会效应等方面的问题，对数字经济企业所能创造的价值与其所负担的税收进行测算，从而构建能够顺应数字经济发展的税制。

首先，明确对跨境交易征收增值税的目的地原则。为避免全球范围内对跨境数字交易的双重征税和非故意不征税，依据跨境数字交易增值税制度的发展趋势，遵循主要国家的选择，中国应迅速确立对跨境数字交易采用目的地原则征收增值税：一是对出口数字产品和服务实行零税率，提升中国跨境数字交易企业的国际竞争力；二是对进口数字产品和数字服务按照中国增值税相关规定征收增值税，保障中国的税收权益。

其次，完善相关制度，包括国内的增值税制度以应对数字经济的挑战。

（1）对数字产品和数字服务进行明确定义。中国应尽快完善相关制度：一是明确增值税应税行为包括出售数字产品和提供数字服务；二是避免将数字产品和数字服务笼统地划归为"服务"，而是对数字产品和数字服务单独给予明确的定义；三是明确规定数字产品、数字服务和对应的性质相同或类似的实物产品、现场服务按照相同的税率征收增值税；四是密切关注电子商务领域出现的新产品和新服务，例如 3D 打印的产品，及时规定其适用的税率。

（2）修订增值税纳税人的定义。如果中国明确要对境内和跨境电子商务征收增值税，有关增值税纳税人的定义要进行两方面修订：一是明确应税行为包括销售数字产品和数字服务。数字产品包括网站、数据库、程序、软件、图像、文档、信息、音乐、电影、游戏、电子图书、在线杂志等，数字服务包括网上研讨会、远程教学、健身教练应用程序等。二是明确进口服务（包括数字化服务）和数字产品的单位，以及向中国境内个人消费者提供服务（包括数字化服务）和数字产品的境外供应商是中国增值税纳税人。

（3）采取积极有效的征管手段。在企业之间的情况下，可以采取两种办法：一是如果提供商在中国有常设机构，由该常设机构在中国缴纳增值税。二是如果提供商在中国没有常设机构，则采取"逆向征收"的办法，要求中国接受跨境数字产品和数字服务的企业在中国缴纳增值税。

在企业与消费者情况下，可以采取三种办法：一是如果提供商在中国有常设机构或代理商，由该常设机构或代理人在中国缴纳增值税。二是如果提供商在中国没有常设机构或代理人，则要求该境外提供商在中国注册登记并缴纳增值税。三是委托银行或其他支付平台在境内消费者向境外供应商支付价款时代扣相关税款。

此外，可借鉴欧盟和一些国家的做法，对在中国境内进行企业与消费者之间数字交易，且没有常设机构和代理商的境外供应商，应要求其在中国按照简易增值税登记制度进行登记。简易增值税登记应在网上完成，可以考虑由总局某直属分局统一受理境外供应商的税务登记、纳税申报和税款缴纳。

（三）长期战略规划，增强我国税制的可持续竞争力

即便在2021年年中，包容性框架在一定程度上和原则上达成了共识，后续实施过程中仍可能遭遇诸多挑战，并需经历持续的调整与优化。对于数字税收规则的应对策略，应被视为一项长期战略。

首先，在数字经济持续发展的背景下，经济活动的复杂性日益增加，我国需创新思维，进一步深化税制改革。建议逐步减少间接税的比重，相应增加直接税的比重，以适应数字经济的快速发展。例如，可利用电子化的收入和支付凭证来征收个人所得税，将部分数字商品纳入消费税的征税范围等。在当前国际数字经济竞争压力不断加剧的情况下，我国应继续实施促进数字经济发展优惠税收政策，为数字经济提供更强的推动力，从而提升我国税制的竞争力。

其次，紧跟包容性框架下的国际税改步伐，保护我国税收权益。我国应积极利用数字化背景下的税改机遇，进行前瞻性布局。例如，可借助海南自由贸易港等制度创新，吸引和留住全球年销售额达7.5亿欧元的跨国公司将其地区总部设在中国。根据现行税改方案，年销售额超过7.5亿欧元的跨国公司需以最终控股母公司为单位，合并全球财务报表。若我国

大型跨国公司仅以海外控股企业作为全球汇总财务报表的对象，可能会削弱跨境所得税管理的主动性，引发国际税务争议，并对我国税源产生一定影响。

第五节　浙江省数字税法治路径的构建

在对数字税制度进行深入分析与阐释的基础上，本书提出两种数字税立法的可行策略。第一种策略是在现行税法体系内对相关制度进行完善，第二种策略则是构建一套专门针对数字经济的税收体系。后者的核心在于针对新经济形态和商业模式所产生的销售收入或经营收入，明确税收征管权的行使以及税收收益的分配问题。短期内，立法路径应聚焦于对现行税收法律体系中与数字经济相关的增值税、所得税等制度进行改进与优化。长期而言，则应致力于构建一个在国际多边框架内形成的数字税制度，该制度设计须与国内税法及国际税收规则保持协调一致。

一、近期：现行税收中的制度改革

（一）更新理论规则

1. 修订利润分配规则至关重要

本研究建议将公式分配法作为独立交易法的补充，鉴于国际上某些司法管辖区在立法过程中对利润归属问题的忽视，税收权力配置的核心在于税收利益的划分。在新情境下，鉴于跨国公司业务的多样化和分散性特征，采用转让定价法进行利润分配时，可以借鉴 OECD "双支柱" 方案中提出的 "金额 A" 和 "金额 B" 的划分模式，将利润分为两个层次。依据管辖范围，将常规收益与剩余利润进行区分，并根据各自所处阶段的收益权重进行计算，将其中一部分进行合理分摊，以实现区域间税收利益的合理分配。此外，可参考印度等国家普遍采用的 "公式分配法"，将其作为一种备选方案。对于上述利润分配方案，建议将用户活跃度进行量化处理，将流量供给等核心数据作为利润分摊的关键要素，并在一定程度上适当降低员工报酬在全部财产中的比重，将此条款作为数字经营活动中税收分配的重要参考依据。此外，对于符合"支柱一"方案中"金额 A"条件的纳税主体，建议在现行《中华人民共和国企业所得税法》的纳税调整章节中，将上述税收分配方法融入现行所得税法体系，这对于当前税制改革具有重要的现实意义。

2. 及时吸纳显著经济存在理论的重要性

数字企业提供的服务无须建立实体物理存在机构，导致现行国际税收规则难以对其跨境收益实施征税。收入来源地、消费地与纳税地的不一致进一步加剧了用户参与价值创造的复杂性，从本质上讲，现行税收征管体系所依赖的"物理存在"原则已难以适应当前经济形势。例如，《中华人民共和国企业所得税法》总则第二条、第三条，为适应数字技术的发展，有必要扩展税收联结点的适用范围，将显著经济存在纳入常设机构规则之中，使其不仅限于物质实体存在。其判断依据应从三个维度进行定量分析：来源于国家的年收入、用户规模，商业合同签订数量。

此外，OECD 亦提出，对于显著经济存在，域名、支付方式和专用数字平台等要素均可作为定性标准。此类定性标准的提出，促使各方在统一方法的基础上作出相应的权力让渡，既可有效保护利润来源国的税收权益，又能避免因税基侵蚀和利润转移引发的国际利益冲突。

针对上述三个方面的定量分析，首先，收入额的界定不应仅限于网站与用户间交易产生的直接交易金额，而应包括企业通过用户数据信息获取的间接交易金额。据相关数据表明，信息产业所创造的价值高达 3 155 478 百万美元[1]。其次，用户数量的规则应以活跃用户数量为基准，因为活跃用户与价值创造的关联最为紧密，与数字经济税收的征税原理最为契合。目前，欧盟采取的用户数量计算方式是依据用户的 IP 地址或其他地理位置信息来确定用户的实际数量，即在欧盟的标准中，用户数量主要指的是注册用户；最后，显著经济存在的概念主要关注数字企业，而非传统生产

---

① 张少华，陈鑫，黎美玲. 中国数字经济结构化信息测算和产业分析——基于全国和省份投入产出表数据［J］. 经济学动态，2025（1）：23.

制造业，这不仅能在传统企业和数字企业之间实现税负均衡，还能降低后期在识别和判断商业目标时的征收成本。当然，当前的实践规则是在全球统一方案达成共识前的过渡性措施，未来仍需依据税收中性和税负公平原则对所有参与数字经济的企业征税。显著经济存在的概念对现行国际税收体系构成了挑战，若缺乏相应的规避双重纳税的国际协议保障，将对数字经济中蓬勃发展的数字企业产生重大影响。同样地，当显著经济存在仅限于国际税法领域，而缺乏相应的国内法律支持时，企业进行跨境数字服务将面临不必要的法制风险。面对数字经济的快速发展，需要在国内外税务征收管理两个层面上，对常设机构的判定标准进行及时调整。

（二）重构税收规则

积极参与重构国际税收规则涉及两个主要方面。首先，必须强化对其他国家数字税立法的理论研究。尽管目前对数字税立法的需求并不迫切，但未来可能会针对数字税进行立法。同时，当前亟须完善数字税收法律体系。此外，其他国家的数字税立法可能对我国以及浙江省数字企业产生影响。数字经济的发展依赖于用户数据资源创造的价值，而我国庞大的人口基数和用户市场为数字经济的发展提供了肥沃的土壤。随着进一步扩大开放，外国企业将进入浙江市场，争夺用户参与产生的数据资源。在此过程中，可以利用区块链技术和人工智能等先进数字技术，深入研究不同国家的数字税立法，分析国际数字税收制度，并借鉴到浙江省数字税收法律体系的构建中，以维护浙江省数字经济发展的利益。

在另一方面，应积极投身于国际社会的多边谈判之中，以掌握数字税收制度重构的主导权。可采取由近及远、循序渐进的策略参与国际税收规则的谈判，首先就分歧较小的议题进行探讨，以期更容易达成共识。例如，主动参与并签订了 RCEP，成功打破了亚太区域的经贸壁垒，对巩固区域产业链起到了关键作用，并在一定程度上推动了"双循环"格局的发展。针对数字贸易的相关内容，RCEP 设立了专门章节，这反映了亚太国家对数字贸易治理的重视程度。

基于此，可以在坚持 RCEP 贸易规则的基础上，寻求数字经济发展的最大利益，就灵活性问题提出我国的解决方案，从简单问题出发逐步过渡到复杂问题，最终使数字税收制度在亚太区域内达成共识，为形成更大范围内的国际共识奠定基础，避免产生严重的国际冲突。在亚太区域外，还可以积极参与联合国对 UR 范本的修订。此外，尽管我国不是 OECD 成员国，但也曾以观察员身份参与过 OECD 的合作，因此可以通过主动与 OECD 开展活动的方式，间接参与国际税收政策的讨论。上述几种方案均可作为积极参与国际税收规则重构的途径。

针对数字税收法律制度的改进，尽管有些国家已经率先采取了措施，即征收数字税，但数字税对达成数字税收制度共识而言，仅是一项单边临时性过渡措施。解决数字税收问题的最终办法在于形成一个多边共识的包含数字税在内的国际税收规则体系。因此，在多国选择开征单边数字税的背景下，国际社会仍有必要向达成友好共识的多边条约努力。对浙江省推动数字税立法来说，只有立足国情、省情，以维护数字经济发展利益为目的，借鉴数字税立法经验，同时积极参与国际税收制度的规则重塑，才能提升浙江省数字经济的竞争力，增强浙江省在数字经济领域的国际话语权。

（三）完善现行税制

针对增值税制度，首先，需明确数字商品与服务的定义，以确定其征税范围。当前，数字经济所催生的新产业、新商业模式以及数字服务产品尚未被纳入现行增值税体系，导致税收体系存在漏洞。因此，亟须界定应税对象，并通过重新定义劳务、无形资产等税收范畴，将其纳入征税范围。

其次，在应税对象与税率的具体实施上，建议采用清单列举法，仅对清单中明确列出的数字商品和服务征税。在税率设定方面，鉴于税率对纳税人及税收管理部门决策的影响，应根据数字经济的发展趋势和影响因素进行基数评估。在制定税率时，应考虑简化增值税税率结构，实施单一标准税率与优惠税率。具体税率的设定应旨在减轻企业负担，同时促进新商业模式的创新与成长。

再次，参考欧盟的做法，对跨境数字服务采用"目的地原则"进行征税，并区分企业之间和企业与消费者之间交易的不同征税规则。最后，在纳税地点与税基层面，鉴于数字经济导致销售地与消费地分离的现象，建议以销售地作为主要认定标准，若销售地难以确定，则可将服务实际发生地作为辅助认定标准。同时，利用信息技术手段实现增值税征管的协同，以解决国内数字经济发展不均衡导致的地区收入归属不公及不良竞争问题。对于企业所得税制，重点在于改革和调整税收权限规则。

在改革进程的优化阶段，必须重视"双支柱"改革对中国税收体系的潜在影响，尤其是在以下两个核心领域：

一方面，鉴于现行的常设机构原则已无法满足数字经济时代新兴产业、商业模式及制度变革的需求，有必要对常设机构原则进行时代性的更新。引入"虚拟常设机构"或"显著经济存在"原则，将有助于税收体系与新型商业活动的同步发展。

另一方面，强调用户参与的重要性，确保用户贡献得到适当的法律认可。在数字经济的语境下，网络广告在社交媒体、搜索引擎及其他平台上的精准定位，依赖于广大用户的积极参与。因此，在确定税收权益分配时，应将用户参与及价值创造的要素融入税收法律的基本原理之中。

在实际操作层面，"双支柱"方案的实施不仅需要签订新的多边条约，并由全国人民代表大会常务委员会批准以使之生效，还必须确保其与国内税收法律体系的无缝对接，促进国际税法与国内税法之间的积极互动。

（四）加强技术监管

在数字经济蓬勃发展的背景下，企业通过数字商业活动所创造的收益及其真实价值的精确度量面临挑战。我国税务机关亟须在技术层面进行提升与优化。

首先，应积极采纳大数据、5G、云计算等前沿技术，以深化对企业信息交换、不同商业模式下真实收益的评估、应纳税额的计算等方面的应用。通过这些技术，对企业的运营发展进行深入分析，从而确定企业的成本、收入及利润的大致区间，为企业的数字税申报和监管工作奠定坚实基础。

其次，应用区块链技术对电子票据的流通进行监控，并在税务系统中推广电子票据的广泛应用，确保所有相关税收信息得到妥善保存。此举旨在实现从传统的"以票管税"向"数据治税"的转变，以增强税务机关对纳税人申报及缴税行为的有效监管。

最后，需加强涉税信息的共享，并增强与其他网络平台的沟通与协作。利用互联网技术的优势，加大对电子交易的监管力度。鉴于税务部门在涉税信息方面的信息不对称，应加强对涉税信息的搜集工作。在必要时，可由政府牵头，建立一个跨部门协调的信息共享平台，包括税务、公安、市场监督管理局、国土资源局等，以强化数字企业在税收征管中的责任，涵盖但不限于纳税登记核查、涉税信息报告、纳税监管等义务。

建立税收情报共享系统是国际上成功的实践案例。例如，美国的税收管理体系通过全国范围内的计算机和数据处理中心构建了一个统一且相互联系的协作平台，税务机关能够将纳税人申报资料与外部涉税信息进行比对，从而使得公司逃税行为更加透明。我国亦应构建与税务协同管理相匹配的涉税信息管理系统，加强地方税务局与国家税务总局之间的配合与联动，对采集的数据作分析和对比，并将分析结果反馈至基层税务管理部门，以此为基础，进一步降低税源流失风险，最终构建一个高效运作的税收管理平台。

二、远期：数字税法治路径的构建

（一）立法途径

在我国，数字税的征税对象主要针对国内数字企业，其构建过程是一个长期且复杂的问题，不能期望一蹴而就。因此，在国际税制与国内税制改革的双重影响下，构建我国数字税法律制度显得尤为必要。

立法路径方面，目前存在两种主要的构建途径。其一，是制定一部与《中华人民共和国企业所得税法》同等级别的专门数字税法，即制定一部关于数字税的单行法。其二，则是在现行税收法律制度框架内，对企业所得税、增值税等制度加以改进和完善，将数字税的相关要素融入其中。无论选择何种立法路径，均需基于我国的国情和现行税收征管的实际情况进行深入分析。

回顾历史，房地产税法律制度与环境税法律制度在构建初期，同样面临类似的疑问和选择。新税种的出现，自然伴随着一系列问题。制定一部新的税法，从时间维度来看，是一项长期任务，短期内难以完成。同时，新税种的推出将影响多方利益主体，牵涉面广泛，因此需要慎重考虑。

首先，从立法的经济性角度分析，单独制定一部数字税法对于我国当前阶段而言，立法成本过高，且短期内难以实现。然而，数字经济领域的税收问题亟待解决，这些问题具有紧迫性，若长期搁置不解决，将对我国数字经济的健康发展产生不利影响。如上所述，数字税在法律性质上更接近于增值税，因此将其纳入增值税框架下，不仅立法成本较低，而且能够更快地解决税收问题。

其次，从税收效率与公平的角度来看，任何法律的制定都需兼顾公平与效率。构建数字税法律制度时，既要重视数字经济发展带来的效率提升，也要关注由此产生的税收利益分配的公平性问题。单独制定数字税法可能在实施过程中对数字企业的发展积极性产生不利影响[①]。若将数字税纳入增值税框架下，可减少对数字企业的不利影响，更有利于数字税的实施，同时也能实现税收利益的公平分配。

最后，从税收中性与税收调控的角度来看，税收中性与税收调控是税收法律制度的两个基本价值。我国税制建设必须坚持税收中性与税收调控的紧密结合。一方面，需要转变治税思路，调整税收调控的价值取向；另一方面，进一步优化税制结构，突出税收中性、强化税收调控。结合实践，将数字税纳入增值税框架下，更符合税收中性原则的要求，单独制定一部税法对相关市场主体和市场的影响必然较大。鉴于增值税在我国已全面实施，对现行增值税制度进行调整和改进，将数字税纳入增值税的具体税目，是一个可行的方案。

综上所述，本书认为在当前阶段，将数字税纳入增值税的具体税目，更符合我国国情的立法路径。无论最终选择制定专门的数字税法，还是将数字税纳入增值税框架下，都涉及税制要素的改变和完善。如何明确数字税的税基、税率、征税范围、纳税对象等税制要素，需要从多维度展开深

---

① 张守文. 数字税立法：原理依循与价值引领 [J]. 税务研究，2021（1）：33.

入分析。下文将详细探讨数字税的税制要素。

（二）明确数字税的征收目的

在构建我国数字税法律制度的过程中，首要任务是明确该制度的构建目的。欧盟各国征收数字税的决策基于各自的国家条件，我国未来征收数字税亦应立足于本国实际情况，结合我国的发展现状和税收传统，细致研究相关细节。在参考欧盟经验的基础上，深入分析我国税收征管实践，得出以下征收目的。

1. 财政目的

根据我国现行财政税收法律体系，税收是各级政府财政收入的主要来源，也是国家财政收入的最大组成部分。2018 年，我国国税与地税机构合并，形成统一的国家税务机关，这是国家财税体系改革的重要里程碑。由于历史原因，我国经济发展存在区域不平衡现象，导致各级政府财政收入差异显著。因此，为缓解区域财政差异，我国实施了财政转移支付制度。该制度旨在调节财政平衡，实现地区公共服务均等化，其核心内容是中央政府对地方政府的财政资金转移。在我国，中央政府主要向省级地方政府，特别是欠发达地区的地方政府进行转移支付，以弥补各级政府财政能力的不足，提供更优质的公共产品和服务。若开征数字税，各级政府将获得额外财政收入，有助于更合理地规划本地区的预算支出[①]。当前地方政府普遍面临财政收支不平衡问题，许多地方政府还背负大量债务。通过征收数字税并主要将税款分配给地方政府，有助于实现《中华人民共和国预算法》所要求的政府财政收支平衡，从长远来看，有利于中国财税体系的改革[②]。

2. 数字税收法律治理

随着数字经济在全球范围内的迅猛发展，数字税收法律治理问题日益凸显。数字经济引发的税收问题已不再是少数国家面临的挑战，而是全球

---

① 侯立新，白庆辉. 数字税的特征及征管建议［J］. 财务与会计，2020（15）：79－80.

② 白彦锋，岳童. 数字税征管的国际经验、现实挑战与策略选择［J］. 改革，2021（2）：72.

大多数国家普遍需要解决的问题。法律的发展往往滞后于社会问题的出现，税收法律制度在面对数字经济的高速发展时，便显现出不适应性。我国税法的核心原则是税收法定主义，根据这一原则，解决税收问题最直接有效的途径是完善数字经济相关的税收法律制度。数字税是解决数字税收问题的关键环节，英国、法国等欧盟国家征收数字税的主要目的之一是解决国内数字税收问题（特别是税基侵蚀与利润转移问题）。中国与欧盟国家在这一问题上存在相似的国情，可以借鉴其先进经验。我国构建数字税法律制度的一个重要目的是进行数字税收法律治理，运用法律手段解决税收问题才是长久之计。通过制定我国数字税法，对相关企业进行征税，实现数字法治，同时为解决全球数字税收问题提供中国方案和智慧，推动全球税收治理体系的完善[①]。

3. 防止市场垄断现象

在全球范围内，互联网行业的垄断现象已成常态。垄断的形成对中小互联网企业的成长构成威胁，增加了市场新进入者的难度，从而对互联网生态系统的健康发展产生负面影响。一旦出现垄断行为，政府需扮演调节者的角色，通过立法等措施对市场进行干预。中国互联网行业的垄断问题日益凸显，国家近期推出了一系列政策和法规，旨在早期遏制互联网垄断现象。数字税的构建目的之一即在于限制互联网垄断的形成，推动国内大型互联网企业将资源和技术创新作为发展重点，而非仅仅追求市场垄断，从而促进互联网行业的整体技术进步和创新。

4. 避免重复征税以促进数字经济的发展

在探讨是否征收数字税的问题上，中国与英国、法国等部分欧盟国家虽有相似的国情，但也存在差异。中国数字经济的规模已跃居世界第二，其发展活力显著。在构建数字税体系时，必须考虑避免对国内数字经济发展的积极性造成损害。数字税作为一种新兴税种，在设计时应着重考虑避免重复征税的问题。数字税的税前扣除项目以及其是否可作为其他税种的扣除项目，都是避免重复征税的有效手段。若发现存在重复征税现象，应

---

① 岳树梅，许俊. OECD 下数字税收法律治理的框架与路径：美国范式及中国借鉴 [J]. 法学评论，2021，39（6）：165 - 167.

立即采取措施予以解决。中国构建数字税法律制度的目标之一，即在于数字经济领域避免重复征税，同时保护数字经济的发展潜力和企业的创新积极性。

尽管我国并非 OECD 的正式成员国，但作为包容性框架的参与国，我国已与接近 140 个国家就 OECD 提出的"双支柱"方案达成共识。该方案的实施为我国数字税的立法工作提供了有益的参考模式。在数字税制度构建的过程中，既有国家作为先行者，亦有国家作为后来者。先行者的优势在于能够制定出诸多"标准"，而后来者则能够借鉴先行者的经验教训，以期在本国制度设计中尽可能减少缺陷。鉴于我国在数字服务提供与接受方面均占据重要地位，并拥有庞大的用户基础，我国应积极主动地参与相关规则的制定过程。这样不仅能够确保数字税立法规则与国际规范保持一致，而且能够最大限度地保护我国的利益。在"双支柱"方案达成共识的背景下，本书拟从国际与国内税法协调的原则出发，为我国数字税制度的构建提供思路与设想，并将在后续部分对具体税制内容进行详细阐述。

（三）建立完备的数字税征管配套制度

1. 加速修订《中华人民共和国税收征收管理法》

在全球数字税收治理议题重要性日益凸显的背景下，国际税收规则的重构与国内税收征管实践的提升应并重。税收征管合作遵从的研究需将企业方纳入考量，确保规则制定过程中企业的参与。数字经济不仅为国民经济注入了强劲动力，也拓宽了税基。然而，数字经济带来的税收挑战对我国税收治理能力提出了严峻考验，构建与数字经济相适应的税收制度成为国家治理现代化的必然趋势。尽管我国已针对数字经济发展出台了相应的税收政策，但鉴于信息通信技术的快速迭代以及商业模式的不断创新，所得税制度和增值税制度均面临新的挑战。因此，我国亟须加速修订《税收征收管理法》，将适应数字经济的税收征管创新实践以法律形式固定下来，确保数字经济征税有法可依，有据可循。

在开展数字税收治理的过程中，必须明确《税收征管法》对数字税收制度的具体规定。目前，我国最新的《税收征管法》草案已纳入与数字经济相关的信息披露要求。数字经济与税收治理紧密相连，数字技术与征管实践亦是相辅相成。税务机关在应对数字税收问题时，应优先采用最新的信息通信技术和数字技术，如大数据、区块链等先进数字技术及平台，以提升税收征管能力和效率。同时，应加速推进现代税收管理模式的建立，利用多种渠道解决数字化交易的无形性、流动性、隐蔽性对税收征管带来的挑战。

此外，在确保个人数据隐私不受侵犯的前提下，我国还应加快信息共享机制和系统的建设。目前，我国尚未实现各部门间信息共享的完全畅通，信息共享存在一定的不足。从税收征管的角度来看，税务机关获取完整的纳税人资料信息仍面临一定难度。以增值税征管实践为例，尽管我国颁布的《中华人民共和国增值税法》第三十六条和第四十四条明确规定了税务机关与银行、海关、外汇管理、市场监管等部门间的信息共享机制，但在《税收征管法》的具体法律条文中，关于不同部门间信息共享机制系统性构建的内容仍显不足，这无疑会影响税务实践中税务机关与银行、海关、外汇管理等第三方主体合作治税的效果。因此，我国应加速推进信息共享机制的建立，并在《税收征管法》中以法律条文的形式予以确立，完善税务机关与第三方主体协力合作治税的义务，并从制度层面为税收协力义务的履行提供明确指引；同时，还应加强公务信息共享系统的整体建设，推动部门间的信息交换和共享。

2. 进一步健全税务登记制度

当前，我国税制架构与数字经济的快速发展之间存在一定的不匹配性，税收征管能力未能与数字经济的演进保持同步。为应对这一挑战，亟须对现行《税收征管法》进行修订，并同步完善税务登记制度，以实现对数字经济活动的有效监管，降低纳税人的税收遵从成本及税务机关的行政成本，进而提升税收征管效率。首先，明确数字经济平台经营者的税务登记细则，确保其依法履行税务登记义务。其次，要求在我国境内提供数字产品和服务的境外企业或供应商进行税务登记，将境外数字经济纳税主体纳入我国税收征管体系。

具体而言，应以《税收征管法》的修订为契机，增加数字经济征税实践的相关条款，完善税务登记制度，并迅速制定数字经济活动税务登记细则，明确境外数字产品和服务供应商的税务登记要求。对于具有显著经济存在的数字企业，应依法强制其办理税务登记，并定期申报缴纳增值税；对于符合虚拟常设机构标准的数字企业，则应依法征收所得税。此外，应加强数字平台在税收征管中的作用，使其成为税务机关协同治税的合作伙伴。为此，我国应制定《网络交易监督管理办法》，引导数字平台经营者履行信息收集、核验、登记等义务，鼓励数字平台定期向税务部门提供平台内经营者的涉税信息。支持数字平台监督平台内经营者的税务登记情况，并向其提供纳税义务提醒、税务培训等服务，充分利用平台优势，构建多方共治的税收治理模式，以提升税务部门的数字税收征管效率，降低税务机关的行政成本及纳税人的税收遵从成本。

在完善税务登记制度的同时，还应大力推进税务数字化建设，规划并部署数字基础设施，广泛采用数字化智能技术，将税务数字化"神经系统"延伸至数字经济的各个领域，确保税务部门能够实时获取涉税数据，为智慧税务的实现提供技术支撑。具体而言，针对数字经济商业模式的各交易环节，应利用人工智能技术有效识别远程数字化经济活动和消费者信息，追溯并锁定数字交易的实际销售商和消费者，自动识别数字化企业纳税申报中的不合规行为；开发并应用先进的税收征管软件，将其嵌入企业数字平台，以便采集核心税务信息，形成发票实时申报制度并自动扣税；强化税收社会化治理，构建税收共治格局，引导社会各方广泛参与并整合各方资源开展社会化协同治理，形成完善的涉税信息网络，依托大数据、云计算、人工智能、区块链等先进信息技术，构建智能化税收共治格局。

3. 设计数字税的具体税制要素

征收经济数字税无疑将增加在浙江省经营的大型跨国公司的税务成本和税收负担。因此，在规划未来立法路径时，必须综合考虑效率、公平、自由、秩序、安全与发展等价值导向，以构建相应的税收制度。具体税制设计如下：

（1）纳税主体

在构建数字税制度的纳税主体框架时，应综合考虑数字企业的性质与用户参与度的量化标准。一方面，从企业主体角度出发，特定的网络中介平台、在线广告供应商以及数据销售商等应被纳入纳税主体范畴。另一方面，建议采用国内用户数量与市场地营业收入双重门槛，并设置相应的豁免阈值。此设定标准的合理性基于以下两点：

首先，数字企业的用户基数是其收入生成的关键因素。用户基数、用户活跃度以及签订的合同数量均能体现数字企业对用户参与度及用户信息内容的依赖性，进而构建起数字业务与利润来源国征税权之间的联系链条。因此，将用户基数设定为数字企业在本国的用户数量及用户活跃度，作为征税的阈值，不仅能够揭示数字企业通过国内用户数据信息所产生的具体收益，而且有助于平衡本国与其他国家间的税收利益分配。

其次，企业的经营收益是用户数据信息价值的直接体现。因此，明确企业经营收益及纳税基础的确定至关重要。数字经济的价值链涉及企业收集参与者提供的个人信息，并通过算法处理数据，如进行个性化商品推荐，从而实现数字服务的交易价值。这一价值的外在表现即为数字企业的营业收入，它在一定程度上体现了公平与效率的价值导向。鉴于我国数字经济发展正处于国际税制改革的浪潮之中，且以阿里巴巴、字节跳动为代表的大型数字企业正处于国际市场拓展的关键阶段，为确保中国互联网行业的稳定与持续发展，有必要为不同规模的数字企业引入营业收入门槛，将处于发展初期的企业排除在纳税主体之外。具体的收入数额和用户数量应依据我国市场特性来设定，并需对国内外实体企业与数字企业的税收负担、纳税风险及涉税成本进行比较分析，以期为中国数字企业与数字经济发展争取税收规则上的优势。

（2）征税客体

税收客体是指税收法律关系中权利与义务所指向的对象，是区分不同税种的关键标准，对税种的主要特征与具体功能具有决定性影响。数字税的税收客体应为数字企业于提供数字产品和服务过程中所获得的收益，该收益主要表现在以下几个方面：数字企业提供的在线广告服务、用户数据信息的交易以及提供数字产品与服务所产生的收益，包括但不限于在线广告提供服务、数据交易服务或基于在线市场、中介平台的数字服务。因此，必须明确的是，只有在数字商品和服务贸易持续存在的情况下，其产生的利益能够被上述三种理念所吸收，并能够被精确度量。个体信息本身并不具备价值，只有在大量信息被处理和使用时，使用价值才得以产生。因此，将数字收益作为数字税征收的目标对象，并将其纳入数字税收的计算基础之中，例如法国、意大利、英国等率先实施数字税的国家将数字企业的营业收入作为数字税的课税基础，通过对超过一定营业收入标准的企业征收固定税率的数字税，这种做法可以避免按照征税对象课税，新兴的数字商业模式无法被囊括的现实困难。

因此，对于数字商品和服务交易，没有单一的流转过程或所得收益，其价值来源常常不能直接通过用户为此支付的实际对价来反映，将数字税的税收客体设定为数字产品与服务的相关收益，具体的数额则根据该企业里我国用户的参与程度与规模实质课税，并结合国际收入门槛予以确定。综上所述，在数字产品与服务交易中，在线广告、数据销售以及数字产品与服务的收益，都应该被认定为数字税的税收客体。

（3）征税范围

目前的国际实践显示，在征税范围的选取上，税务部门首先要对当前的数字企业在各种业务模型中的运营结构、盈利标准和具体税率有一个清晰的认知。惯例是，首先征收一到两种具有较高利润率的新型商业模式，先试先行，这是一个比较安全的方法，对此可以借鉴房地产税在国内的试点经验，充分考察浙江省各地市数字企业的发展规模以及网民用户的积极活跃度。由于我国数字企业主要集中于长三角地区，导致地区间税收收入失衡，在制度设计时可先对其采取试点的做法。同时结合各国数字税实践，列出首先包含在征税范围内的数字业务：

一是在数字界面上投放广告（包括但不限于：社交媒体平台、搜索引擎和流媒体播放页面上的广告）。

二是提供使人们能够进行交流和互动的社交媒体（在线）平台服务，包括订阅费和销售数据。当前，世界各国对数字商品和服务征税的难点是对数字产品与服务的收益进行再分配，这关系到各国政府间税收权力的配置，从某种意义上说，这与各国的财政权威有着密切的联系。对此，浙江省可以采取 OECD 提出的方案建议，将征税范围进行清单式列明，即仅将数字界面的供应商、在线广告的销售商和负责数据管理和传输的运营商纳入征税范围，并保持该范围与前款的征税客体相匹配，同时设置例外条款，比如无偿使用、公益分享、慈善捐赠和内部流通活动，避免将一些特殊类型的交易活动划入征税范围之中。

(4) 税率与税收优惠

在税率设定方面，依据"双支柱"方案的共识及国际通行做法，并结合我国数字企业发展的具体状况，建议采用2%与3%的累进税率结构。该税率结构旨在减轻税收负担，确保制度实施效果良好，同时避免对国内数字经济发展产生显著阻碍。此外，部分企业可选择非传统计税方式，即采用简易计算方法进行纳税。此制度设计既汲取了英国"安全港规则"的经验，又与我国增值税制度中一般纳税人与小规模纳税人适用税率及征收率的差异相类似。其核心目的在于更好地保护数字领域内中小企业的发展，促进创新，并对互联网巨头的垄断行为实施规制。

在税收优惠政策方面，应根据企业的注册地点和数字企业经营范围类型，实施差异化的税收优惠措施。在企业注册地址的选择上，应充分利用国家对高新技术产业开发区、贫困地区、保税区、经济特区等提供的税收优惠，以降低纳税成本。同时，浙江省涉外税收优惠政策采取分地区、有重点、多层次的管理模式。针对数字企业经营范围类型，可采取通行做法，对慈善事业、节能环保、科学发展、社会福利等领域设定专项优惠措施。在制度设计时，还需注意避免违反"非歧视原则"，以免引发不必要的贸易摩擦。税收优惠的目的是使国家能够充分利用税收调节功能，在税收法律、行政法规中对特定企业或课税对象实施减税或免税措施。然而，过度的税收优惠可能会破坏经济数字化时代企业的营商环境，破坏税收公正性。

(5) 数字税征收

税收征管模式的构建必须与时代背景下的经济技术发展特征相适应。针对不同区域的发展现状，浙江省数字税的征收管理应实行分级分类，特别是在保税区和数字产业集中地区开展税负试验。鉴于国际数字税收的发展趋势，国内应积极探索税收制度的创新与应用。通过运用大数据技术，构建一个基于风险管理和信用管理的新型税收管理体系，以促进税费业务与信息系统的整合与优化。在当前税务征管体制改革中，该税收管理体系覆盖范围最广，持续时间最长。税务管理的网络化、数字化和智能化是税务管理体制改革的必然趋势，其中超过90%的办税服务可实现线上直接办理。同时，应进一步探索电子税务发票代开邮寄业务，并推广无纸化退税申报。在数字税的征收管理方面，可采取以下三种规制方式：

首先，国税总局与省级税务机关应共同建立面向数字行业的专项税收征收机构，从宏观角度分析浙江省各省市的发展状况，并制定相应政策，从登记、申报、缴纳等多个环节入手，以降低税收成本。其次，需完善税务登记制度，统一各部门、各地区间的数据采集与访问标准，确保涉税信息在各部门间顺畅流通，加强信息化管理，促进税务部门间的信息共享，形成多元共治的税务管理格局。最后，构建第三方税务资源共享平台，建立以个人为基础的"互联网身份证"体系，以提高数据协同和实时追踪的效率。为避免新制度实施导致的经济结构变动，并使纳税人逐步适应新的税收制度，数字税制度实施后，还需持续对税收政策和税收管理工作进行优化与完善，确保税收规则的稳定运行。

(6) 利用数字技术开展税收征管实践

加强税务部门数字化建设，提升税务机关对数字经济税收征管能力。税务部门需加速开发自动化税务软件，该软件应具备自动计算应纳税额及识别消费者所在地的功能，以引导数字经济企业广泛采用自动化税务软件进行纳税申报等，从而减轻企业纳税遵从负担。利用大数据、人工智能、区块链等前沿技术构建高效税务管理平台，深化新一代信息技术在纳税信息搜集、传输、分析等环节的应用，促进不同层级、不同地区税务部门间数据壁垒的消除，加强数据互联互通，提高数字税收征管能力与效率。

税收治理数字化的意义在于通过标准化的数据收集，有效降低管理者征管成本和纳税人遵从成本。数字经济并非独立的经济部门，而是信息和商业活动全面数字化的新型社会政治和经济形态。为实现对数字经济的有效监管，税务部门需加快税收征管方式的转型，以解决数字经济下税收治理方式单一导致的管理成本剧增问题。因此，税务部门应进一步加强数字技术在税收领域的应用。具体而言，利用大数据、区块链技术实现从人工稽查到精准化稽查的转变，提高对纳税人申报数据真实性的判断和偷逃税行为的检出率；针对数字经济商业模式的各个交易环节，利用人工智能有效识别远程数字化经济活动和消费者信息，追溯锁定数字交易的实际销售商和消费者，自动识别数字化企业不合规行为；将自动化税务软件内嵌于企业平台，便于采集税务核心数据，形成发票实时申报制度，自动扣税；加强云计算、区块链技术在税收信息化建设中的应用，利用云计算强大的数据处理能力创造安全可靠的虚拟资源池进行税收数据的存储和分析，进而构建高效运转的税收治理网络。

在完善数字税收制度过程中，还需确保尊重隐私并通过立法进行个人数据保护，以树立用户信心，这是影响数字经济发展的关键因素。加大信息通信技术的创新力度和优化升级，利用强有力的数字化技术促进跨境电子商务交易的简化，例如无纸化通关、电子交易单据、数字认证互认、在线支付等。同时，改变传统征收模式中以票控税的思路，构建交易、支付、物流合一的业税一体模式，进而解决数字经济条件下生产者直接与消费者进行交易的税收管理难题。

综上所述，面对数字经济对税收征管带来的挑战，应深化和完善税务登记制度，以纳税人识别号为基础建设纳税信用平台，运用大数据、人工智能、区块链、云计算等数字技术对纳税人信用形成社会监督和奖惩机制，并根据电子商务等数字经济商业模式"隐蔽性、流动性、高度依赖无形资产和数据"的特性，进行有针对性的税收遵从激励以及违法惩处。同时，还应进一步完善税收争议解决机制，健全征纳双方协调沟通机制，提升相关立法科学性，完善税收核定条款、反避税规则，避免行政裁量权的滥用导致纳税人权益受损。此外，在加强信息共享合作的前提下，还应特别注重保护纳税人个人数据信息以及隐私，规范我国税务机关以及第三方协助征税主体的保密义务，最终实现我国税收征管能力的整体提升，真正降低纳税人税收遵从成本以及税务机关征税行政成本。

（7）完善数字税收法律制度

当前，我国正处于构建以国内大循环为主体、国内国际双循环相互促进的"双循环"新发展格局的关键时期。在此背景下，积极完善数字经济时代的税收体系，已成为浙江省经济持续健康发展的内在需求。针对数字税的立法进程，浙江省应避免仓促行事，同时亦不可停滞不前，而应持续探索适宜的立法方案。为此，汲取国际上数字税立法的先进经验，明确浙江省税收法律体系构建的基本原则，显得尤为关键。

首先，必须立足于现实情况，适应数字经济的虚拟性、灵活性和广泛性等特征。基于实事求是的原则，考虑不同国家和企业之间在数字经济发展水平上的差异性，以及各类经济体在数字经济中所处的发展阶段。针对数字经济中存在的不平等问题，应着重解决，以维护税收公平性原则。其次，应从宏观角度出发，使税收制度与数字经济发展规律相契合，以确保数字经济的健康发展，并促进浙江省整体经济的稳定增长，为企业营造良好的经营环境，增强国际影响力和竞争力。最后，需妥善处理各种规范之间的关系，确保浙江省税收制度的发展水平与国际税收制度的发展同步，保障公平与效率、安全与发展得以实现。完善与浙江省数字经济相适应的税收法律制度，具体内容包括以下几个方面：

第一，充实浙江省税收制度的理论基础。浙江省税收体系需考虑数字经济环境下的企业特征，拓展税收理论基础，认可用户参与作为价值创造的关键要素，对供应与需求相结合的课税权分配理论基础予以重视。具体而言，一方面，需突破以常设机构原则为税收联结度的现行规则，将"用户参与"作为新的税收联结度，将"用户参与"要素纳入数字企业与浙江省实体的联系中，适度扩展衡量企业与浙江省经济联结度的标准。在考虑供应要素的同时，应重视消费者要素，完善市场要素创造价值的征税权分配规则，赋予用户所在国与常设机构所在国同等的征税地位。另一方面，基于"用户参与"能够创造价值的认识，制定统一标准，包括规范"用户参与"价值创造的方式、确定"用户参与"产生的价值量大小，以及根据价值量大小划分征税权的行使范围等详细内容的认定。

第二，明确浙江省在《中华人民共和国企业所得税法》中所得来源的认定。完善所得类型，对原有所得税、营业税进行辨析，将数字税明确为一种特殊的公司所得税，并相应增加其适用浙江省所得税法的相关规定。同时，适当修改我国所得税法中关于"机构、场所"的规定，例如，将浙江省所得税法中关于"机构、场所"的提法修改为与国际税收协定一致的"常设机构"，以缓解法律适用过程中的冲突。

第三，增加对数字经济征税的相关内容。除完善浙江省所得类型外，还需将浙江省国内法中"机构""场所"的列举式规定修改为一般性条款，包含数字经济催生的新型商业模式，降低规则适用时的认定难度，并增加对数字经济所得征税的相关规定，提升浙江省所得税法针对数字经济征税的可操作性。新的税收体系应遵循可税性、公平性原则，将税收法律制度过渡至适应新型商业模式的阶段，将补充内容融入传统税收制度，形成新的税收体系，并做好新旧制度的衔接工作，解决可能导致的重复征税等问题。此外，还需确保浙江省国内税法与 OECD 范本、UN 范本等国际税收协定的衔接，避免适用标准不一致的情况。

参 考 文 献

中文专著

[1] 刘剑文．汤洁茵等．〈中华人民共和国企业所得税法〉条文精解与适用［M］．北京：法律出版社，2007.

[2] 李亮．国际经济法［M］．武汉：华中科技大学出版社，2015.

[3] 曾华群．国际经济法导论［M］．北京：法律出版社，2007.

[4] 朱青．国际税收［M］．北京：中国人民大学出版社，2018.

[5] 张守文．税法原理［M］．北京：北京大学出版社，2018.

[6] 毛捷，赵旭杰．税收经济学［M］．北京：清华大学出版社，2022.

[7] 中国国际税收研究会．中国开放型经济税收发展研究报告［M］．北京：中国税务出版社，2020.

[8] 万莹．税收经济学［M］．上海：复旦大学出版社，2016.

[9] 张林海．税收现代化目标体系建设研究［M］．北京：中国税务出版社，2016.

[10] 弗兰西斯·路纳，本尼迪克特·史蒂芬森．SWARM 中的经济仿真［M］．景体华，等译，北京：社会科学文献出版社，2004.

[11] 国务院发展研究中心创新发展研究部．数字化转型［M］．北京：中国发展出版社，2019.

[12] 习近平．高举中国特色社会主义伟大旗帜为全面建设社会主义现代化国家而团结奋斗：在中国共产党第二十次全国代表大会上的报告［M］．北京：人民出版社，2022.

[13] 中国科学院哲学研究所西方哲学史组．存在主义哲学［M］．北京：商务印书馆，1963.

［14］中共中央文献研究室．江泽民论有中国特色社会主义（专题摘编）［M］．北京：中央文献出版社，2002．

［15］习近平．之江新语［M］．杭州：浙江人民出版社，2007．

［16］谷彦芳，宋凤轩．税收理论与制度（第二版）［M］．北京：人民邮电出版社，2020．

［17］许安平．现代税法的构造论［M］．北京：光明日报出版社，2021．

［18］亚当·斯密．国富论［M］．南京：译林出版社，2011．

［19］马斯洛．动机与人格［M］．许金声，等译，北京：华夏出版社，1987．

期刊

［1］习近平．扎实推动共同富裕［J］．求是，2021（20）：4－8．

［2］张来明，李建伟．促进共同富裕的内涵、战略目标与政策措施［J］．改革，2021（9）：16－33．

［3］张守文．分配结构的财税法调整［J］．中国法学，2011（5）：19－31．

［4］谢晖．论新型权利的基础理念［J］．法学论坛，2019，34（3）：5－19．

［5］蔡虹．农村土地纠纷及其解决机制研究［J］．法学评论，2008（2）：143－150．

［6］龙卫球．数据新型财产权构建及其体系研究［J］．政法论坛，2017，35（4）：63－77．

［7］陈镜先，周全林．数字税：内容、挑战与中国应对［J］．当代财经，2021（4）：28－38．

［8］陈佳．欧盟数字税指令的规则分析及制度启示［J］．南方金融，2020（4）：56－64．

［9］陈彤．数字经济下我国税制改革研究——来自新加坡的启示［J］．上海立信会计金融学院学报，2023：1－14．

［10］崔晓静，刘渊．OECD支柱二方案：挑战与应对［J］．国际税

收，2021（9）：51－64

[11] 龚辉文．数字税的实践进展及其引发的争议与反思［J］．税务研究，2021（1）：39－46.

[12] 国家税务总局税收科学研究所课题组，谭珩，李本贵，龚辉文，等．数字经济对我国税制和征管的影响及相关政策建议［J］．国际税收，2022（3）：3－11.

[13] 黄健雄，崔军．数字税现状与中国应对［J］．税务与经济，2020（2）：85－90.

[14] 郝东杰，陈双专．数字经济跨境课税之"双支柱"方案的创新、影响及应对［J］．税务研究，2020（11）：100－107.

[15] 贺娜，李香菊．数字税立法研究：国别实践比较与中国政策选择［J］．中国科技论坛，2022（4）：180－188.

[16] 孔含笑．应对数字税收挑战的国际方案比较［J］．财政科学，2022（5）：134－145.

[17] 韩霖，高阳，田芸芸．纵览经济数字化背景下国际税收规则的重塑——专访 IBFD 国际税法专家 Victorvan Kommer 教授［J］．国际税收，2020（4）：36－39.

[18] 曹明星．OECD 数字税改方案述评：理论阐释、权益衡平与规则建构［J］．税务研究，2021（6）：77－84.

[19] 华成红．数字税的国际实践研究及启示［J］．现代商业，2020（19）：181－182.

[20] 卢艺．数字税：理论、政策与分析［J］．税务研究，2019（6）：72－77.

[21] 刘奇超，罗翔丹，刘思柯，等．经济数字化的税收规则：理论发展、立法实践与路径前瞻［J］．国际税收，2018（4）：35－42.

[22] 李香菊，刘硕，姚琴．数字经济背景下税收征管体系的国际经验与政策建议［J］．经济体制改革，2020（1）：156－163.

[23] 李金艳，陈新．关于双支柱方案的全球税收共识：真相探究和法律现实［J］．国际税收，2022（3）：12－23.

[24] 李蕊，李水军．数字经济：中国税收制度何以回应［J］．税务

研究, 2020 (3): 91-98.

[25] 刘丽, 陈高桦. OECD "双支柱" 改革方案研究及其对中国的影响分析 [J]. 国际税收, 2020 (8): 14-23.

[26] 刘宏松, 程海烨. 美欧数字税规则博弈探析 [J]. 欧洲研究, 2022, 40 (3): 78-101, 7.

[27] 廖益新, 宫廷. 英国数字税: 规则分析与制度反思 [J]. 税务研究, 2019 (5): 74-80.

[28] 励贺林. 对数字经济商业模式下收益归属国际税收规则的思考 [J]. 税务研究, 2018 (7).

[29] 励贺林, 骆亭宇, 姚丽. 联合国协定范本12B条款的突破与局限 [J]. 国际税收, 2021 (8): 39-45.

[30] 李洁. 美国301调查: 数字税实践动向及其对国际税收规则的冲击 [J]. 海南金融, 2021 (11): 37-47, 75.

[31] 罗翔丹, 刘奇超, 李垚林, 等. 经济数字化的税收规则研究系列文章 (二) 印度均衡税: 理论阐释、立法实践与政策思考 [J]. 国际税收, 2018 (2): 36-42.

[32] 陆艺婷. OECD下数字税收改革的最新进展及中国应对——以税收管辖权为中心展开 [J]. 中国商论, 2022 (13): 94-96.

[33] 茅孝军. 从临时措施到贸易保护: 欧盟 "数字税" 的兴起、演化与省思 [J]. 欧洲研究, 2019 (6): 58-77.

[34] 邱峰. 数字税的国际实践及启示 [J]. 西南金融, 2020 (3): 13-24.

[35] 宋丽颖, 魏佳雯. 数字税对企业的影响及我国的应对 [J]. 税务研究, 2021 (3): 72-78.

[36] 邵军, 杨丹辉. 全球数字税的演进动态与中国的应对策略 [J]. 国际经济评论. 2021 (3): 121-136, 7.

[37] 王宝顺, 邱柯, 张秋璇. 数字经济对国际税收征管的影响与对策——基于常设机构视角 [J]. 税务研究, 2019 (2): 86-91.

[38] 薛伟. 数字经济下的增值税: 征税机制、避税问题及征收例解 [J]. 财会月刊, 2021 (9): 156-160.

[39] 薛榆淞. 论数字税确立为常设税种的正当性 [J]. 地方财政研究, 2022 (2): 57 - 67.

[40] 叶学诚. 多重博弈下的国际税改: "双支柱" 方案透视 [J]. 互联网天地, 2022 (10): 28 - 33.

[41] 岳云嵩, 齐彬露. 欧盟数字税推进现状及对我国的启示 [J]. 税务与经济, 2019 (4): 94 - 99.

[42] 朱青, 白雪苑. OECD "双支柱" 国际税改方案的最新进展 [J]. 国际税收, 2023 (1): 26 - 30.

[43] 张守文. 数字税立法: 原理依循与价值引领 [J]. 税务研究, 2021 (1): 31 - 38.

[44] 张志勇. 近期国际税收规则的演化——回顾、分析与展望 [J]. 国际税收, 2020 (1): 3 - 9.

[45] 张春燕. 法国数字税法案的出台背景及影响分析 [J]. 国际税收, 2020 (1): 53 - 57.

[46] 张智勇. 数字税: 正当的课税抑或服务贸易的壁垒? [J]. 国际税收, 2020 (4): 28 - 35.

[47] 张奇源. 数字税的争议分析与中国进路 [J]. 海南金融, 2023 (1): 38 - 47.

[48] 朱明霞. 数字税的国际实践、影响与启示 [J]. 财会月刊, 2022 (7): 153 - 160.

[49] 吴小强, 李晓凡, 崔军. 双支柱时代国际税收环境与中资跨国企业全球税务策略 [J]. 税务研究, 2022 (3): 79 - 84

[50] 商红明. 数字经济背景下电子商务的税法回应: 美国判例与中国立法 [J]. 经贸法律评论, 2023 (1): 39 - 53.

[51] 蒋退雄. 数字经济背景下中国避税规制的法律路径 [J]. 法学评论, 2023, 41 (2): 127 - 138.

[52] 樊勇, 邵琪. 数字经济、税收管辖与增值税改革 [J]. 国际税收, 2021 (3): 11 - 17.

[53] 陆海依. 数字经济时代我国税收征管法律制度的改良路径 [J]. 西华大学学报 (哲学社会科学版), 2021, 40 (3): 62 - 69.

［54］王敏，彭敏娇．数字经济发展对税收征纳主体行为的影响及政策建议［J］．经济纵横，2020（8）：93－99．

［55］秦思楠．数字经济对税收征管的挑战与对策研究［J］．南方金融，2022（3）：41－50．

［56］姚轩鸽．数字经济对税收征管方式的挑战及对策研究［J］．西部学刊，2019（23）：30－34．

［57］陈咏升，潘国忠，王文来．应对跨境数字产品交易的税收方案［J］．税务研究，2016（10）：100－102．

［58］杨庆．数字经济对税收治理转型的影响与对策——基于政治经济学和治理理论分析视角［J］．税务研究，2020（10）：56－62．

［59］雷若彤．数字经济税收治理的现实挑战与应对［J］．财会研究，2024（10）：24－30．

［60］袁娇，王敏．数字经济时代我国税收征管适配转型迭代的路径思考［J］．东北财经大学学报，2024（5）：24－32．

［61］肖育才，廖露．数字经济、税收征管效率及税收增长［J］．税收经济研究，2024，29（4）：35－46．

［62］伊俊宏．电子商务时代数字化产品销售的税收性质确定问题研究［J］．辽宁行政学院学报，2002（2）：89－91．

［63］赵百丽．对数字化产品和网上服务网上销售征收增值税的可行性研究［J］．网络法律评论，2004，5（2）：117－136．

［64］周列平，李森焱．经济数字化的增值税挑战与国际借鉴［J］．财会通讯，2020（18）：154－157．

［65］董旸．欧盟电子商务增值税新政初探［J］．国际税收，2018（2）：17－20．

［66］马晓鸣．部分国家跨境服务增值税政策研究［J］．国际税收，2018（5）：58－63．

［67］郭昌盛．应对数字经济直接税挑战的国际实践与中国进路［J］．法律科学（西北政法大学学报），2022，40（4）：51－67．

［68］沈瑛华，梁紫．应对数字经济发展澳大利亚货劳税税制借鉴与思考［J］．国际税收，2018（2）：21－26．

[69] 王怡璞，王丹. 数字经济税收征管的要素分析与设计 [J]. 财政监督，2020（6）：15－21.

[70] 刘鸿宇. 数字共享经济平台价值共创的伦理探析 [J]. 科学学研究，2022，40（8）：1353－1360.

[71] 郑洁，程可. 规范和激励：平台经济税收征管研究 [J]. 税务研究，2021（8）：71－76.

[72] 于树一，蔡乐渭. 论数字税的机遇与挑战——基于中俄比较视角 [J]. 公共财政研究，2022（4）：5－20.

[73] 何杨，陈琍，刘金科. 经济数字化的所得税挑战与中国应对策略 [J]. 财政科学，2019（2）：20－27.

[74] 王克智. 数字税立场和税制的国际比较与应对 [J]. 税务研究，2021（9）：77－83.

[75] 马妍馨. 减税降费政策背景下我国财政可持续性问题研究 [J]. 现代营销（下旬刊），2022（6）：10－12.

[76] 蔡昌，赵艳艳，李梦娟. 区块链赋能数据资产确权与税收治理 [J]. 税务研究，2021（7）：90－97.

[77] 王拓. 数字服务贸易及相关政策比较研究 [J]. 国际贸易，2019（9）：80－89.

[78] 莫丽琼. 数字经济下跨境服务增值税制度的国际借鉴及启示 [J]. 湖南税务高等专科学校学报，2020，33（6）：19－23.

[79] 马晓鸣. 部分国家跨境服务增值税政策研究 [J]. 国际税收，2018（5）：58－63.

[80] 胡洪曙，陈悦. 基于澳大利亚商品服务税经验借鉴的我国增值税改革 [J]. 税务研究，2019（1）：59－63.

[81] 宫廷. 我国跨境 B2C 数字化服务增值税管辖权规则的检思与建构 [J]. 国际税收，2019（10）：41－49.

[82] 张馨予. 数字经济对增值税税收遵从的挑战与应对——欧盟增值税改革的最新进展及启示 [J]. 西部论坛，2020，30（6）：113－121.

[83] 张斌. 数字经济对税收的影响：挑战与机遇 [J]. 国际税收，2016（6）：30－32.

[84] 王丽华. 全球税收治理及中国参与的法治进路 [J]. 环球法律评论, 2017, 39 (6): 154 – 171.

[85] 张泽平. 全球治理背景下国际税收秩序的挑战与变革 [J]. 中国法学, 2017 (3): 184 – 201.

[86] 韩喜平, 巩瑞波. "四个全面"战略布局与中国现代化探索 [J]. 教学与研究, 2016 (4): 13 – 14.

[87] 巩瑞波. 综述与展望: 理解"现代化中国方案"的四重维度 [J]. 当代世界与社会主义 (双月刊), 2019 (2): 200 – 201.

[88] 关欣佳, 刘兰娟, 黄欣. 数字经济产业的税收和投资溢出效应研究——基于上海 CGE 模拟分析 [J]. 上海财经大学学报, 2023 (4): 93 – 95.

[89] 张晨, 张新颜. 数字治理、治理质量与经济增长 [J]. 统计研究, 2023 (7): 123.

[90] 高强, 吉畅, 杨淳. 短视频数字平台商业模式集聚及组态分析——以抖音短视频创业者为例 [J]. 东北财经大学学报, 2023 (4): 65 – 70.

[91] 徐锌炜. 数字经济时代下新兴商业模式的法律适应 [J]. 产业创新研究, 2023 (13): 55 – 56.

[92] 柳华平, 杜林, 张镱. 提高税收确定性的路径选择——基于 IMF 和 OECD〈税收确定性专题报告〉的启思 [J]. 税务研究, 2023 (7): 131 – 132.

[93] 李心灵, 祁敬宇. 平台经济治理的现实困境与完善路径 [J]. 行政管理改革, 2023 (6): 33 – 35.

[94] 李海舰, 赵丽. 数据价值理论研究 [J]. 财贸经济, 2023 (6): 5 – 6.

[95] 代志新, 高宏宇, 程鹏. 行为助推对纳税遵从的促进效应研究 [J]. 管理世界, 2023 (6): 51 – 53.

[96] 缑长艳, 唐晓旺. 双支柱方案下的我国企业所得税改革: 契机、压力及应对 [J]. 税务研究, 2023 (6): 33 – 35.

[97] 裴丹, 陈伟光. 数字经济时代下平台经济的全球治理——基于

大国博弈视角 [J]. 暨南学报（哲学社会科学版），2023（3）：111 – 115.

　　[98] 邱耕田. 差异性原理与科学发展观 [J]. 中国社会科学，2013（1）：4 – 21.

　　[99] 王旭光. 协同视域下企业合规相对不起诉制度研究 [J]. 法律适用，2023（5）：3 – 17.

　　[100] 李瑞军，董晓辉. 新时代共同富裕的深刻内涵和实现路径：回顾与展望 [J]. 晋阳学刊，2021（1）：13 – 20.

　　[101] 姚子健."共同富裕促进法"立法研究 [J]. 中国矿业大学学报（社会科学版），2023，25（1）：39 – 54.

　　[102] 陈金钊，吴冬兴. 正视社会保障权及其实现方法 [J]. 北京联合大学学报（人文社会科学版），2018，16（3）：74 – 85.

　　[103] 胡怡建，周静虹. 深化地方税体系改革服务中国式现代化 [J]. 税务研究，2023（8）：5 – 11.

　　[104] 曾军平. 税收究竟该如何助推共同富裕？ [J]. 税务研究，2022（4）：19 – 26.

　　[105] 王雍君. 共同富裕视角下税收合理化：分析框架、实践路径与优先事项 [J]. 国际税收，2023（8）：3 – 14.

　　[106] 马金华，杨宏，刘宇. 税收学理下的共同富裕：历史逻辑、理论渊源与现实选择 [J]. 税务研究，2022（10）：5 – 11.

　　[107] 孙洋，张继. 促进收入公平分配的税收制度及政策完善 [J]. 税务研究，2022（10）：24 – 27.

　　[108] 邓力平. 社会主义市场经济下的资本特性与税收对策 [J]. 税务研究，2022（5）：5 – 13.

　　[109] 蔡昌. 电商税收流失测算与治理研究 [J]. 会计之友，2017（8）：2 – 13.

　　[110] 刘鹏岩，杨晓妹. 直接税促进共同富裕的内在逻辑与优化路径 [J]. 税务研究，2022（10）：12 – 17.

　　[111] 林权，陈媛媛. 税收助力第三次分配的政策选择 [J]. 地方财政研究，2023（6）：64 – 73.

　　[112] 张念明. 基于调节视角的个人所得税改革探析 [J]. 税务研

究，2021（10）：43 - 47.

[113] 岳希明，张玄. 强化我国税制的收入分配功能：途径、效果与对策 [J]. 税务研究，2020（3）：13 - 21.

[114] 刘伟. 完善税收制度促进共同富裕 [J]. 中国金融，2022（6）：11 - 13.

[115] 韩学丽. 共同富裕视角下个人所得税的作用机理及优化路径 [J]. 地方财政研究，2022（1）：7 - 14.

[116] 何辉，樊丽卓. 房产税的收入再分配效应研究 [J]. 税务研究，2016（12）：48 - 52.

[117] 朱青. 论优化我国税制结构的方向 [J]. 税务研究，2021（10）：5 - 9.

[118] 赵桂芝，李亚杰. 促进收入分配公平的税收制度完善 [J]. 税务研究，2021（4）：31 - 35.

[119] 郭庆旺，吕冰洋. 论税收对要素收入分配的影响 [J]. 经济研究，2011（6）：16 - 30.

[120] 田志伟. 企业所得税税负归宿与收入分配 [J]. 财经论丛，2018（7）：27 - 36.

[121] 卢洪友，杜亦譞. 中国财政再分配与减贫效应的数量测度 [J]. 经济研究，2019（2）：4 - 20.

[122] 邓小俊，郑雷. 数字经济时代欧盟数字税改革动向及我国应对 [J]. 福建论坛（人文社会科学版），2020（6）：95 - 103.

[123] 李蕊，李水军. 数字经济：中国税收制度何以回应 [J]. 税务研究，2020（4）：92 - 98.

[124] 白彦锋，岳童. 数字税征管的国际经验、现实挑战与策略选择 [J]. 改革，2021（2）：69 - 80.

[125] 殷晓元，彭静. 中国式现代化视域下共同富裕的科学内涵、历史演进和实践方略 [J]. 湘潭大学学报（哲学社会科学版），2022，46（5）：114 - 120.

[126] 崔惠玉. 共同富裕视阈下生态补偿财政政策研究 [J]. 甘肃社会科学，2022（4）：174 - 183.

[127] 孟书广. 中国式现代化进程中实现共同富裕的路径研究 [J]. 理论研究, 2024 (5): 6 - 14.

[128] 杨文圣, 张玥. 中国式现代化视域下共同富裕的四维审思 [J]. 河海大学学报 (哲学社会科学版), 2023, 25 (4): 1 - 9.

[129] 陈宗胜, 杨希雷. 构建共同富裕指标体系的原则与思路 [J]. 国家治理, 2023 (1): 18 - 19.

[130] 李金昌, 余卫. 共同富裕统计监测评价探讨 [J]. 统计研究, 2022, 39 (2): 3 - 17.

[131] 佟孟华, 褚翠翠, 李洋. 中国经济高质量发展的分布动态、地区差异与收敛性研究 [J]. 数量经济技术经济研究, 2022, 39 (6): 3 - 22.

[132] 傅才武, 高为. 精神生活共同富裕的基本内涵与指标体系 [J]. 山东大学学报 (哲学社会科学版), 2022 (6): 11 - 24.

[133] 黄鑫权. 习近平关于精神生活共同富裕重要论述的三重价值向度 [J]. 学习论坛, 2022 (5): 114 - 121.

[134] 席华娟, 王晓娥. 中国共同富裕的统计监测、区域差距和动态规律 [J]. 统计与决策, 2023, 39 (17): 5 - 10.

[135] 柯艺伟, 张振. 论新时代共同富裕思想的理论渊源与核心要义 [J]. 社会主义研究, 2022 (4): 86 - 92.

[136] 解安, 侯启缘. 新发展阶段下的共同富裕探析——理论内涵、指标测度及三大逻辑关系 [J]. 河北学刊, 2022, 42 (1): 131 - 139.

[137] 宋群. 我国共同富裕的内涵、特征及评价指标初探 [J]. 全球化, 2014 (1): 35 - 47, 124.

[138] 李季刚, 郝福莱. 数字普惠金融服务共同富裕效率测度 [J]. 统计与决策, 2022 (17): 140 - 144.

[139] 薛宝贵, 王玎玲. 共同富裕评价指标体系的构建 [J]. 郑州大学学报 (哲学社会科学版), 2023, 56 (3): 60 - 66.

[140] 杜轶潋. 研究财政税收对市场经济发展的影响 [J]. 经济研究导刊, 2021 (22): 65 - 67.

[141] 王加峰. 财政税收对市场经济发展的重要影响探析 [J]. 纳

税，2021，15（10）：9－10．

[142] 史代敏，李鹏．税收影响经济增长的投入产出分析 [J]．经济统计学（季刊），2014（1）：65－66．

[143] 时春艳．财政税收对市场经济发展的影响与改进建议 [J]．经济师，2022（4）：126－127．

[144] 曹润林，陈海林．税收负担、税制结构对经济高质量发展的影响 [J]．税务研究，2021（1）：126－133．

[145] 朱明熙．税收调节个人收入分配的着力点 [J]．财经科学，1994（5）：16－17．

[146] 李英伟，李松森．调节居民收入分配差距的直接税改革设想 [J]．改革与战略，2017，33（10）：111－114．

[147] 刘菲．论税收与国民经济的和谐发展 [J]．社会主义研究，2007（5）：132－133．

[148] 马永斌，闫佳．不同收入分配层次的税收调节机制 [J]．税务与经济，2017（2）：64－69．

[149] 贾康，程瑜，于长革．优化收入分配的认知框架、思路、原则与建议 [J]．财贸经济，2018，39（2）：5－20．

[150] 李实．从全面小康走向共同富裕的着力点 [J]．中国党政干部论坛，2020（2）：16－19．

[151] 金鹏伟．注册制下新三板市场生态变化与转板机制研究 [J]．人大复印报刊资料《投资与证券》，2023（1）：8－9．

[152] 雷根强，郭玥．差别费用扣除与个人所得税制改革——基于微观数据的评估 [J]．财政研究，2016（6）：28－41．

[153] 刘文璋，卢洪友，余锦亮．兼顾分配公平与增长可持续性的税制优化路径——基于跨国数据联立方程的经验分析 [J]．经济体制改革，2019（6）：163－171．

[154] 李晶，牛雪红．基于收入结构的个人所得税收入分配效应研究 [J]．宏观经济研究，2022（2）：16－17．

[155] 陈建东，伍蔓霖．消费税对城乡居民收入分配的影响研究 [J]．税务研究，2019（6）：44－48．

[156] 张敏，李颖，曹青. 间接税税负归宿对城镇居民收入分配的影响研究 [J]. 税务研究，2021 (9)：112 - 117.

[157] 严成樑. 社会资本、创新与长期经济增长 [J]. 经济研究，2012 (11)：48 - 50.

[158] 赵宸宇，王文春，李雪松. 数字化转型如何影响企业全要素生产率 [J]. 财贸经济，2021 (7)：114 - 119.

[159] 李磊，王小霞，包群. 机器人的就业效应：机制与中国经验 [J]. 管理世界，2021 (9)：104 - 109.

[160] 冯俏彬，李承健. 数字税的国际实践及其对我国的影响 [J]. 经济要参，2021 (47)：5 - 10.

[161] 马洪范，胥玲，刘国平. 数字经济、税收冲击与税收治理变革 [J]. 税务研究，2021 (4)：84 - 91.

[162] 曹彦君. 巨头告别低税率 [J]. 21 世纪商业评论，2021 (9)：12 - 14.

[163] 邢小强，汤新慧，王珏，等. 数字平台履责与共享价值创造——基于字节跳动扶贫的案例研究 [J]. 管理世界，2021 (12)：152 - 176.

[164] 管彤彤. 数字税：政策源起、理论争议与实践差异 [J]. 国际税收，2019 (10)：58 - 63.

[165] 励贺林，姚丽. 法国数字税与美国"301 调查"：经济数字化挑战下国家税收利希的博弈 [J]. 财政科学，2019 (8)：154 - 158.

[166] 何杨，经济数字化背景下的国际税收变革：理论框架与影响分析 [J]. 国际税收，2020 (6)：49 - 53.

[167] 陈永伟. 美国众议院〈数字市场竞争状况调查报告〉介评 [J]. 竞争政策研究，2020 (5)：5 - 20.

[168] 董小君，郭晓婧. 数字税征收的国际实践及我国应对方案 [J]. 江苏行政学院学报，2022 (5)：41 - 47.

[169] 何杨，陈琍. 经济数字化的税收挑战 [J]. 中国财政，2019 (18)：17 - 19.

[170] 彭敏娇，袁娇，王敏. 数字经济下跨境税收征管问题及路径选

择［J］．国际税收，2021（6）：75－81．

［171］孙红梅．关于数字经济时代全球税收治理的几点认识——基于"双支柱"方案达成共识的视角［J］．财政科学，2021（11）：26－34．

［172］艾华，王佳琳，庄佳强．支柱二规则对我国的影响及企业所得税应对措施［J］．税务研究，2022（4）：42－47．

［173］吴小强，王芳．税收新政下基础设施REITs架构搭建的税收分析与操作建议［J］．注册税务师，2022（5）：52－55．

［174］朱青．OECD第二支柱中的IIR规则与美国GILTI税制的差异［J］．税务研究，2021（2）：85－88．

［175］侯立新，白庆辉．数字税的特征及征管建议［J］．财务与会计，2020（15）：79－80．

［176］张泽平．数字经济背景下的国际税收管辖权划分原则［J］．学术月刊，2015，47（2）：84－92．

［177］张巍，郭晓霏．数字经济下常设机构规则面临的挑战及应对［J］．税务研究，2016（7）：85－88．

［178］黄明林，周敏．数字税的理论依据及归宿探析［J］．经济研究参考，2021（21）：98－112．

［179］崔威，刘奇超，沈涛．数字税：一种概念上的辩护［J］．经济研究参考，2020（19）：30－55．

［180］刘奇超，曹明星．地域性特殊优势之"市场溢价"理论透视：由来、定位、实践与未来趋向［J］．中央财经大学学报，2016（3）：22－32．

［181］管治华，陈燕萍，李靖．国际视域下数字经济国际税收竞争挑战的应对［J］．江淮论坛，2019（5）：85．

［182］赵学清．马克思共同富裕思想再探讨［J］．中国特色社会主义研究，2014（6）：51－56．

［183］郁建兴，任杰．共同富裕的理论内涵与政策议程［J］．政治学研究，2021：（3）：13－25，159－160．

［184］乔榛．共同富裕的理论、历史和现实逻辑［J］．天津社会科学，2023（2）：117－124．

［185］逢锦聚．中国共产党带领人民为共同富裕百年奋斗的理论与实践［J］．经济学动态，2021（5）：8－16．

［186］刘培林，钱滔，黄先海，等．共同富裕的内涵、实现路径与测度方法［J］．管理世界，2021，37（8）：117－129．

［187］王海燕．共同富裕的内涵特征、时代必然性和工作重点［J］．人民论坛·学术前沿，2022（Z1）：103－108．

［188］李军鹏．共同富裕：概念辨析、百年探索与现代化目标［J］．改革，2021（10）：12－21．

［189］朱太辉，林思涵，张晓晨．数字经济时代平台企业如何促进共同富裕［J］．金融经济学研究，2022，37（1）：181－192．

［190］储德银，费冒盛．财政纵向失衡、税收努力与地方经济增长［J］．当代财经，2021（10）：30－42．

［191］王维嘉，储德银，纪凡．税制结构优化与共同富裕：作用机制与经验证据［J］．税务研究，2024（7）：17－25．

［192］梁季，陈少波．共同富裕背景下扩大中等收入群体的财税制度优化路径［J］．学习与实践，2024（2）：91－101．

［193］张智勇．数字税：正当的课税抑或服务贸易的壁垒？［J］．国际税收，2020（40）：28－35．

［194］刘奇超．论全球反税基侵蚀方案的规则设计：一个观点综述［J］．国际税收，2020（8）：24－36．

［195］陈勃．论数字经济挑战下的企业所得税制度回应［J］．税收经济研究，2020，25（5）：7－14．

［196］姚丽．愿景与现实：OECD 应对经济数字化税收挑战的"统一方法"［J］．税务研究，2020（6）：70－78．

［197］邱冬梅．数字经济所得课税国际规则制定的最新进展及中国应对［J］．税务研究，2020（10）：63－72．

［198］樊轶侠，王卿．经济数字化背景下国际税收规则发展对 OECD"统一方法"的解读和研究论［J］．税务研究，2020（68）：79－85．

［199］朱青，杨宁．关于 OECD 应对经济数字化国际税收改革方案的评论［J］．国际税收，2020（8）：3－7．

［200］张群.全球数字税最新进展、动因及对我国的启示［J］.信息通信技术与政策，2019（7）：81－84.

［201］陈佳.欧盟数字税指令的规则分析及制度启示［J］.南方金融，2020（4）：56－64.

［202］岳云嵩，齐彬露.欧盟数字税推进现状及对我国的启示［J］.税务与经济，2019（4）：94－99.

［203］黄祖辉，傅琳琳.浙江高质量发展建设共同富裕示范区的实践探索与模式解析［J］.改革，2022（5）：31.

［204］黄毅峰，叶好.促进全体人民共同富裕的历史进路、现实逻辑与实践路径［J］.甘肃理论学刊，2021，267（5）：5－12，2.

［205］侯卓.数字税开征的正当性及其思路——基于互联网反垄断视角的考察［J］.江海学刊，2022（2）：151－160.

［206］齐萌，刘博.数字税：理论阐释、国际实践与中国进路［J］.上海财经大学学报，2022（3）：139－152.

［207］邓学飞，新华，吕敏.平台经济下直播带货税收治理问题研究［J］.税务与经济，2022（5）：45－47.

［208］梅德祥，何鸿，李肖萌.洗钱对我国逃税规模的影响研究［J］.西南金融，2020（8）：37.

［209］洪联英，周天宇.共同富裕导向下数字税征税逻辑与推进思路——基于数据要素融入收入分配制度改革的思考［J］.财会通讯，2023（4）：3－5.

［210］王威.德美贸易摩擦的新特征、成因与趋势［J］.德国研究，2020，35（1）：115－125

［211］黄永林，宋俊华，张士闪，等.文化数字化的多维观察与前瞻（笔谈）［J］.华中师范大学学报（人文社会科学版），2023，62（1）：56.

［212］韩文龙，晏宇翔.平台经济发展的趋势、挑战与治理［J］.新理财，2022（12）：23－26.

［213］张守文.人工智能产业发展的经济法规制［J］.政治与法律，2019（1）：2－10.

[214] 敖白浪. 试论经济法的价值 [J]. 商场现代化, 2006 (32): 285.

[215] 胡兰玲. 追求公平下的效率: 和谐社会的经济法解读 [J]. 科学·经济·社会, 2006 (1): 91－93.

[216] 蒋文超, 周丽颖, 刘玉龙. 税收效率、税收中性与税制改革——以浙江艾特公司为例 [J]. 财会月刊, 2016 (26): 71－75.

[217] 梅宇东. 帕累托最优涵义之辨 [J]. 中国经贸导刊, 2014 (14): 57－59.

[218] 安东. 论法律的安全价值 [J]. 法学评论, 2012, 30 (3): 3－8.

[219] 李晓华. 以新发展理念引领制造业高质量发展 [J]. 人民论坛·学术前沿, 2021 (13): 51－59.

[220] 蒋博, 李明. 习近平关于构建 "双循环" 新发展格局重要论述的四维价值向度 [J]. 江西财经大学学报, 2022 (1): 3－11.

[221] 王婷婷. 从恣意到谦抑: 税权运行的法治化路径 [J]. 现代经济探讨, 2016 (10): 79.

[222] 王家俊. 信托税制中税负主体的确定性研究 [J]. 江汉论坛, 2020 (7): 112－118.

[223] 罗敏. 现代财政制度视域下我国退税制度之检讨与法治化改造 [J]. 税务与经济, 2020 (4): 81.

[224] 王惠. 再论税法谦抑性——兼论税权谦抑与结构性减税 [J]. 江西社会科学, 2012, 32 (4): 138.

[225] 欧阳天健. 税法拟制条款的证成及反思 [J]. 法学, 2019 (9): 132.

[226] 刘剑文. 税法典目标下税法总则的功能定位与体系安排 [J]. 法律科学 (西北政法大学报), 2023, 41 (1): 118.

[227] 张守文. 税收立法要素探析——以印花税立法为例 [J]. 政治与法律, 2022 (5) 5.

[228] 张守文. 数字税立法: 原理依循与价值引领 [J]. 税务研究, 2021 (1) 38.

［229］薛建兰，李洲，单云慧．大数据时代下纳税人涉税信息保护研究［J］．经济问题，2022（6）25-33．

［230］赵英臣．论统筹普遍安全与共同发展［J］．陕西师范大学学报（哲学社会科学版），2022，51（2）33．

［231］侯立新，白庆辉．数字税的特征及征管建议［J］．财务与会计，2020（15）：79-80．

［232］白彦锋，岳童．数字税征管的国际经验、现实挑战与策略选择［J］．改革，2021（2）：72．

［233］岳树梅，许俊．OECD下数字税收法律治理的框架与路径：美国范式及中国借鉴［J］．法学评论，2021，39（6）：165-167．

［234］江小涓，罗立彬．网络时代的服务全球化——新引擎、加速度和大国竞争力［J］．中国社会科学，2019（2）：68-69．

硕博论文

［1］何金瞳．数字经济背景下我国增值税法律问题研究［D］．重庆：重庆工商大学，2023．

［2］林沛．数字经济下跨境增值税目的地原则适用研究［D］．上海：华东政法大学，2022．

［3］贾铭昕．数字经济发展对税收征管的挑战及对策研究［D］．呼和浩特：内蒙古财经大学，2022．

［4］彭敏娇．数字经济下纳税遵从问题研究［D］．昆明：云南财经大学，2023．

［5］董雪．我国税收政策对经济增长的影响效应及其传导机制研究［D］．长春：吉林大学，2021．

报纸

［1］中国信息通信研究院．中国数字经济发展与就业白皮书2019［R］．2019．

［2］波士顿咨询公司．迈向2035：4亿数字经济就业的未来［R］．2017．

［3］孟祺．数字经济促进就业技能结构调整［N］．社会科学报，2021-

04 – 15 (002).

[4] 国家工业信息安全发展研究中心. 工业和信息化蓝皮书: 2020—2021 数字经济发展报告 [R]. 北京: 电子工业出版社, 2021: 25.

[5] 习近平. 在企业家座谈会上的讲话 [N]. 人民日报, 2020 – 07 – 22 (2).

外文文献

[1] Camererc, Thalerrh. Ultimatums, Dictators and Manners [J]. Journal of Economic Perspectives, 1995, 9 (2): 209 – 219.

[2] Zuo G. W. Wired and Hired: Employment Effects of Subsidized Broadband Internet for Low-Income Americans [J]. American Economic Journal: Economic Policy, 2021, 13 (3): 447 – 482.

[3] María Dolores B., M. E. S., Isabel C. An alternative index to the global comp etitiveness index. [J]. Plo S one, 2022, 17 (3).

[4] Santos E. M., Villatoro P. A Multidimensional Poverty Index for Latin America [J]. Review of Income and Wealth, 2018, 64 (1).

[5] Nanak K., Xiaobing W., Ning X. et al. Growth and Common Prosperity in China [J]. China & World Economy, 2022, 30 (1).

[6] Kang H. P. Educational Expansion And Educational Inequality On Income Distribution [J]. Economics of Education Review, 1996, 15 (1): 51 – 58.

[7] Meng, Cai, Ximing Y. The Redistributive Role Of Government Social Security Transfers on Inequality In China [J]. China Economic Review, 2020, 62 (Prepublish).

[8] Basu S., Fernald J. Information and Communications Technology as a General – Purpose Technology: Evidence FromUS Industry Data [J]. German Economic Review, 2007, 8 (2): 146 – 173.

[9] Tranos E., Kitsos T., Ortega – Argiles R. Digital Economy in the UK: Regional Productivity Effects of EarlyAdoption [J]. Regional Studies, 2021, 55 (12): 1924 – 1938.

[10] Hjort J. , Poulsen J. The Arrival of Fast Internet and Employment in Africa [J]. The American Economic Review, 2019, 109 (3): 1032 – 1079.

[11] Watzinger M. , Fackler T. A. , Nagler M. How Antitrust Enforcement Can Spur Innovation: Bell Labs and the 1956Consent Decree [J]. American Economic Journal: Economic Policy, 2020, 12 (4): 328 – 359.

[12] Boman M. , Wassarmann. Tax knowledge for digital economy [J]. Journal of Economic and Financial Sciences. 2020, 13 (2): 1 – 4, a451.

[13] Cui W. The Superiority of the Digital Services Tax over Significant Digital Presence Proposals [J]. National Tax Journal. 2019, 72 (4): 839 – 856, 15.

[14] European Commission. Impact Assessment: Proposal for a Council Directive laying down rules relating to the corporate taxation of a significant digital presence and Proposal for a Council Directive on the common system of a digital services tax on revenues resulting from the provision of certain digital services [R]. Bmssels: European Commission, 2018.

[15] Stefanie Geringer. National digital taxes Lessons from Europe [J]. South African Journal of Accounting Research, 2021, 35 (1): 1 – 19.

[16] See R. L. Doernberg, Electronic Commerce and International Tax Sharing, 16 Tax Notes International 1013, March 30, 1998, LEXIS/NEXIS, Fedtax, Library TNI File, TN 160.

[17] OECD, Addressing the Tax Challenges of the Digital Economy, 2014, P45.

[18] European Commission, Proposal for a COUNCIL DIRECTIVE on the common system of a digital services tax on revenues resulting from the provision of certain digital services, Brussels, 21. 3. 2018, p7.

[19] H. M. Treasury, Digital Services Tax: Consultation (November, 2018) [EB/OL]. www. gov. uk/government/Publications, last visited on 9th February, 2022.

[20] Double Taxation Treaty between Ireland and France Convention between Ireland and France for the avoidance of double taxation and the prevention

of fiscal evasion with respect to taxes on income，Article 1（3）.

［21］Double Taxation Treaty between Ireland and France Convention between Ireland and France for the avoidance of double taxation and the prevention of fiscal evasion with respect to taxes on income，Article 22.

［22］Jin P. W.，Yu L. H.，Ahmad K.，Shafique H. M.，Ahmad A. Evaluating the factors influencing the adoption of digital culture among university students in developing areas of South Punjab［J］. Information Development，2024，20.

［23］See Pw C，OECD releases blueprints on pillar one and pillar two，updated economic analysis，Oct. 10，2020.

［24］OECD/G20 Inclusive Framework on BEPS invites public input on the Pillar One and Pillar Two Blueprints，Dec10，2020.

［25］See Daniel Bunn：A Summary of Criticisms of the EU Digital Tax，Fisal Fact，No. 618，Oct. 2018.

网址

［1］澎湃. 全球唯一，苹果公司市值超 3 万亿美元［EB/OL］. （2022 - 01 - 04）［2023 - 04 - 30］. https：//www. thepaper. cn/news Detail_ forward_16136424.

［2］IT 之家. Meta 宣布全球日活用户超 30 亿，其中脸书日活超 20. 4 亿［EB/OL］. （2023 - 04 - 27）. https：//www. ithome. com/0/689/349. htm.

［3］澎湃. 首家二次大规模裁员科技公司！Meta 时隔 4 个月拟再裁 1 万人［EB/OL］. （2023 - 03 - 14）. https：//www. thepaper. cn/news Detail_ forward_22294785.

［4］Statcounter Global Stats. Search Engine Market Share Worldwide - March 2023［DB/ML］. https：//gs. statcounter. com/search - engine - market - share#monthly - 202203 - 202303.

［5］Hill，J&Hawson，J. U. K. Digital Services Tax - How Will it Work in Practice?［EB/OL］. （2018 - 12 - OS）https：//news. bloombergtax. com/

daily tax report international/insight uk digital services tax how will it work in practice.

［6］ United Nations. Human Development Report 1990：Concept and Measure ment. （1990）［EB/OL］. https：//hdr. undp. org/data – center/human – – inde X#//indiecies/HDI.

［7］ Roth，T. Alexander，K. &Tan，A. OECD's digital economy tax reform：the race to consensus ［J/OL］（2019 – 2 – 7）Tax Journal. https：//www. taxjournal. com/auicles/oecd s digital economy tax reform the race to consensus.

［8］ Hi Shop. 亚马逊电商平台简介，为你全面解析亚马逊［EB/OL］.（2021 – 04 – 14）. https：//www. hishop. com. cn/kuajing/show _1055 82. html.

［9］ 中国信息通信研究院. 全球数字经济白皮书（2024 年）［R/OL］.（2024 – 11 – 22）http：//www. caict. ac. cn/kxyj/qwfb/bps/202401/P02024 0326601000238100. pdf.

［10］ 中华人民共和国国家发展和改革委员会. 探索数字税调节数据收益再分配. https：//www. ndrc. gov. cn/wsdwhfz/202304/t20230410_13534 37. html.

［11］ 浙江省统计局. 2022 年浙江统计年鉴. http：//zjjcmspublic. oss – cn – hangzhou – zwynet – d01 – a. internet. cloud. zj. gov. cn/jcms_files/jcms1/web3077/site/flash/tjj/Reports1/2022% E6% B5% 99% E6% B1% 9F% E7% BB%9F% E8% AE% A1% E5% B9% B4% E9%89% B4/indexcn. html.

［12］ 浙江省人民政府. 浙江省国民经济和社会发展第十四个五年规划和二〇三五年远景目标纲要. https：//www. zj. gov. cn/art/2021/2/5/art_1229463129_59083059. html.

［13］ See Direction générale des finances publiques, présentation de la taxe sur les servicesfournis par les grandes entreprises du secteur numérique, https：//www. impots. gouv. fr/actualite/presentation – de – la – taxe – sur – les – services – fournis – par – les – grandes – entreprises – du – secteur.

［14］ General government revenues across the European Union were nearly €

6 trillion (＄6.9 trillion) in 2016. http：//appsso. eurostat. ec. europa. eu/nui/ show. do? dataset = gov_10a_taxag&lang = en.

［15］ See https：//www. statista. com/statistics/268136/top－15－countries－based－on－number－of－facebook－users/and.

［16］ https：//www. statista. com/statistics/264810/number－of－monthly－active－facebook－users－worldwide/.

［17］ Chris Forsgren, Sixian (Suzie) Song, Dora Horváth, Digital Services Taxes：Do They Comply with InternationalTax, Trade, and EU Law?, https：//taxfoundation. org/france－digital－tax－international－tax－law－trade－law－eu－law/#_ftn6.

［18］ 国务院. "十四五"数字经济发展规划［EB/OL］. 中华人民共和国中央人民政府,（2021－12－12）［2022－11－05］. http：//www. gov. cn/zhengce/content/2022－01/12/content_5667817. htm.

［19］ 中国信息通信研究院. 全球数字经济白皮书（2022 年）［R/OL］.（2022－12－07）. https：//www. digitalelite. cn/h－nd－5521. html.

［20］ 澎湃. 徐康宁：世界数字的发展格局与基本趋势［EB/OL］.（2023－09－01）. https：//www. thepaper. cn/news Detail_forward_22826532.

［21］ 全球数字经济白皮书出炉（2023 年）. http：//www. caict. ac. cn/kxyj/qwfb/bps/202401/P020240326601000238100. pdf.